U0491206

作者简介

邹亮，1963年出生，江苏苏州人，编审。华东师范大学文学学士，浙江师范大学研究生毕业并获杭州大学（现浙江大学）文学硕士学位。曾任浙江文艺出版社总编辑，现任浙版传媒出版业务部主任，为浙江省作协第八届全委会委员、第九届委员会委员。

长期从事中国现当代文学出版和研究工作。20世纪90年代初策划出版汪曾祺、梁晓声、苏童、叶兆言等人的"系列小说"，产生较大反响。主持出版"中国当代新小说文库""诺贝尔文学奖文库""名家散文典藏丛书"等20余套大型文学丛书。策划、组稿、责编或主持出版的图书共有4种获中宣部"五个一工程"奖、2种获鲁迅文学奖，另获中国图书奖、全国优秀畅销书奖等国家级图书奖项10余项。在《光明日报》《文艺报》《中国图书评论》《书城》等报刊发表出版学、文献学论文及文学评论40余篇；与人合著《中国当代儿童文学史》、选编《中外儿童诗选》等。

律通幽谷集

无锡邹氏文史考索

◎邹亮 著

浙江古籍出版社

图书在版编目(CIP)数据

律通幽谷集：无锡邹氏文史考索/邹亮著. -- 杭州：浙江古籍出版社，2023.6
ISBN 978-7-5540-2484-3

Ⅰ.①律… Ⅱ.①邹… Ⅲ.①家族－史料－无锡 Ⅳ.①K820.9

中国版本图书馆CIP数据核字（2022）第254541号

律通幽谷集：无锡邹氏文史考索
邹 亮 著

出版发行	浙江古籍出版社
	（杭州市体育场路347号 邮编：310006）
网　　址	https://zjgj.zjcbcm.com
封面题签	徐　俊
责任编辑	周　密
责任校对	吴颖胤
责任印务	楼浩凯
封面设计	张　磊　吴思璐
照　　排	浙江时代出版服务有限公司
印　　刷	浙江海虹彩色印务有限公司
开　　本	710 mm × 1000 mm　1/16
印　　张	19.75
字　　数	247千
版　　次	2023年6月第1版
印　　次	2023年6月第1次印刷
书　　号	ISBN 978-7-5540-2484-3
定　　价	108.00元

如发现印装质量问题，影响阅读，请与市场营销部联系调换。

序

肖瑞峰

当邹亮兄电告我，其所著《律通幽谷集》即将付梓时，我是颇有几分惊讶的——也许说是"惊喜"更为恰当。几年前，他曾将《邹氏钱塘支祖坟考》一文发给我，态度很诚恳地请我为之把关。忝为古代文学研究领域的从业人员，我难以推辞，却心存疑惑，因为我知道本科受教于华东师大中文系的邹亮兄和他众多后来成为文坛大佬的同窗一样，是对现当代文学情有独钟的，他在硕士阶段也专攻现当代文学，入职后又因编辑出版汪曾祺、梁晓声、苏童、叶兆言等人的"系列小说"而蜚声当代文学界，怎么突然一脚跨入古代文献学畛域，来故纸堆中骋其才思呢？听其细述原委，竟是出于近年日趋浓烈的"寻根"意念的驱动，想梳理邹氏家族的来龙去脉，厘清这棵根深叶茂的参天大树上迄犹幽昧不明的枝节。于是他利用业余时间"寻坠绪之茫茫，独旁搜而远绍"，勾稽得诸多此前未经发覆的家族文献，然后加以甄别、考释、去伪存真、刮垢磨光，或沿波探源，或因枝振叶，这便结撰出这篇初试牛刀的考证文字。我第一时间拜读了它，深深折服于邹亮兄"寻根"的执着以及本科阶段奠定的文献学的扎实根基。原来他早已具备从事文献学研究的潜力，只是因为工作性质一直没得到释放的机会而已。我向来推崇程千帆先生对古代文学研究方法的倡导："文艺学与文献学相结合"，也重视在两者的交汇处着力，但比较偏重于文艺学，而于文献学鲜有创获。不过，基本的门径与法度还是熟悉的。所以，在不胜钦佩的同时，我也不揣浅陋地提出了一些商榷意见供他参考。不久，该文就发表于《寻根》2017年第2期，尽管不可能产生轰动效应，却反响甚佳。为"著书都为稻粱谋"的时风所染，此后我碌碌于笔耕，很少询问邹亮"寻根"的进展情况。因此，当我骤然听到他说，几年间已撰写、发表了十多篇为家族"正本清源"的考证文章，正拟结集出版时，我且惊且喜是非常自然的。

这些考证文章既涉及辽阔的时空（从时间维度说，由唐宋迄于近代；从空间维度说，横亘江浙两省），又高度聚焦：无一例外，都是对其先祖有所阙失的谱系、行踪、事迹的细致而又精当的考索，将此前不为世人所知或所知不多的逸事第一次予以披示，完成了对邹氏家族史的补苴罅漏。我觉得，没有必要从文献学的角度评说邹亮兄成功跨界的学术素养，最令我自愧不如的是，他沉潜于浩瀚书海之中不懈追寻祖先遗迹的恒心与毅力。这不是仅凭对家族的深厚感情就能毕其功的，也不是只靠"天生我材"的禀赋和出类拔萃的学养就能奏其效的，更需要的是琐屑日常中的锲而不舍、锱铢累积之功。作为在出版界享有盛誉的资深专家，邹亮兄目前依然担任浙江出版联合集团出版业务部主任，成日案牍劳形、孜孜矻矻。可以想见，这些言必有据的考证文字，都是他焚膏继晷、常与青灯黄卷为伴的结果。今日浙江正实施"宋韵文化传世工程"，两度仕杭的苏轼被我视为宋韵文化的样本。他曾描画唐代浙江乡贤孟郊说："有如黄河鱼，出膏以自煮。"这或许多少带有一个天才诗人对苦吟者的调侃，但移用来形容邹亮兄写作过程中的状态，我以为倒是合适的。同时，我还想到，哲学的三大终极问题中，包含"从哪里来""到哪里去"。从某种意义上说，邹亮兄对家族史中诸多疑点进行持之有恒的探求，既是一次精神上的寻根之旅，又何尝不是一种实践层面的哲学叩问？

我与邹亮兄的交往始于20世纪90年代。蒙他与李庆西兄不弃，邀我担任《大学语文新读本》的主编之一，与马原、南帆同列。此后我们经常互致拳拳。2013年起，我开始尝试高校题材小说创作，以笔名"晓风"在《人民文学》《中国作家》《当代》《十月》《钟山》《江南》等期刊发表了数十篇中篇小说，先后结集为《弦歌》《儒风》《静水》（合为"大学三部曲"）。而慨然承接出版者正是时任浙江文艺出版社总编辑的邹亮兄。没有他的青眼相向，或许我不会一鼓作气贸然进军长篇小说领域，后续由作家出版社推出《回归》《湖山之间》等作品。这两年，我曾在许多场合自称"学林老将，文坛新兵"，在这个新兵的成长道路上，邹亮兄是功不可没的推手之一。唯其如此，当他瞩我为其新著《律通幽谷集》作序时，我虽然自惭资望不侔，却未便固辞，于是勉力草缀以上感想。

佛头着粪，邹亮兄幸勿罪也！

壬寅冬至于晓风斋

目 录

序（肖瑞峰）…………………………………… 001

邹氏钱塘支祖坟考………………………………… 001
邹氏家乘与"钱塘宿松"………………………… 018
邹氏钱塘支前六世补遗…………………………… 037
邹氏天台支源流考………………………………… 068
天台守邹柄先生考略……………………………… 088
邹氏父子与黄庭坚的交游考述…………………… 106
常熟翁氏与无锡邹氏血缘关系考述……………… 132
常熟出土二方明代邹氏墓志铭释读……………… 160
常熟子游巷邹氏与小山邹氏世系同源考述……… 177
常熟洞泾桥邹氏家族碑刻系列考述……………… 194
宋代邹氏先祖诗训及后代的精神传承…………… 220

附 录……………………………………………… 239
我的爷爷…………………………………………… 241
记忆中的奶奶……………………………………… 253

我的父亲……………………………………………………………… 261

余杭白泥山汪氏家族世系考……………………………………… 277

后　记……………………………………………………………… 294

邹氏钱塘支祖坟考

一、思道公——邹氏钱塘支始祖

思道公是邹氏钱塘支始祖。清光绪甲午（1894）科乡试吴县考生邹凤标的朱卷有详尽的家世记载，追及始祖和先世，从《清代朱卷集成》第 194 册 "邹凤标" 条可查到：

> 始祖实，字诚明，先世本山东邹县人，自七世祖讳思道，唐开元为杭州刺史，遂家焉，是为钱塘支。[1]

邹凤标乃苏州府吴县附生，祖籍常州府金匮县，属无锡邹氏。邹凤标朱卷上的记载与无锡邹氏历次修谱的描述是一致的。清代著名学者王引之撰《协办大学士邹公墓志铭》，追溯无锡籍名臣邹炳泰的始祖，亦云："公讳炳泰，字仲文，号晓屏，无锡人。始祖思道，唐杭州刺史，居钱塘。"[2] 无锡邹氏宗谱始修于南宋绍兴十八年（1148），

---

[1] 《清代朱卷集成》第 194 册第 327 页，台北成文出版社 1992 年版。
[2] 《协办大学士邹公墓志铭》，见《王文简公文集》卷四，引自罗振玉辑印《高邮王氏遗书》。邹炳泰自高祖邹佳辅从钱塘迁无锡，比迁常州、无锡的邹氏一支要晚得多，训诂大家王引之亦认定邹氏钱塘支始祖为唐杭州刺史邹思道。

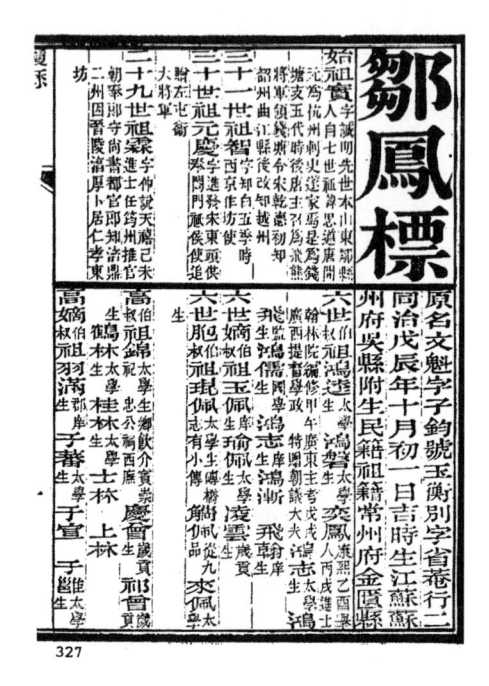

◎《清代朱卷集成》第194册"邹凤标"条

由北宋后期著名谏臣邹浩的次子邹栩主修，之后历朝均有修谱记载。最系统最完备的一次修谱由清乾隆年间邹一桂主修。邹一桂，字原褒，号小山，雍正五年（1727）二甲一名进士。选庶吉士，累迁编修、大理寺卿、内阁学士，官至礼部左侍郎。工于绘事，有《小山画谱》传世。邹一桂自乾隆二十四年（1759）七十四岁致仕后汲汲于家乘，修成《龙泾支谱》后，又各叙其宗支，以求合订，完成通谱。《小山公重修邹氏家乘例》中表明："旧谱向以诚明公为第一世……思道公（注：山东邹县人）唐开元间为杭州刺史，遂家焉，七传而后至诚明公。"邹一桂在《乘例》中也说明："江西一派则诚明公之伯讳瀔者，为临川太守，家于宜广（黄），为江西始祖，亦自钱塘分出也。"[①]《清

[①]《小山公重修邹氏家乘例》，见邹仁溥编纂《邹氏家乘》卷一，光绪二十九年（1903）木活字本。

撰列祖小傳若干篇或蒐輯史傳誌銘或蒐訪遺逸
綴輯成篇篇有贊用昭先烈以示子孫至內傳以載
壺德倣高子遺書例亦附於後用告同宗爪祖先行
狀誌傳等子孫必謹藏之勿失 以上三條俱新製

一舊譜尙以誠明公爲第一世而錢塘族譜誠明公而
上尙有六世思道公乃第一世也思道公註山東鄒
縣人唐開元間爲杭州刺史遂家焉七傳而後至誠
明公近見范陽老譜鄒爲宋愍公後周末鄒衍爲燕
昭王師居范陽郡兩漢代有聞人三國時有諱异者

◎《鄒氏家乘》卷一《小山公重修鄒氏家乘例》

◎《清代科舉人物家傳資料匯編》第71册"鄒紹峰"條

代科举人物家传资料汇编》第71册"邹绍峄"条，有"始祖瀷，唐穆宗长庆二年为临川刺史，因家宜黄，开派豫章"①，也可印证。江西宜黄邹氏也属钱塘支，奉邹思道为钱塘支的始祖。

二、思道公归葬何处

《中华姓氏始迁祖世系大典》收录民国16年（1927）《范阳邹氏重修族谱》，有《范阳邹氏分房世传》第一世"思道"：

> 其先汴人也，唐中叶官山阴县令，开元间升江阴刺史，有功，封幽州范阳响应公，后居杭州钱塘县宿兴里，卒葬余杭之拳山。②

《中华邹氏族谱》第四卷有"杭州钱塘思道公支世系图"，"思道"条中说："唐开国初贞观年间举孝廉，除江阴刺史，迁杭州刺史，遂由汴州徙杭州钱塘宿松里，殁葬余杭拳山，为邹姓通宗之祖。"③两者说法是一致的：思道公死后葬余杭拳山。禹杭，禹航，余航，古今写法不同，皆指今天的余杭。拳山，查遍各版本《余杭志》《余杭县地名志》，无此山名。

遍寻无着，偶见钱塘支邹氏三十一世裔孙邹冠瀛重辑的《常熟小山邹氏支谱》，有新发现，该谱开篇即写道："一世实，字诚明，官知越州，后隐居钱塘，配马氏，继王氏，墓在由拳山。"④原来，邹

---

① 来新夏主编：《清代科举人物家传资料汇编》第71册第53页"邹绍峄"条，学苑出版社2006年12月版。
② 《范阳邹氏分房世传》，见江源主编：《中华姓氏始迁祖世系大典》第664册第147页，线装书局2008年12月版。
③ 《中华邹氏族谱》第4卷第29页，武汉出版社2011年1月版。
④ （清）邹冠瀛重辑：《常熟小山邹氏支谱》，光绪三十四年（1908）刻印。

实墓在"由拳山",不是"拳山",那么邹实的上几代是否也葬"由拳山"呢?另有两条旁证:

其一,邹氏三十世裔邹建烈、邹鼎亨主修《锡山邹氏西南庄支谱》之《通谱世表》,一世谓"邹实":

> 实,字诚明,世居浙江之钱塘,仕唐为曲江令,改知越州。生于唐天复癸亥,享年九十有三,配马氏,雄武军节度使马悼①女,继王氏,子一智,墓在由拳山祖茔之西。

其二,邹氏三十二世裔邹仁溥纂修,光绪二十九年(1903)刻印的《邹氏家乘》对"一世祖"记载得更详细:

> 实,字诚明,先世本山东邹县人。自七世祖讳师道,唐开元间为杭州刺史,遂家焉。世为钱塘人。五代时,后唐主引军至邹家口,召为飞熊将军,遥领钱塘令。唐亡,隐居行义。宋乾德初,复举知韶州曲江县,后改知越州致仕,娶雄武军节度使马悼女,无出。继王氏,生子一,曰智。公生唐天复三年癸亥,卒年九十三。葬由拳山祖茔西。

两种邹氏家谱都说邹实墓在"由拳山""祖茔之西",说明邹实归葬处的东面,还有几代祖茔,唐代邹氏列祖集中墓葬在由拳山。乾隆庚申年(1740)《小山公重修邹氏家乘例》:"旧谱向以诚明公为

---

① 马悼,疑为马绰(852—922),唐末五代余杭人。唐乾符二年(875)初,与钱镠俱事董昌,甚相得。历任镇东军节度使、两浙行军司马、睦州刺史,又进升为雄武军节度使、检校太傅、同平章事等职。

> 仕宦考
> 一世
> 實字誠明先世本山東鄒縣人自七世祖諱師道唐開元間為杭州刺史遂家焉世為錢塘人五代時後唐主引軍至鄒家口召為飛熊將軍遙領錢塘令唐亡隱居行義宋乾德初復舉知韶州曲江縣後改知越州致仕娶雄武軍節度使馬悼女無出繼王氏生子一曰智公生唐天復三年癸亥卒年九十三葬由拳山祖塋西
> 奕孝謹按小山公譜新例中駁舊譜所載誠明公世

◎ 光绪二十九年（1903）邹仁溥纂修：《邹氏家乘》邹实小传

第一世，而钱塘族谱诚明公而上，尚有六世，思道公乃第一世也。"复查《范阳邹氏重修族谱》之《范阳邹氏分房世传》，钱塘始祖邹思道至邹实共七世，这七代人大多归葬由拳山。由此推断，邹思道"卒葬余杭之拳山"，"拳山"乃"由拳山"之误。

三、典籍中的"由拳山"

清嘉庆《余杭县志》云："杭郡志乘传于今者，惟《咸淳临安志》为最古。"查南宋《咸淳临安志》卷二十四：

> 由拳山，在县南二十六里，高一百八十丈九尺，周回一十五里。按《搜神记》云：由拳即嘉兴县。吴大帝时县人郭暨献与由拳山人隐此，因以为名。《郡国志》亦云：余杭山一名由拳，高峻为最，旁有由拳村，出藤纸。又《晋书》郭文隐于余杭山，常着鹿裘葛巾，

◎《咸淳临安志》（碧萝馆藏本）"由拳山"条

自种菽麦。尝有猛兽张口向文，文视其口中有横骨，乃探手去之。猛兽明旦致一鹿于其室前。故亦云郭公山。今岩石中炼药石灶犹存。①

之后，明万历《杭州府志》卷五十载："郭文炼药石灶，在余杭县由拳山岩穴中。"清康熙年间《余杭县志》载："极南有由拳，在县南二十五里。按《搜神记》：由拳，即嘉兴县名。吴大帝时，郭暨兽自由拳来，隐居于此，故名。此山《郡国志》：余杭有山，一名由拳。旁有由拳村，出藤纸。《晋书》：郭文隐此。又曰郭公山。"清雍正《浙江通志》卷十《杭州府下》、清嘉庆《余杭县志》卷七山水，

---

① （宋）潜说友：《咸淳临安志》第3册第983—984页，浙江古籍出版社2012年6月版。

关于由拳山的内容，大多引自《咸淳临安志》。

关于由拳山的名称，二十五史中，最早有唐太宗贞观年间（627—649）修的《隋书·地理志》载："余杭县有由拳山。"唐宪宗元和年间（806—820）李吉甫撰《元和郡县图志》卷二十五，江南道一"於杭县"条："由拳山，晋隐士郭文举所居。傍有由拳村，出好藤纸。"由此可见，余杭的"由拳山"，早在唐代初年就名入史书，名列中国现存的最早地理总志。之后，宋代的个人撰地理志《太平寰宇记》《舆地广记》《舆地纪胜》，明、清官修地理志《明一统志》《大清一统志》，直到《读史方舆纪要》《清史稿》，都有关于余杭"由拳山"的记载，"由拳山"可谓名山，因为出产藤纸而出名。

由拳山藤纸以野藤（青藤、野葛藤、黄交藤）皮为原料，在水中浸泡，石灰煮烂春捣、抄成。藤纸以洁白莹润、柔软坚韧、受墨耐湿、不易虫蚀见长。早在三国吴大帝时（222—252）由拳山麓就产有藤纸。东晋咸安元年（371）范宁放任为余杭地方官时，给下属颁发了"土纸不可以作文书，皆令用藤角纸"。唐开元年间（713—741）就列为贡品。《咸淳临安志》："岁贡藤纸。按旧志云：余杭由拳村出藤纸，今省札用之。富阳有小井纸，赤亭山有赤亭纸。"南宋末年吴自牧《梦粱录》关于纸，引用了《咸淳临安志》的材料："纸，余杭由拳村出藤纸，富阳有小井纸，赤亭山有赤亭纸。"省札，是中央政府的文件。宋理宗绍定年间（1228—1233）赵升所著《朝野类要》卷四"文书"："省札，自尚书省施行事，以由拳山所造纸书押给降，下百司、监司、州军去处是也。"宋代尚书省所用藤纸为由拳山出产，有明确的史料记载。因为用纸量增加，大量砍伐野藤造纸，使这一自然资源日渐枯竭。宋元以后，逐渐用竹子取代。用苦竹、杂竹、毛竹为原料造的纸不再具备藤纸的质量，余杭中泰乡一带生产的黄白纸、黄烧纸、草纸等，都是日用的低档纸。随着由拳藤纸销声匿迹，由拳山也成了古书中的地名。

四、由拳山今为何处

南宋《咸淳临安志》"由拳山"条目所载郭文故事，源于《晋书》卷九十四《隐逸》："郭文，字文举，河内轵人也。……洛阳陷，乃步担入吴兴余杭大辟山中穷谷无人之地……"《晋书》说郭文隐居地是大辟山。北宋太平兴国年间（976—984）乐史所撰《太平寰宇记》："由拳山，本余杭山也，一名大辟山。……山谦之《吴兴记》云：晋隐士郭文，字文举，初从陆浑山来居之。王敦作乱，因逸归入此处。今傍有由拳村，出藤纸。"另还载有"大辟山"条，并引《晋书》郭文隐大辟山事迹。看来由拳山与大辟山有相关性。

"由拳山"就是"大辟山"吗？嘉庆《余杭县志》如此解释："按《府志》云：《寰宇记》由拳山、大辟山两载，而由拳下仍云一名大辟山。盖其分乃偶误也。按：《郡国志》文，《寰宇记》引注由拳山下。盖二山相去无几，当时原统为一山也。所云去县道里，与《咸淳志》不同，各据其时县治言之耳。"

也就是说，由拳山与大辟山是两座山，但两山山脉相连，有时统为一山，有时按地区分治划为两山。

大辟山，今为何山？清雍正《浙江通志》，余杭县"大涤山"条："谨按：《晋书·郭文传》：文辞家游名山，步担入吴兴余杭大辟山中，穷谷无人之地，则大涤。旧名大辟，唐以后乃为大涤。罗隐诗云'苍苍大涤山'是也。"大辟山在唐以后称为大涤山。《大清一统志》也载："大涤旧名大辟，唐以后乃易其名。罗隐诗'苍苍大涤山'是也。《寰宇记》即以由拳山当之，恐未确。"

综上所述，大辟山，唐代之后称为大涤山，与由拳山不是同一座山，但有相关性。

另有天柱山。《明一统志》卷三十八载："天柱山在余杭县西南一十八里，四隅陡绝，耸翠参天，为道家第五十七福地也。"《大清一统志》："天柱山，在余杭县西二十里，与大涤山相峙。"民国《重修浙江通志稿》第31册："大涤山，一名天柱山，一名大壁山……大涤、天柱，两山相峙，亦一山二名。旧亦有称为天柱山大涤洞者。"

大涤山、天柱山、由拳山，其实是逶迤相连的群山之中的几个山峰，冈脉相连，从地质上同属天目山的余脉，古时统称为余杭山。自号大涤子的清初画家石涛曾画《余杭看山图》，以鸟瞰式俯视的角度，展现这一片余杭山的地理景貌。

再查余杭、临安历代古旧地图，大涤山、天柱山、由拳山的地理位置又复如何？

由拳山，查咸淳四年（1268）宋版《咸淳临安志》（国家图书馆出版社2006年影印本）之《余杭县境图》《临安县境图》，不载。在《九县山川总图》上标有洞霄宫、天柱山、九锁山，字迹清楚；"由拳山"字迹漫漶不清，只能隐约辨认。但查同治六年（1867）据南宋原刻本

◎（清）石涛：《余杭看山图》

摹绘的补刊本《咸淳临安志》附图《九县山川总图》，洞霄宫、天柱山、九锁山、由拳山自北而南，山峰依次而标，字迹清晰，一目了然。《咸淳临安志》附图是上西下东左南右北绘制的，与现代地图方位不同，这是已知最早标识"由拳山"的古地图。

明万历七年（1579）《杭州府志》附图之《余杭县图》，自北往南列出的地名，分别为洞霄宫、天柱山、何岭、菖蒲岭、由拳岭[①]，这是我所知最早标识"由拳岭"的地图。与《咸淳临安志》所标由拳山位置对照，由拳山应为由拳岭一带的山峰。

洞霄宫在大涤山中，汉元封三年（前108）创宫坛，北宋时为道教"三十六洞天"之二十四，屡毁屡建，明代洪武初还重建过，明清均为著名道观，民国末才成废墟。洞霄宫代表大涤山的位置。因此，

---

① （元）张宪：《临安道中先寄赛景初》："朝入临安山，暮上由拳岭。周道无行踪，晴空断飞影。严关固高栅，叠嶂列危屏。荒圳斜日淡，虚市野烟冷。息肩坐茂树，瞑目发深省。何庸马蹄尘，兵锋迭驰骋。"

◎ 南宋《咸淳临安志》附图（局部）清同治六年（1867）补刊本，标识"由拳山"

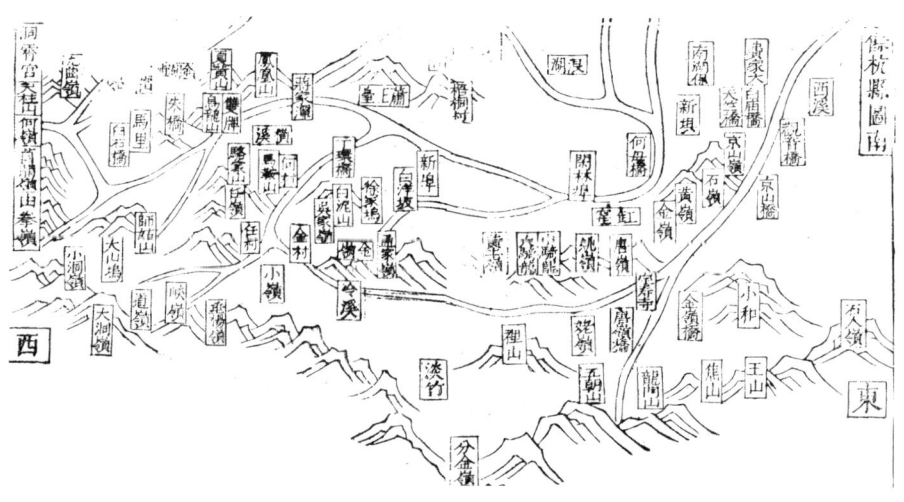

◎ 明万历《杭州府志》附图《余杭县图》（局部），标识"由拳岭"

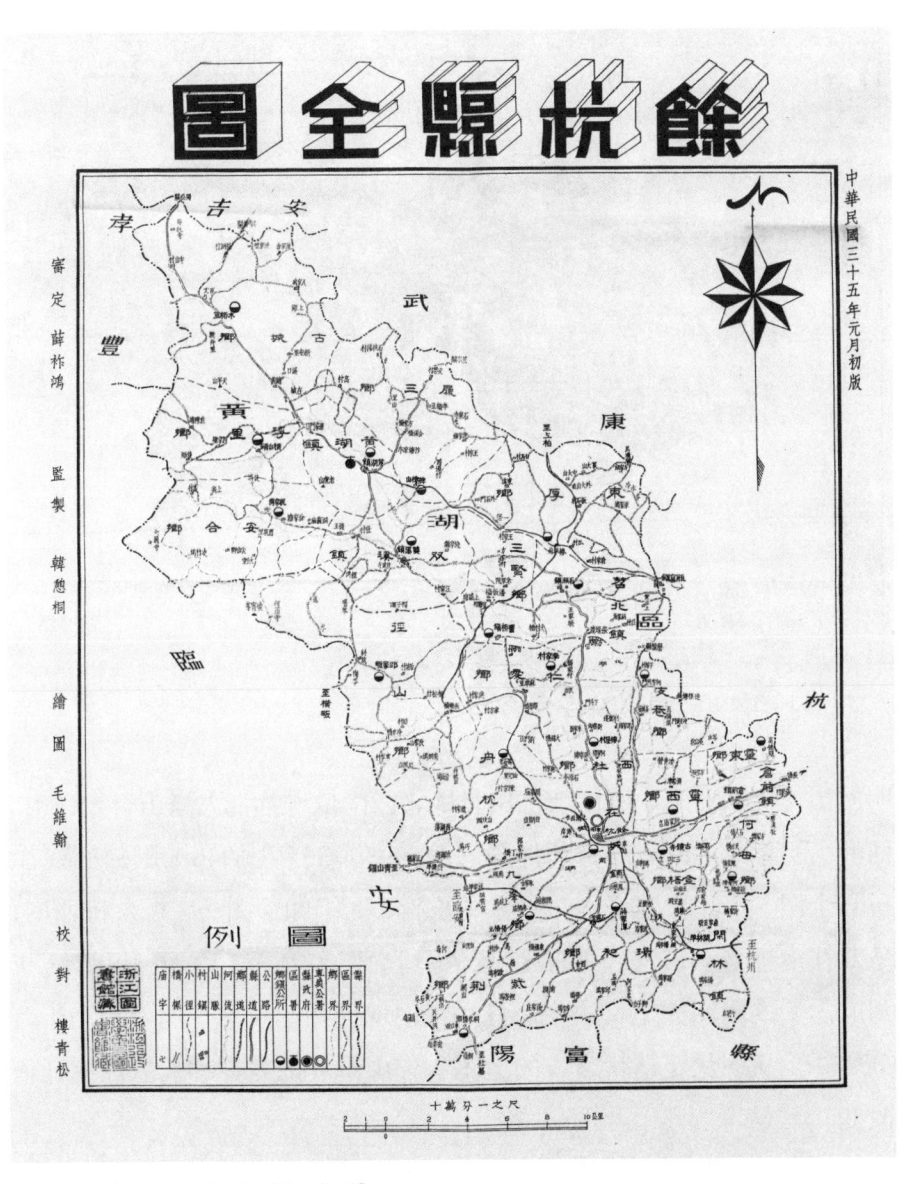

◎ 民国35年（1946）《余杭县全图》

◎ 清光绪十九年（1893）《余杭县五里方图》（局部），标识"由拳岭"

明万历《杭州府志》所标余杭山，从北往南依次为：大涤山、天柱山、何岭、菖蒲岭、由拳岭。查浙江图书馆藏民国35年（1946）元月初版《余杭县全图》（薛祚鸿审定，韩憩桐监制，毛维翰绘图），在余杭西南，从北往南标着洞霄宫、九曲岭、何岭、菖蒲岭、由拳岭，跟明万历《杭州府志》的附图完全一致，而且是采用现代测绘技术，比例尺为十万分之一。从明代至清代官方的地图看，由拳岭的名称和位置没有任何改变。

那么由拳岭今为何处？我与友人专程踏勘了位于余杭、临安交界的群山，在余杭、临安交界的宫里村洞霄宫遗址，看到了大涤山、天柱山两山对峙的景象，然后我们围绕古余杭山逶迤山峰的周边，完整走了一圈。我们在临安上田村独龙坞找到了"苍步岭",百度地图作"仓步岭"。从临安境翻过苍步岭是属于余杭的上铜山,这个"苍步岭"可以断定就是"菖蒲岭",是同音相转的结果。民国35年(1946)的余杭地图上明确标出菖蒲岭往东就是余杭的上铜山,位置与今天完全一致。在该地图上,"苍步岭"往南,"由拳岭"的位置,自今天的余杭区中泰街道紫荆村铜岭桥到临安区板桥镇上田村田坞里的弯曲山路,现在已修成盘山公路了,在今天的余杭、临安地图上,均标为"牛肩岭"。2016年,当地政府乘G20杭州峰会的东风,整修牛肩岭公路,并在余杭、临安的山路分界处修了一个凉亭,上书"牛肩亭"。"由拳岭"与"牛肩岭",用当地的方言口音读来,也很相似,应是韵同声近转音所致。

查古旧地图得知,苍步岭、牛肩岭的叫法,从晚清就开始了。清光绪十九年(1893)浙江舆图局《浙江全省舆图并水陆道里记》所载《余杭县五里方图》标天柱山、胡岭、苍步岭、由拳岭。已将"何岭""菖蒲岭"转音为"胡岭""苍步岭"。民国5年(1916)绘制的《临安县城地形图》标为"苍步岭""牛肩岭",今天的地图与民国5年的地形图叫法一致。中华人民共和国成立后的地图上,"由拳岭"的名称不复存在,一概写成"牛肩岭",因为后者更适合当时的地名特点,也适合当地村民的象形记忆。由拳山的名称也从此在岁月中消逝了。

清顾祖禹《读史方舆纪要》卷九十,在"安乐山"条下写道:

> 又由拳山,在县南二十六里,一名余杭山,高三百八十丈,周十五里。《志》云:三国吴有暨猷者,自由拳来隐此,故名。亦曰郭公山,以晋郭文隐地也。自临安而东南,由此可达富阳。[1]

---

[1] (清)顾祖禹:《读史方舆纪要》第3770—3771页,中华书局1955年7月版。

◎ 2016年新建的牛肩亭

《杭州地名志》载:"牛肩岭,在余杭区西南端,中泰街道政府驻地西南,西与临安市交界。海拔288米。"[1]牛肩岭从临安往东达到余杭,往东南可达富阳,与顾祖禹的说法完全吻合。由拳岭是连绵的余杭山最南端的山岭,由拳山则是由拳岭的山峰。郭文的传奇故事在余杭山都有传颂。余杭山从北面的大涤山、天柱山、何岭、菖蒲岭,逶迤而来,南至由拳山,由拳山位于临安、余杭、富阳三地交界的通衢之地。

折回五代十国时的邹实,他原为后唐的飞熊将军,后唐是继后梁

---

[1] 杭州市民政局、杭州市地名委员会编:《杭州地名志》第997页,杭州出版社2013年5月版。

之后以中兴唐祚为号召的一个王朝，一度是五代中版图最大的王朝。邹实在邹家口参加了著名的后唐灭梁之战，因战功"遥领"了钱塘令的虚职，本以为可跃马扬鞭，兵指钱塘，哪知只是春梦一场。936年，在石敬瑭勾结契丹主联合围攻下，后唐末帝李从珂在洛阳玄武楼自焚而亡。后唐既亡，邹实只能一路遁逃，最后逃回祖居之地，或许就在由拳山祖茔一带。由拳山一带三县通衢，遇急难方便遁逃。洞霄宫本是道教的洞天，大涤山、天柱山、何岭、菖蒲岭、由拳山，连绵的群山，也适宜隐修。当年郭文就因为王敦作乱逸归于此，后来南宋赵构也曾落魄逃难至此。"唐亡，隐居行义"，群山之中，足以藏身，战事已过，躬行仁义，安业乐产。北宋建国四年之后的乾德年间（963—968），天下太平了，宋太祖启用贤良，邹实才到韶州曲江县、越州等地任职，致仕后，颐养天年，得享高寿。

原载《寻根》2017年第2期

邹氏家乘与"钱塘宿松"

一、小山公修《家乘》

清乾隆二十三年（1758）岁末，内阁学士邹一桂疏请致仕，是年七十三岁。邹一桂，字原褒，号小山，江苏无锡人〔按，雍正四年（1726）无锡析置金匮，其籍在金匮〕。雍正五年（1727）进士，授翰林院编修，历任云南道监察御史、贵州学政、大理寺卿、礼部侍郎。他还是著名的工笔花鸟画家，著有《小山画谱》。邹一桂与乾隆帝关系非同一般，所进图画多邀高宗乾隆御题。尝作百花卷，各题一诗进呈，高宗亦和诗百绝。他出身书香门第，祖父邹忠倚、父亲邹卿森及伯父邹显吉皆为诗画名家；夫人恽兰溪，出身武进恽氏家族，画学恽南田。邹一桂所作花鸟初受家传，又承恽南田画体影响，兼收明代院体画风之长，怡淡冲夷，自然合度。清张庚《国朝画征续录》评邹一桂"恽南田后仅见也"，蒋宝龄《墨林今话》赞其"以清艳之笔，竞美艺林"。

翌年暮春时节，邹一桂买舟南归。到了秋天，他开始着手一项大工程——主持修纂《邹氏家乘》。梁启超《中国近三百年学术史》说："清代承平时，诸姓之谱，恒聘学者为之修订。学者亦喜自订其家

◎（清）邹一桂：《花卉八开（竹子桃花图）》（纸本）

之谱。"①其内在驱动力，正如李泽厚所分析："中国古代思想传统最值得注意的重要社会根基，我以为，是氏族宗法血亲传统遗风的强固力量和长期延续。它在很大程度上影响和决定了中国社会及其意识形态所具有的特征。"②

血缘伦理在耄耋老翁邹一桂心中成了最大的信仰，他在《邹氏家乘》旧序中写道：

人不可以忘本，本之不培而欲枝叶茂盛，不可得也。培本之法，

---

① 梁启超：《清代学者整理旧学之总成绩》（三），见《中国近三百年学术史》第345页，中国人民大学出版社2012年4月版。
② 李泽厚：《试谈中国的智慧》，见《中国古代思想史论》第299页，人民出版社1986年3月版。

在修德行仁、读书为善，而不在乎能文。然文以载道，补偏辑遗，可以述祖德而启后人者，是亦敦本之一助也。是以世德之家，必有谱以详世系，而别宗支，祖若宗，嘉言懿行，政绩官阶，灿然可考，俾子孙披览而景行之、而嗣续之，恻然动孝悌之思、奋然兴绳武之念，则谱之所培者，正不少也。①

是年九月十五日邹一桂拟就《重修邹氏家乘公启》，以修谱为己责，亲自总理其事。族人鼓舞欢欣、踊跃襄事，奔走稽查、抄写编辑。十一月，小山公与同族公议劝捐祭田，以为春秋享祀及修葺祠墓之费。逾年，小山公家谱本支《龙泾支谱》修成。然而，远族之在乡邑者，亦各叙其宗支，以求合订，于是小山公"不辞琐碎，广为编辑，越三载而通谱告成"。金匮县令韩锡胙为新修邹氏家谱作序，赞曰：

先生两朝耆旧，学问诗文，上契宸衷，为当代词臣冠。今年将大耋，林下优游计，惟是扶杖泉石间，歌咏太平已耳。乃风晨月夕，蝇头小字，手自纂录，汲汲于家乘，若惟日不足者然。②

社会学家潘光旦在《明清两代嘉兴的望族》一书中指出："但好的祖宗的存在，也很可以引来做一个很实在的解释。祖宗，尤其是中国的祖宗，代表两种力量：一是遗传，二是教育。祖宗贤明端正，能行善事，表示他自己就有一个比较健全的生理与心理组织，这种组织是他的遗传的一部分，很可以往下代传递的。……好祖宗就直接成为好子孙所由产生的一个理由，直接成为世家大族所由兴起与所以维持

---

① （清）邹仁溥纂修：《邹氏家乘》卷一邹一桂旧序，光绪二十九年（1903）木活字本。
② （清）邹仁溥纂修：《邹氏家乘》卷一韩锡胙旧序，光绪二十九年（1903）木活字本。

◎《邹氏家乘》封面，光绪二十九年
（1903）木活字本

◎《邹氏家乘》内扉，光绪二十九年
（1903）木活字本

的一种动力。"①

乡邦之仁，贤能为先导。小山公修善于乡，敦宗睦族，可谓乡绅于乡土中国的一种文化表率。②

二、"钱塘宿松"疑案

无锡邹氏族谱始修于宋绍兴十八年（1148），由北宋名臣邹浩次子、邹氏六世裔孙邹栩主修。邹栩，字德广，号存诚，累官处州太守，曾参与编辑其父著作《道乡集》。之后，南宋宝祐年间，明代洪武、宣德年间，清代康熙年间，都有修谱记录。邹一桂看到的旧谱，是康熙甲辰年（1664）所修，"历年久远，残编漫灭，几不复睹"。幸好还有六世邹栩、十一世邹应熊、明初九峰公、明宣德陈杞，以及清康熙邹式金等人的谱序留存。邹一桂还看到范阳老谱、钱塘族谱，见范阳谱上有宋徽宗御题，得悉"诚明公邹实之上，尚有六世，思道公为第一世也。思道公（山东邹县人）唐开元间为杭州刺史，遂家焉，七传而至诚明公"。

但是，对于旧谱所载诚明公邹实的祖居地"钱塘宿松"，邹一桂感到疑惑。他在《重修邹氏家乘例》中提出自己的看法：

> 旧谱载诚明公讳实，世居钱塘宿松县。宿松县系舒州，非钱塘之属，语不可解。今据希圣公讳扩之墓志，则云屯卫而上，世居钱塘，宿松徙于常州（屯卫谓三世祖讳元庆者，赠左屯卫大将军；宿松谓

---

① 潘光旦：《明清两代嘉兴的望族》第380页，商务印书馆2015年12月版。
② 邹一桂在宗亲中很有号召力，还时常召集宗亲聚会、诗文唱和。邹炳泰《家小山宗伯招集芙蓉湖夜泛》："携客出前溪，荡舟自超越。湖上生夜凉，湖中见秋月。林疏山色远，潮去风帆没。西陂渔唱多，夕景清入骨。"（邹炳泰：《午风堂诗集》，收入《续修四库全书》集部·别集类）

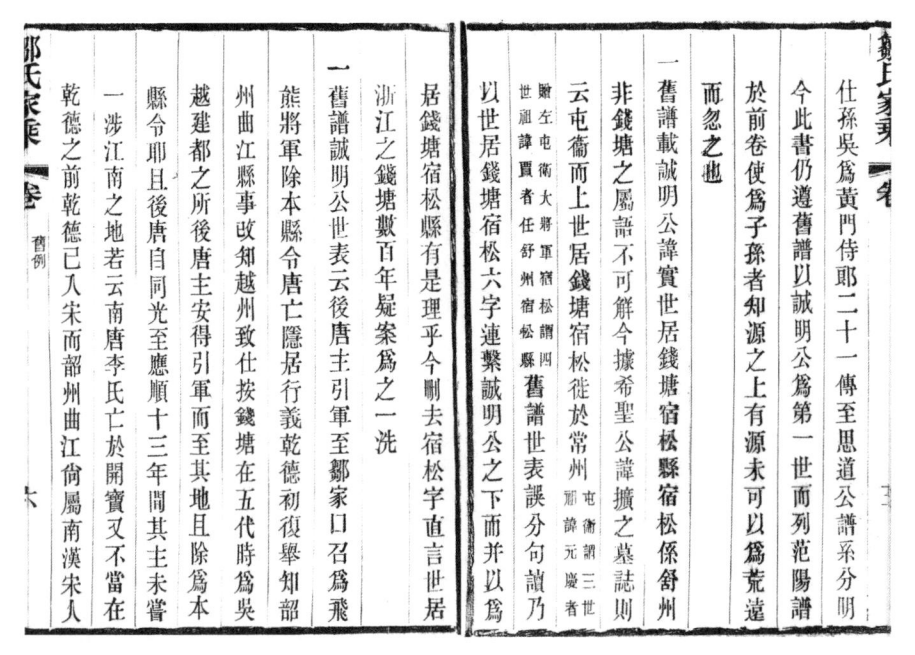

◎《邹氏家乘》卷一《小山公重修邹氏家乘例》

四世祖讳贾者,任舒州宿松县)。旧谱世表误分句读,乃以世居钱塘宿松六字连系,诚明公之下,并以为居钱塘宿松县,有是理乎?今删去宿松字,直言世居浙江之钱塘,数百年疑案为之一洗。①

这里,邹一桂表现出一个学者的求真精神。我们且沿着他的思路,把这桩疑案理一理。邹一桂编谱时,发现旧谱(可能是康熙甲辰谱)写道:始祖诚明公邹实,世居钱塘宿松。康熙十九年(1680)的《余姚样山邹氏宗谱》,直至光绪六年(1880)递修时,仍将钱塘支祖居

---

① (清)邹仁溥纂修:《邹氏家乘》卷一《小山公重修邹氏家乘例》,先是邹升恒定三条,邹一桂重订修纂之例,凡十二条,此为第四条。

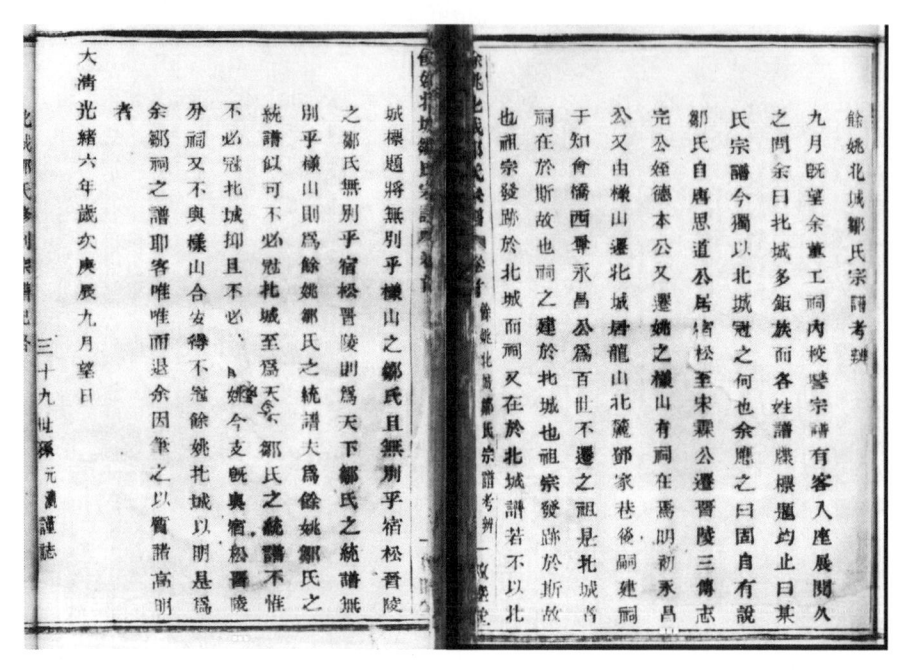

◎ 光绪六年（1880）刻印的《余姚北城邹氏宗谱》仍称"邹氏自唐思道公居宿松"

地写成"钱塘宿松"。余姚样山支始祖乃是邹栩堂弟德本公邹植，与无锡邹氏同出一脉。[①] 邹一桂在钱塘找不到宿松这个地名，倒是发现唐代有一个宿松县，不在杭州，而是在舒州（今安徽安庆市）。

邹一桂认为旧谱弄错了，因为他从邹扩的墓志铭中找到了依据。查核得知，这篇墓志铭来自宋邹浩《道乡集》。台湾商务印书馆版文渊阁《四库全书》集部三（第1121册）收录《道乡集》四十卷，其提要云：

> 宋邹浩，字志完，常州晋陵人，元丰五年进士，官至直龙图阁

---

① （清）邹期生纂修：《余姚样山邹氏宗谱》（敦睦堂），康熙十九年（1680）刻印。之后，邹氏从样山迁余姚北城。（清）邹元瀛纂修：《余姚北城邹氏宗谱》，光绪六年（1880）木活字本。

赠宝文阁学士，谥忠。事迹具《宋史》本传。此集乃其子柄、栩所辑。……柄等镂板宋末已毁，明成化间其裔孙邹量始得内阁抄本。万历中钱塘令邹忠允亦浩之裔，乃再刊行之。

明成化六年（1470）邹量刻本《道乡先生邹忠公文集》，国家图书馆有藏，为目前已知最早的存世本。① 该本《邹君墓志》文如下：

君讳扩，字希圣，西京作坊使讳某之曾孙，东头供奉官、阁门祗候赠左屯卫大将军讳某之孙，舒州宿松县尉讳某之子。屯卫而上世家钱塘，宿松徙于常州。②

---

① 《道乡集》版本，宋代就有记载。《宋史·艺文志》载："邹浩，《文卿集》四十卷。"（"文卿"为"道乡"之讹）。南宋陈振孙《直斋书录解题》卷十七（上海古籍出版社 2005 年版）载："《道乡集》四十卷，吏部侍郎邹浩志完撰。"李纲绍兴五年（1135）《道乡文集序》曰："子柄、栩集公平生所为文，得古律诗赋、表章、四六、杂著、传记、序述及紫微制章，合为四十卷，将镂板以传于世。"杨时在《与邹德久》云："闻令弟欲令福唐镂板传之久远。"《王端履集》（浙江古籍出版社 2020 年 9 月版）《重论文斋笔录》卷一："新刻宋邹浩《道乡集》四十卷、《补遗》一卷、《附录》一卷，学使桐城姚伯昂师所贻，读师《后序》知邹二十六世孙禾所刻，而李海帆宗传、吴梅梁杰两观察捐廉佽助之者。海帆，师同乡，现官山东按察使。梅梁，会稽人，与余乡会同年，甲戌会试又同出师门，后官工部侍郎，卒于位。是书仅从明万历中重刊本付梓，据王渔洋跋，其先尚有正德壬申刻本。又闻杭州振绮堂有南宋刻本，暇日当从又邮假校之也。又邮名适孙，乃振绮堂后人，姓汪氏，能世守遗籍，为杭州藏书第一家。"查《振绮堂书目》（四卷）："第四格：《邹道乡集》十二册二套、四十卷，宋晋陵邹浩志完撰、李纲序，宋刻本。"该刻本最后面世在同治年间，为莫友芝所见，《藏园补订郘亭知见传本书目》记："《道乡集》，宋刊本，同治丁卯秋见之杭肆。绍兴五年乙卯，其子柄、栩编集，将镂板于福唐，李纲为之序。"同治年间，汪氏振绮堂"两遭兵燹，散佚殆尽"，族人"急于得赀，一为殓葬之需"。宋刻本《道乡集》此后湮没无闻。
② 《道乡先生邹忠公文集》卷三十六（明成化六年邹量刻本），见四川大学古籍整理研究所编：《宋集珍本丛刊》第 31 册第 279 页，线装书局 2004 年影印。

◎ 明成化六年（1470）刻本《道乡先生邹忠公文集》之《邹君墓志》

　　一世实之子邹智，五代任西京作坊使。二世邹智生子元庆，宋真宗时为东头供奉官、阁门祗候，景德中以澶州内镇功，真宗嘉之，追赠左屯卫大将军。三世邹元庆生十子，长子贾，宋咸平三年（1000）进士，任舒州县尉；次子覃、十子霖皆为进士，余七子无考。其中霖为筠州推官，累官朝奉郎、尚书都官郎，知涪、鼎两州，为晋陵始迁祖。从上文看，屯卫是屯卫大将军简称，宿松则代指宿松县尉，都是以官职代人名。是说三世屯卫大将军邹元庆之上世家在钱塘，从四世宿松县尉邹贾开始迁居到常州了。邹一桂认为：写成钱塘宿松，是句读错了。搜索《道乡集》全书，出现"钱塘宿松"，仅此一处。而其他如《至明弟墓志铭》《夫人邹氏墓志铭》，言及"上世""其先"，均作"杭州钱塘人"。其中《夫人邹氏墓志铭》中写道："其先杭州钱塘人，都官徙常之晋陵。"也是以官职代人名，说明都官郎邹霖是晋陵的始迁祖。元末明初武进人谢应芳撰《思贤录》，书中《忠公事实》云："公之鼻祖实居于杭之钱塘，自公之祖宦游于常，喜风俗淳厚，因家焉，遂为常之晋陵人。"①邹一桂侄孙邹奕孝（为四库全书馆纂修官），曾指出小山公修谱中的一些错误，但对于"宿松"的判定也无异议。自小山公修谱后，无锡、常州一带历代修谱言及始祖及祖居地，只写"浙江之钱塘"或"杭州钱塘"。

然而，钱塘支邹氏自思道公下六世，分为两支。邹一桂在《重修邹氏家乘例》中表明："旧谱向以诚明公为一世……思道公（注：山东邹县人）唐开元间为杭州刺史，遂家焉，七传而后至诚明公。"继而提到江西宜黄一支："瀷者，为临川太守，家于宜黄，为江西始祖，亦自钱塘分出也。"查《清代科举人物家传资料汇编》第71册"邹绍峄"条，有"始祖瀷，唐穆宗长庆二年为临川刺史，因家宜黄"②，亦可印证。江西宜黄邹氏亦属钱塘支，奉邹思道为钱塘支的始祖。不过，宜黄一支亦引出"钱塘宿松"的问题。

《中华邹氏族谱》第四卷"宜黄瀷公支世系图"五十三世"瀷"：

> 字起泓，号绿墅。唐贞元癸酉（793）三月十五生，乾符戊戌（878）十月二十二殁，享年八十六。公祖籍杭州钱塘宿松里，唐穆宗长庆壬寅（822）进士，任临川刺史。……时值寇乱归隐，雅慕宜黄山水秀美，筑室于县城西隅桃源洞而居，为宜黄邹氏肇始祖。辛追封安邦侯，葬宜黄岱六都孤川。③

不但是"钱塘宿松"，还添加一个"里"字，更像是一个小地名。《辞海》"里"义项一：古时居民聚居的地方。《毛传》："里，居

---

① （元）谢应芳：《思贤录》卷之一，光绪甲申重刊，上海玑衡堂藏本，上海图书馆藏。
② 来新夏主编：《清代科举人物家传资料汇编》第71册第53页"邹绍峄"条，学苑出版社2006年12月版。
③ 《中华邹氏族谱》第4卷第44页，武汉出版社2011年1月版。

也。二十五家为里。"义项二：旧时县以下的基层行政单位。顾炎武《日知录》："以县统乡，以乡统里。"唐以百户为里，五里为乡，每里置里正一人。可是查《武林坊巷志》，钱塘县乃至杭州并没有一个叫"宿松里"的地方。

据《中华邹氏族谱》之《第四、五卷编后》，《宜黄邹氏家谱》最早由北宋邹仲霖在政和元年（1111）主修、南宋进士邹槃在淳祐丁未（1247）又重修过。从时间上看，宜黄谱比常州谱还早37年。

邹槃撰《范阳邹氏族谱原序》云："迨唐中叶有思道公者，宦闽宦越，六世至瀍公为临川刺史，遂卜居家宜黄焉，故吾自瀍公而上，悉忘坟墓踪迹。"[①]明永乐十年（1412）庐陵罗汝作序云："今观邹氏家谱并图，起于唐中叶，思道公为杭州刺史，家杭州。又六世瀍公为临川刺史，家宜黄。"[②]序中只说"家杭州"，并未提及"钱塘宿松里"。

据《中华邹氏族谱》第四、五卷主要撰写者邹赤松先生说，"钱塘宿松里"是从老谱中抄来的，哪部老谱已不记得了。我相信邹赤松抄自某部族谱、宗谱，但也许是清代或民国时期的修纂。就像邹一桂修谱见到的范阳老谱、钱塘族谱那一类通谱，辗转重修、转抄，不知经了多少代多少人之手，错讹难免。所以很难分辨，是宜黄谱"钱塘宿松里"的记载影响了常州、无锡修谱者，还是常州、无锡旧谱中"钱塘宿松"的记载影响了宜黄修谱者。但是，钱塘支始祖思道公至六世瀍公、鸿公，世居杭州钱塘，这一点是肯定的。所以，邹一桂"直言世居浙江之钱塘，数百年疑案为之一洗"，虽然简单了些，却避免了凿空之误。

[①] 《范阳邹氏族谱原序》，见江源主编：《中华姓氏始迁祖世系大典》第664册第32页，线装书局2008年12月版。

[②] 《范阳邹氏族谱原序》，见江源主编：《中华姓氏始迁祖世系大典》第664册第35页，线装书局2008年12月版。

三、冒出个"南屏山"

《中华邹氏族谱》第六卷叙"邹实":

> 字诚明,号若虚。五代时,后唐主引军至邹家口,被召为飞熊将军,遥领钱塘令,后唐亡,居钱塘南屏山宿松里,高养林泉,隐居行义,晦德勿出。①

笔者询问主要修谱者邹景良先生,据他说,"南屏山说"来自民国丁亥(1947)邹德大主修的丹阳正学堂《云阳邹氏重修宗谱》,其中有《始祖若虚公传》,全文如下:

> 公讳实,字诚明,号若虚,唐僖宗朝居浙江钱塘。其先邹阳事吴王,子孙遂蔓延于吴。历两晋迄六朝不甚显。祖父以来,保世亢宗,至公乃奋扬光大,克昌厥后。时藩镇连兵,惟浙独完。公知钱塘多嘉山水,即南屏山以居,为避世图。其后嗣姓昌炽,弈叶显著,凡推世业者佥谓谋自公云。②

南屏山,西湖名山。《咸淳临安志》《舆地纪胜》及万历《杭州府志》均有记载。据清翟灏、翟瀚辑《湖山便览》,南屏山有宋钱塘隐士徐炳宅,也有宋乾道中书生李芨在长桥竹径遇青衣道人后"飞仙"的故事,确是适宜隐居之地。明释大壑《南屏净慈寺志》中收录明代文学家、无锡邹迪光游净慈寺写下的《记略》:"八月甲申,维舟藕花居,

---

① 《中华邹氏族谱》第6卷第3页,武汉出版社2011年5月版。
② 邹德大主修:《云阳邹氏重修宗谱》,民国丁亥(1947)云阳邹氏正学堂木活字本,常州图书馆藏。

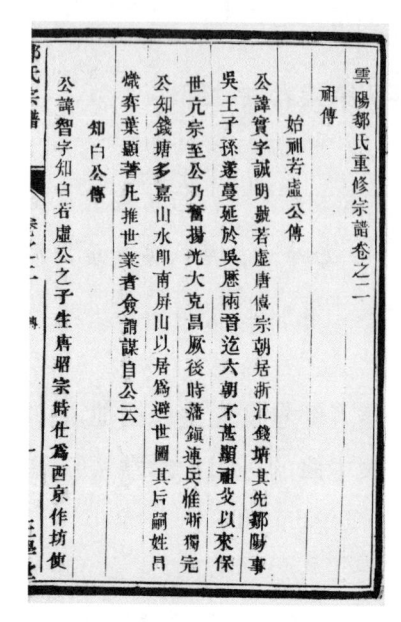

◎《云阳邹氏重修宗谱》所载《始祖若虚公传》

入净慈寺。寺当南屏之麓，倚其山如负扆，璀璨嶙崒，不在灵隐下。"邹迪光，号愚谷，明万历年间南方文坛领袖，在无锡惠山建邹忠公祠，彰显祖德；如果南屏山是祖居地，愚谷公到此或许会有追怀祖先的文字。查《邹迪光年谱》，万历三十六年（1608）八月、三十七年（1609）四月、四十年（1612）春，愚谷公三次游杭州，留下许多诗文，却未提及南屏山与邹氏先祖有相关性。

细读这篇《始祖若虚公传》，仅百余字，错讹百出。

其一，称诚明公"唐僖宗朝居浙江钱塘"，时间明显不对。查《清代科举人物家传资料汇编》第88册"邹寿祺"条[①]（按：邹寿祺，祖

---

① 邹寿祺，又名邹安，字景叔，号适庐，浙江海宁人，住杭州，光绪二十九年（1903）补行殿试，中进士。王国维同乡，俞樾弟子，曾入诂经精舍学习，《诂经精舍八集》多著其文，善治《公羊》。博览古器，考订精详。精金石文字之学，写金文极为古拙，乃清末民国时期金石研究及收藏大家。晚清时曾任丹阳知县、平阳知县。民国初期，曾与王国维任教于上海首富哈同开办的仓圣明智大学。

籍无锡，海宁考生，光绪辛卯科举人），其朱卷档案填写的世系追溯到诚明公邹实——

> 始祖讳实，世居浙江钱塘，仕唐为曲江令，改知越州。生于唐天复癸亥，享寿九十有三。

唐天复癸亥是公元903年，即昭宗末年。唐僖宗在位时（873—888），邹实还没有出生。又，光绪二十九年（1903）邹仁溥纂修《邹氏家乘》卷六"前十五世"关于一世邹实的介绍：

> 实，字诚明，先世居山东邹县，七世祖讳思道，为唐开元杭州刺史，世居浙江之钱塘。后唐主召为飞熊将军，遥领钱塘令。宋乾德初，官韶州曲江令、越州知州。生唐天复癸亥，卒淳化甲午，寿九十有三。配马氏，雄武军节度使讳悼女，继王氏，子一，墓在浙江由拳山祖茔西。

这一条也说诚明公生于唐天复癸亥。宋乾德初，诚明公为韶州曲江令，后改知越州，推算起来，应是六十多岁致仕。

可是，《中华邹氏族谱》（第6卷）称："（诚明公）至宋乾德初（963），得举又遥领韶州曲江县事，复改知越州，致仕而殁。公当生唐咸通癸巳（873），殁乾德三年乙丑（965），享年九十有三。"[①] 按该书这一说法，诚明公九十岁还在任上，几乎退休即殁。九十岁在古代是绝对的高龄，怎么可能仍在仕途奔波？倘若如此，何以被称作"高养林泉"之人？两谱比较，便知无锡《邹氏家乘》所述六十多岁

---

① 《中华邹氏族谱》第6卷第3页，武汉出版社2011年5月版。

◎ 邹寿祺朱卷世系

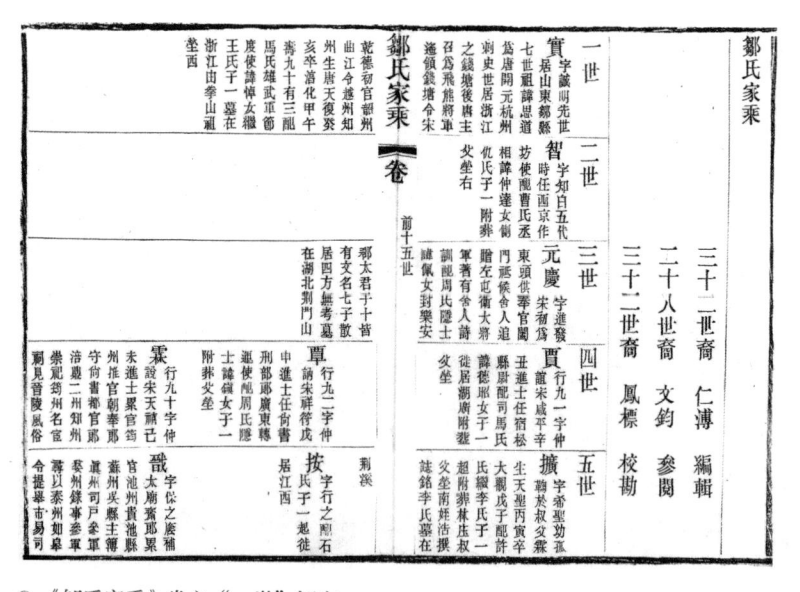

◎ 《邹氏家乘》卷六"一世"邹实

退休，安享晚年至九十三岁殁，比较接近事实。

其二，"其先邹阳事吴王，子孙遂蔓延于吴"，可谓认错了祖宗。查《辞海》，邹阳，西汉齐（今山东东部）人，初从吴王刘濞，以《上吴王书》，劝濞勿起兵，濞不听，后去为梁孝王客。吴王刘濞据豫章、会稽郡，起兵于广陵（扬州），兵败被杀。既然邹阳早就离开吴王去做梁王门客了，邹氏子孙如何蔓延于吴？此说于理不通。据《邹氏家乘》卷一所录《小山公重修邹氏家乘例》："近见范阳老谱，邹为宋愍公后。周末，邹衍为燕昭王师，居范阳郡。两汉代有闻人，三国时有讳异者，仕孙吴为黄门侍郎，二十一传至思道公，谱系分明。"康熙十九年（1680）邹期生撰的余姚样山谱序亦云："三国时有讳异者，首仕孙吴为黄门侍郎，始居吴门。……然江右老谱，凿凿可据，首卷言唐开元间曰思道公者，渊源出自范阳，历宦游汴京、建康等地。于是有思道公为江阴、杭州两郡刺史，遂家于杭，乃知确为我邹氏之后也。"① 仕吴者，乃黄门侍郎邹异也，非文学家邹阳。云阳修谱者可能不知邹异，只知道历史上更有名的邹阳。《中华邹氏族谱》仅邹阳之第三子邹植的后代，就编出第四、第五、第六3大卷，子孙可谓遍布全中国。可见，攀附古代名人也是有些修谱者的习气。

其三，既然唐僖宗朝诚明公就居于浙江钱塘，何须担心藩镇连兵？南屏山本在钱塘，"知钱塘多嘉山水"之句岂非多余？从前后文句判断，修谱者并不了解诚明公的履历，不知道始祖为后唐飞熊将军，后唐亡后再回钱塘的史实。

其四，正学堂《云阳邹氏重修宗谱》修于1947年，该族始迁较晚，而修谱相距始迁年代亦久，历史信息不免屡经讹变。该族始迁祖邹英四，系常州邹浩十六世孙，于明初迁居丹阳（云阳）城内坊市口，为

---

① （清）邹期生：《余姚北城邹氏宗谱原序》，见邹元瀛纂修：《余姚北城邹氏宗谱》，光绪六年（1880）木活字本。

丹阳邹氏始迁祖。文献学强调初始版本，而常州、无锡的谱始修于南宋绍兴年间，早期世系记载较为详尽。相较于始修于南宋，重修于明、清的家乘，云阳宗谱本的文献价值显然要大打折扣。云阳宗谱修撰者，既不了解始祖邹实的履历，也不了解钱塘的历史地理，随手写下南屏山地名作为祖居地，如此缺乏基本常识的修谱，诚不足信也。

不仅如此，《中华邹氏族谱》又将南屏山与宿松里叠加在一起，变成子虚乌有的"南屏山宿松里"，与祖居地毫不相干，只会误导邹氏后人。《小山公重修邹氏家乘例》十二条，首条即言"然谱不可不修，亦不可漫修。苟以射利为心，必至利所在则冒滥，利所不在则阙疑，修之适以坏之也"，诚然此言。

四、又来个"钱塘宿兴里"

江源主编《中华姓氏始迁祖世系大典》是一套有影响的家谱大系。第664册至669册是"邹氏"。第664册收入民国16年（1927）《范阳邹氏重修族谱》。据《源流纪略》："溯吾族之源，观泰宁世系，实出唐思道公之苗裔也。思道公于唐开元间官江阴刺史，其先世居范阳，宦游于杭，遂家杭州钱塘之宿兴里。越六世，瀍公官豫章临川史，始卜居宜黄。生二子，长曰瓒，次曰璁。璁公迁居泰宁大寮。"①看来，泰宁支也来自宜黄。

乾隆九年（1744）三十七世嗣孙名珍字世杰的《邹氏重修族谱原序》云："观泰宁之世系，实本邹思道公之苗裔也。思道公于唐玄宗开元间官江阴刺史，先世居范阳，因宦游于杭，遂卜钱塘之宿兴里而居焉。"

《范阳邹氏重修族谱》之《范阳分房世传》，第一世"思道"：

---

① 《范阳邹氏重修族谱》之《源流纪略》，见江源主编：《中华姓氏始迁祖世系大典》第664册第13页，线装书局2008年版。

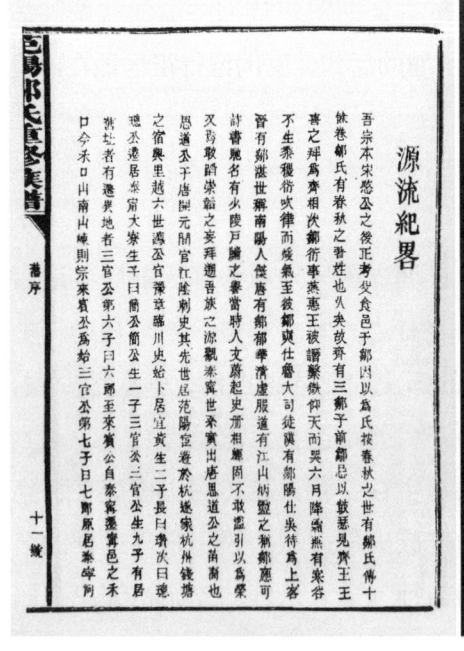

◎《范阳邹氏重修族谱》之《源流纪略》　　◎《中华姓氏始迁祖世系大典》书影

　　名有宾,其先汴人也。唐中叶官山阴县令,开元间升江阴刺史,有功,封幽州范阳响应公,后居杭州钱塘县宿兴里,卒葬余杭之拳山。

　　这又冒出个"宿兴里",与"宿松里"是同一个地方吗?据泰宁谱,瀍公生二子,次子璁迁福建泰宁大寮村。而据宜黄谱,瀍公生三子。长子瓒,字安甫,唐长庆癸卯(823)生,唐宣宗时辅驾征讨金丹,擢荆南节度使,[①]后平淮南有功,敕封平淮大将军。殁后夫妇俱葬杭州祖宅。三子琪,唐咸通年间(860—874)由宜黄迁居浙江钱塘。按理,长子、三子都迁回杭州了,他们的后代更应该知道祖居地在何处。而

---

① 金丹,不知为何?原文如此。唐宣宗时,发兵征讨过党项、岭南、湖南等地叛乱。荆南节度使,唐朝在今湖北省中部设立的节度使,治所在荆州。

宜黄的存谱只写长子瓒"葬杭州祖宅",三子琪迁回"浙江钱塘",已迁往遥远的福建泰宁大寮村的二子璁的后代,反倒记得祖居地在"钱塘宿兴里"?

五、余话

宿松、宿松里、宿兴里,邹氏钱塘支祖居地成为邹氏散居各地后人的集体记忆。族之有谱,犹郡邑之有志,国之有史。如司马迁《史记》、潜说友《咸淳临安志》这样的国史、郡邑志杰作,毕竟是少数。家谱更是如此,修谱者水平参差不齐,差距岂止以道里计!

家谱是一个家族血亲世系、绵延生存、薪火相传的历史记忆,隐藏着丰富的文化信息和凝心聚力的家族力量。从宿松、宿兴这样的名字看,蕴含高养林泉、幽居避世的精神气质。从钱塘支始祖邹思道居杭州,至诚明公邹实,已处于唐安史之乱、五代十国纷争之际,战乱频仍,朝代更迭频繁。诚明公邹实,曾为后唐飞熊将军,后唐亡于后晋,只能逃归钱塘,隐居山林。邹氏一门归隐传统由来已久,"隐居行义"成为家族的精神符号。荣辱淡如,林泉高致,寄迹山林,两袖清风却依然能自得山水之乐。"少壮进用事功,迟暮退归隐逸",是历代邹氏先贤的精神传承。

回到小山公修《家乘》。邹一桂强调最多的是"水无源则不远,木无根则不固",祖先德行与后世子孙兴衰间有因果联系。小山公读到康熙甲辰谱邹式金序,深有感慨:"千里之外,百世之上,闻有嘉言懿行,虽愚者必为之仰止,况嘉言懿行出于吾宗伯叔兄弟者乎。"慎终追远,显亲扬名,让精神血脉薪火相传、福泽绵延,这是《邹氏家乘》所传递的、让后辈世代守护的价值观。

2017年3月28日,清明前夕

原载《书城》2017年5月号

邹氏钱塘支前六世补遗

一、邹氏钱塘支前六世名讳缺失

邹姓在无锡是大姓，人口有两万余人。无锡邹氏第一次修谱为北宋名臣邹浩的次子邹栩主修。邹栩，字德广，宋绍圣元年（1094）七月生，幼时聪明好学，邹浩有《洗幼子义》勉励之。绍兴二十六年（1156）官处州太守，后获罪居家。绍兴五年（1135），邹栩与其兄邹柄集其父邹浩诗文，合为《道乡集》四十卷，镂板于福唐（今福清市）。绍兴戊辰岁（1148）季冬朔日，邹栩修成家谱，作谱序云：

> 吾邹氏自宋愍公后邑氏为邹。赐姓以来，先世弥远，罔知所继。李唐之季有讳实者，为吾鼻祖，居钱塘。实生智，智生进发讳元庆，吾高祖也。高祖十子，皆文学。七子散居四方，莫知所止。贾居湖广，覃之子游江西，第十子曰仲说，讳霖，吾曾祖也。宦游常之晋陵，遂家焉，传曰保之，讳戬，是吾祖也。吾考曰至（志）完，讳浩，昆弟六人：洞、洄、沼、竺僧、泥（况），堂从樗、柄、概、梓、朴、桂、柘、槐，吾兄弟也。①

---

① （清）邹仁溥纂修：《邹氏家乘》卷一邹栩旧序，光绪二十九年（1903）木活字本。

舊序

吾鄒氏自宋愍公後邑氏為鄒賜姓以來先世彌遠罔知所繼李唐之季有諱實者為吾鼻祖居錢塘實生智智生進發諱元慶吾高祖也高祖十子皆文學七子散居四方莫知所止買居湖廣覃之子遊江西第十子曰仲說諱戩是吾吾曾祖也宦游常之晉陵遂家焉傳曰保之諱戩是吾也吾考曰至完諱浩昆弟六人洞洞沼竺僧泥堂從穉柄檟梓樸桂柘槐吾兄也若亡若存遷非一所若枝若散處四方惟國之有史以紀傳世家亦宜製為譜牒以統

◎《鄒氏家乘》鄒栩舊序（一）

後緒今纂所知以為家乘昭穆之次尊卑之等長幼之分皆於是乎辨之奚以知其然也曰以五服揆之知其然也同一父母而生先乎吾者吾兄也後乎吾者吾弟也知其然也為服固朞年也遠則昭免降為祖免則無服遠吾曾孫與彼曾孫則降為小功遠吾子孫與彼孫則降為大功遠吾玄孫與彼玄孫則降為緦麻遠吾元孫與彼元孫則服降為祖免則自父子而兄弟自子孫而元孫自父子而兄弟自子孫而曾游彼此土而居再五世則就昭就穆就尊就卑就長就幼就從而辨之有譜牒之作例之明表之著則昭穆秩如尊卑歧如長幼截如嗣而繼之續而增之縱越百世系服雖盡而見支圖以知本源之合目系表以知派緒之分綿綿繩繩而同出於一父母者猶一日也吾鄒氏子孫千百世而抑其念之也時紹興戊辰歲季冬朔七世孫栩謹書於知恩堂

吾鄒氏舊無宗譜高祖德廣府君念三世祖進發公生十子而七子散居四方皆不知其所止其字行名諱俱無考德久公仕於天台德章公贅無錫恐後岡知統紀故立宗譜圖表凡例以傳後世使子孫一覽可

◎《鄒氏家乘》鄒栩舊序（二）

邹栩叙本支祖——李唐季（即后唐）始祖邹实至邹浩，上溯仅六代，记忆所及，邹栩是受过良好教育的学者，所叙当有据。邹栩知始祖邹实居钱塘，始祖以上则"罔知所继"。又查邹浩《道乡集》之《邹君墓志》《至明弟墓志铭》《夫人邹氏墓志铭》，这是邹浩亲撰的其堂叔、弟弟、姑姑的墓志铭，言及"上世""其先"也仅至二世西京作坊使邹智、三世屯卫大将军邹元庆，不见"先世"的记载。

据考查，无锡邹氏继七世裔邹栩之后，又有宋宝祐四年（1256）邹栩的曾孙、十一世裔邹应熊（字国祥，号守愚先生）第二次修晋陵邹氏谱。此后邹栩的堂弟邹朴（字德厚）徙居无锡，为无锡邹氏始祖，明初十四世裔邹璧（晚号九峰山人）在前晋陵谱基础上始修无锡邹氏谱。明宣德十年（1435）十六世裔邹恕（号省滩）又续修无锡谱。清代无锡邹氏已分出27个分支分布在各地。清康熙三年（1664）二十五世裔邹陞（号九揖）主修无锡人统宗谱15卷。

南宋宝祐年间，邹应熊在谱序中明确说其高祖德广府君邹栩始修谱，之前邹氏旧无宗谱：

> 吾邹氏旧无宗谱。高祖德广府君念三世祖进发公生十子，而七子散居四方，皆不知其所止，其字行名讳俱无考。德久公仕于天台，德章公进士未仕，德厚公赘无锡，恐后罔知统纪，故立宗谱图表、凡例以传后世，使子孙一览可知先世祖宗之所自也。①

元末明初，著名学者、武进人谢应芳（字子兰，号龟巢）辑《思贤录》，为乡贤邹浩而作，其中《忠公事实·年谱序》亦云"公之鼻祖实居杭之钱塘"，也从一世邹实说起。

---

① （清）邹仁溥纂修：《邹氏家乘》卷一邹应熊旧序，光绪二十九年（1903）木活字本。

明末清初，九挥公邹陛主修无锡大统宗谱 15 卷，历尽甘苦。他幼年即受大父（祖父）邹经畲（名期桢，私谥懿长先生，与顾宪成、高攀龙讲学东林书院，《邹氏家乘》"东林志列传"有《经畲公传》）启蒙，立志修谱，与同族宗亲一起，遍走诸宗，集之二十余年，缮写成帙，又三经裘葛而书。谱序亦云："吾家世称阀阅，为江南望族。原其先以国为姓，五代以前不可考，可考者则自唐曲江令诚明公始也。"邹式金为二十三世裔，字仲愔，号木石、香眉居士，崇祯十三年（1640）进士，历任明朝南户部主事、户部郎中、泉州知府，工古文词，晓通声律。他为康熙甲辰（1664）九挥公谱作序时云："至懿长公，以理学文章为儒宗，于度以妙才韶齿魁天下……九挥为懿长公冢孙，本其家学，发为文章。由其不敢忘祖一念，因不敢忘其家之人，而从事斯谱也。"称赞邹陛修谱功力与情感投入。九挥公也认为：五代之前不可考，可考者自邹实始。常州、无锡邹氏谱，皆从邹栩谱为依据，从一世邹实说起。

清代学者、文学家李兆洛（字申耆，晚号养一老人）曾为邹氏校刻忠公遗集作序，道光十三年（1833），为邹氏裔孙辑宗谱再作序，序中反映了自宋代至清代，常州、无锡两支对祖先的祭祀情况。

邹之定居常州，自忠公之祖尚书都官郎中霖，而公之第三弟洞复徙居无锡。① 公之长子柄为天台守，因家天台，惟次子处州太守栩留居常州，实始辑宗谱。天台远不相及，无锡之宗颇有兴者，前时尝合二宗而谱之，后以支庶硕蕃，惧稽核不易，乃各缀叙而不复合。两邑皆有忠公专祠，武进则追祀其忠公高祖，盖以都官君为始迁祖

---

① 据无锡《邹氏家乘》，邹洞之子邹朴（字德厚）赘无锡泰伯乡华庄陈氏，遂家焉，是为邹氏无锡始迁祖。

◎ 光绪元年（1875）邹敬忠主修：《毗陵邹氏宗谱》实公像

而上祀三代也。无锡则惟祀忠公及洞，而以十六世孙迪光配，盖奉忠公为大宗也。①

目前，笔者能查阅到的存世最早的江苏邹氏谱为《范阳邹氏家史》稿钞本一册，著录为清初邹梦同、邹漪等修，藏中国科学院图书馆。笔者特去查阅了原本：前有清初邹梦周、邹漪谱序，后有裔孙载坤的跋文。跋文云："吾范阳氏自德厚公始迁梁溪，厥后子孙蕃衍，散处不一。明初福二公避乱迁虞，至万历时东村公挈家就馆，因迁于五渠之东库。"东库村今属常熟练塘镇，为常熟小山邹氏一派。又云："载坤不肖，谨守先业，未能寸进，惟虑后人罔知所本，故详其世。次更

---

① （清）李兆洛：《重修邹氏家乘序》，邹玉堂主修：《武进邹氏家乘》（48卷），光绪庚子（1900）重修本，美国犹他家谱学会藏。

◎《范阳邹氏家史》转录邹漪谱序

望族之人，恪遵忠厚之训，毋为刻薄，将犹树之根日培而叶日茂。子孙或有兴者耳。"可知该谱为载坤本人所修，应是稿本。篇首《邹节母程孺人传》，为姻眷侄瞿颉撰于乾隆丙午（1786），知其纂修年代在乾隆五十年（1785）前后。谱以一世实始："字诚明。官知越州，后隐居钱塘，配马氏、继王氏，墓在由拳山。"自录：二十九世裔载坤"字育万，乾隆丁卯（1747）生"。查三十一世裔邹冠瀛主修《常熟小山邹氏支谱》，载："载坤，时望次子，字育万，配周氏，子三。"①可见是同一常熟支脉。常熟小山支系出自无锡龙泾，故抄录邹梦周、邹漪两位龙泾前辈序。稿本内有一夹条云："按：此清字系十余年前

---

① （清）邹冠瀛重辑：《常熟小山邹氏支谱》一卷，光绪三十四年（1908）木活字本。

在故宅见此传之板，所刻惟此。巺遂注于旁，漫将名字涂去，今则板已不可见矣。故志。光绪九年初夏仁福志。"该谱有仁福的批注，补充谱之缺失。至三十一世后，笔迹不同，当为仁福补录。此谱虽晚于邹一桂修《邹氏家乘》20 余年，但早于邹仁溥纂修《邹氏家乘》、邹冠瀛重辑《常熟小山邹氏支谱》120 年左右。梁溪二十一世孙邹梦周，事迹不详。序追叙"梦周自总角往来诸宗，搜获诸名公谱序数十篇……欲立宗法以修家史于今"，当为自己所修谱作的序，或已有成稿，载坤曾参考此稿，并录原序。邹漪字流绮，邹式金子，曾入吴伟业门下，著述甚多。落款："顺治十一年甲午花朝梁溪二十四世孙漪序。"另起一行小注："漪字流绮，至音之子。至音名式金。"这序写于载坤出生前 93 年，当是载坤从其他支谱中抄来的。序中所言，也推忠公以上之五世。

> 我邹氏出自子姓，自秦汉以迄唐宋最多显著，而昭穆之可稽，则断自龙图阁待制始，推而上之五世之内，井井如也。从此而降，箕裘纪盛，科第扬芬，聚散分合，犁然具备，谓非前此谱牒之功欤！[1]

笔者还查到一本常熟邹氏稿钞本。原常熟县国立图书馆藏彭汝球、彭汝珽和彭邦俊于光绪十七年（1891）增修《虞山邹氏世谱》。该谱记载彭汝球祖上原姓邹氏，为明代进士邹韶后裔。乾隆年间，因入赘彭氏，改为彭姓。彭汝球乃清代虞山画派画家、晚清县丞。据李猷《近代诗介》："彭汝球，字叔才，邑诸生，翁氏彩衣堂之西席。"该谱前录邹韶《虞山邹氏家谱序》、邹武《虞山邹氏家谱图传序》，称"宋

---

[1] （清）邹载坤纂修：《范阳邹氏家史》，转录邹漪撰：《范阳氏家史序》，清代稿本，中国科学院图书馆藏。

◎《虞山鄒氏世譜》

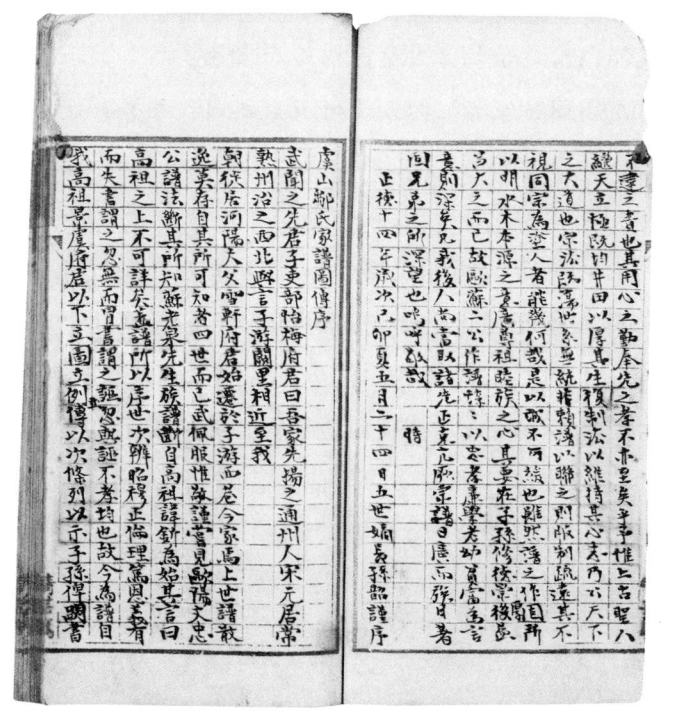

◎ 鄒韶、鄒武譜序

元兵兴，谱牒遗失"，以邹韶兄弟的高祖邹礼（字德恭，号景虞）为始祖。邹礼，明太祖洪武年间人，清《康熙常熟县志》卷之五桥梁记载，让塘桥旧名尚塘桥，邑士邹礼辨"尚"为"让"，于是尚塘桥改名为让塘桥，今属张家港。该谱抄录明代诰命圣旨，邹韶、邹武墓志铭及《常昭合志》小传，明代家族墓在常熟虞山北麓的桃源涧[①]。墓志铭称"邹氏世为扬之通州人，宋时来邑西子游巷"。邹韶（1465—1522），字性之，号穀城，弘治六年（1493）进士。授南京工部主事，革芦钞弊，历迁刑部员外郎、吏部郎中，出为兖州知府。正德五年（1510）忤刘瑾被遣致仕。嘉靖元年（1522）擢山东左参政，未及任卒，陈寰志墓。弟邹武（1469—1539），字靖之，号近斋，弘治甲子（1504）举人，浔州知府，亦以廉静称，列祀乡贤，陈察志墓。计宗道撰《虞山雅集记》、沈周绘《虞山雅集亭图》，邹韶、邹武兄弟与沈周、文徵明、陆润等都有交往。邹韶之母、妻及媳皆为常熟城北钱氏，即钱谦益家族。

邹一桂修的《邹氏家乘》最为完备，影响最大。邹一桂，字原褒，号小山，晚号二知老人，江苏无锡人，一生仕途顺达。雍正五年（1727）二甲第一名进士（传胪），授翰林院编修。历任云南道监察御史、贵州学政、大理寺卿，官至内阁学士、礼部侍郎。乾隆二十四年（1759）七十四岁致仕荣归，汲汲于家乘，"不辞琐碎，广为编辑，越三载而通谱告成"。

邹一桂修家乘，才开始追溯诚明公邹实以上的家世。光绪二十九

---

① 周公太：《瓦砾斋笔记》（第325则）载："2004年4月21日至29日，（常熟）博物馆考古部抢救性发掘了在虞山北麓桃源涧左侧市社会福利院老年公寓基建工地发现的明代墓葬7座，共出土玳瑁腰带板、金质葫芦形耳坠、金寿字铭文戒指……石刻墓志等器物20余件。根据墓志铭文，系明代正德、嘉靖间（按：应为弘治年间）进士、山东参政邹韶和弟浔州知府邹武家族墓。"

年（1903）无锡《邹氏家乘》转载《小山公重修邹氏家乘例》：

> 旧谱向以诚明公为第一世，而钱塘族谱诚明公而上，尚有六世，思道公乃第一世也。思道公（注：山东邹县人）唐开元间为杭州刺史，遂家焉，七传而后至诚明公。近见范阳老谱，邹为宋愍公后。周末，邹衍为燕昭王师，居范阳郡。两汉代有闻人，三国时有讳异者，仕孙吴为黄门侍郎，二十一传至思道公，谱系分明。今此书仍遵旧谱，以诚明公为第一世，而列范阳谱于前卷，使为子孙者知源之上有源，未可以为荒远而忽之也。①

◎《邹氏家乘》卷一《小山公重修邹氏家乘例》

思道公为钱塘支始祖，另有一条旁证。清代的考生朱卷是一份简

---

① （清）邹仁溥纂修：《邹氏家乘》卷一《小山公重修邹乘例》（十二条），光绪二十九年（1903）木活字本。

略的家谱，朱卷中一般有考生履历。清光绪甲午（1894）科乡试吴县考生邹凤标的朱卷有详尽的家世记载，追及先世和始祖。顾廷龙主编、台北成文出版社影印出版的《清代朱卷集成》第194册"邹凤标"条：

> 始祖实，字诚明，先世本山东邹县人，自七世祖讳思道，唐开元为杭州刺史，遂家焉，是为钱塘支。

邹一桂之后，道光年间，常州、无锡邹氏宗贤修谱工作时断时续，派衍支繁，又遭战乱，无力合修统谱。

道光十三年（1833），李兆洛为武进谱作《重修邹氏家乘序》云：

> 往年余为邹氏校刻忠公遗集而识其后，越数年其裔孙辑宗谱复请予序之。……自处州辑谱后，元明以来陆续修纂者六七，而其本皆散佚，惟乾隆壬辰年族裔静安所辑者仅存。道光癸巳公二十一世孙观民始帅其族，定体例、慎稽校，以世系世表为前集，二十四世孙作霖任之文章、传志及交游、词翰为后集……[①]

道光二十六年（1846），邹鸣鹤"以小山伯祖全谱为主"续修《锡城支谱》。邹鸣鹤《锡城支谱序》云：

> 吾邹二十五世九揖公修谱序曰：自诚明公后至今垂三十世六百余年，先后掇巍科历显宦者百余人，节行表著者百余人，称博士弟子员者几千人，盛矣哉！……因思至善莫先于敦本，敦本莫重于宗

[①] （清）李兆洛：《重修邹氏家乘序》，见邹玉堂主修：《武进邹氏家乘》（48卷），光绪庚子（1900）重修本，美国犹他家谱学会藏。

谱。自小山公增修后，迄今垂八十年，支繁族众，搜辑需时。而吾宗自明季让初公迁锡城后，分三大房，世愈近情愈亲，搜辑尤为先务。因就晓庭兄遗稿，偕诸同宗详加增订，积岁成帙，名曰锡城支谱。①

道光三十年（1850），常州赵墅支谱也完成修纂，翰林院编修、邹氏姻侄吕佺孙《赵墅支再修家乘序》云：

> 邹氏世谱自仲说公以来，屈指已五百余年。历元明以下，惟有范阳谱数帙，至康熙三年九揖公始辑成书。乾隆年间，无锡小山公重加修纂，而体例以备，然其时距始迁五百余载，即距创谱之日亦百数十年。散处田邑，支衍派分，阙轶者殆居其半，不及早修辑将更有莫可寻数者。……今年春，统德命侄礼会复至锡城会同鸣鹤公冀修通谱，而鸣鹤宦游江西，不能如愿归，而议修支谱，分校订正，各分督捐，则合群力而为之者。②

道光年间修邹氏谱，邹鸣鹤是一个重要推动者。邹鸣鹤（1793—1853），道光二年（1822）进士。金匮人，字仲泉，号松友。历官河南知县，权卫辉、开封府事。道光二十一年（1841），黄河缺口，开封大水围城八月。鸣鹤率众全力封堵，城得以全。所至勤积谷，兴水利，以治河功绩尤大。咸丰元年（1851），官至广西巡抚，太平军攻桂林，鸣鹤力守危城，得不陷。以不及援全州落职，寻赴江宁襄助军务。城破，殉节，谥"庄节"，后祀河南名宦祠。《清史稿》有传。

---

① （清）邹鸣鹤：《锡城支谱序》，见《世忠堂文集》卷三，收入《南开大学图书馆藏稀见清人别集丛刊》第23册，广西师范大学出版社2010年10月版。
② （清）吕佺孙：《赵墅支再修家乘序》，收入邹培耕主修：《毗陵邹氏宗谱》（20卷，又名《毗陵赵墅支邹氏宗谱》），民国37年（1948）木活字本，常州图书馆藏。

有《世忠堂文集》《守城善后纪略》《中河漫口纪略》《抚粤奏议》《桂林守城日记》等。邹鸣鹤是继邹一桂、邹奕孝后，对家族文献有很大贡献者。邹鸣鹤撰写了《家传》，补写了家族历史上重要人物，如仲说公霖、成大公应茂、锡麓公奕孝及其曾祖惟良公、祖父景韩公等，计16篇。《锡城支谱序》《家传》均收入《世忠堂文集》。①

道光年间的邹氏谱都为支谱，据存世谱序，更侧重各分支的瓜瓞绵延，对邹氏祖先都是遵从邹一桂所修通谱，均以诚明公邹实为一始祖。

邹鸣鹤在修《锡城支谱》时，不仅以乾隆年间邹一桂修的通谱为本，还能查到更早的康熙年间九揖公旧谱。邹鸣鹤《修复祖墓记》云："始迁祖德厚公墓在小山公修谱时未注地名，因翻阅康熙时九揖公旧谱，亦只注云自毗陵迁无锡华庄。而下有墨迹，添注云'其地有十字河，墓在本处十字圩'。"② 到今天，不要说康熙三年（1664）九揖公谱早已亡佚，邹一桂于乾隆二十七年（1762）所修成的《邹氏家乘》也无处寻觅，连邹鸣鹤道光二十六年（1846）所修《锡城支谱》也查阅不到。《中国家谱总目》无载；美国犹他家谱学会等国外藏书机构不见著录；无锡邹氏宗亲经二十余年调查，民间也无存。因此，我们已经无缘一睹列在前卷的"范阳谱"的真面目，自然也不知前六世的来龙去脉。

道光年间常州、无锡所修支谱已不见原本，能查到的只有光绪年间、民国时期递修本。计有：光绪元年（1875）邹敬忠主修仁厚堂《毗陵邹氏宗谱》（11卷）、光绪十一年（1885）邹瑞发主修显忠堂《毗陵赵墅邹氏宗谱》（16卷）、光绪十三年（1887）邹建烈、邹鼎亨

---

① （清）邹鸣鹤：《世忠堂文集》卷三，收入《南开大学图书馆藏稀见清人别集丛刊》第23册，广西师范大学出版社2010年10月版。
② （清）邹鸣鹤：《修复祖墓记》，收入邹仁溥纂修：《邹氏家乘》卷五"祠堂录"，光绪二十九年（1903）木活字本。

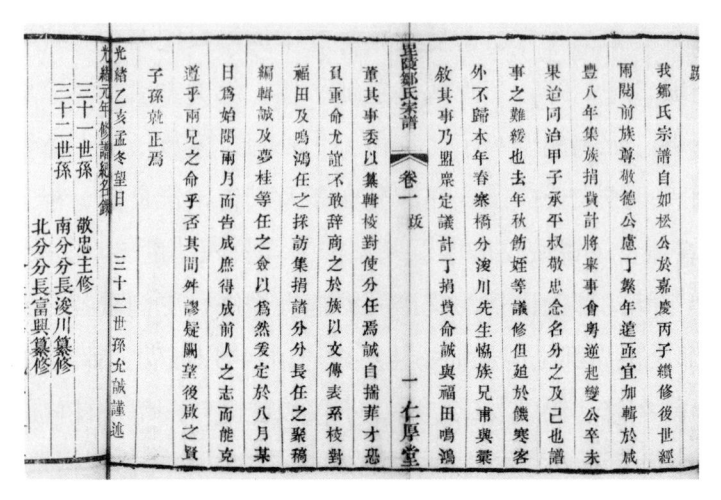

◎ 光绪元年（1875）邹敬忠主修：《毗陵邹氏宗谱》

主修《锡山邹氏西南庄支谱》（10卷）、光绪二十六年（1900）邹玉堂主修敦睦堂《武进邹氏家乘》（48卷）、光绪二十九年（1903）邹仁溥主修无锡《邹氏家乘》（36卷）、光绪三十四年（1908）邹冠瀛重辑《常熟小山邹氏支谱》（1卷）等。另有：民国4年（1915）邹祖焕主修仁厚堂《毗陵邹氏宗谱》（8卷）、民国36年（1947）邹德大主修正学堂《云阳邹氏重修宗谱》、民国37年（1948）邹树滋主修三古堂《武进邹氏家乘》、民国37年（1948）邹培耕主修显忠堂《毗陵邹氏宗谱》等。光绪、民国谱也都遵循小山公通谱，以邹实为始祖，之前先祖遥不可及。但也有谱试图叙源流，一眼就知荒唐无稽。如光绪元年（1875）邹敬忠主修《毗陵邹氏宗谱》，叙"先远世系"，竟将邹实定为邹灂次子，兄弟变成父子，可见连小山公通谱也没研读过。

邹仁溥修纂无锡《邹氏家乘》，光绪二十九年（1903）《续修家谱序》云：

顾通谱自乾隆庚辰小山公修葺之后，瞬将五世。其间惟壮节公①于道光丙午曾一举之。然公读礼家居无多岁月，亦仅仅将锡城支谱重为整续，而于各支之订，实未遑也。

幸有光绪二十九年（1903）邹仁溥主修的《邹氏家乘》（36卷），上海图书馆藏有原版全套、无锡图书馆藏有该谱复印件，可查阅。该谱应是在邹一桂《邹氏家乘》、邹鸣鹤《锡城支谱》基础上修纂的。这本无锡谱保存了邹一桂所修通谱的历史信息：历代谱旧序、旧谱凡例、小山公重修邹氏家乘例，科甲考、仕宦考，各史列传、邑志列传、东林志列传，旧传、新增各传、内传、墓表碑铭，范阳谱、前十五世等。

邹仁溥，生于道光丁酉年（1837），卒年不详。字渭清，号却凡，国学生。军功历保，记名简放知府、简放道，赏戴花翎二品顶戴。历署浙江湖州、金华等府知府，分巡金衢严道、杭嘉湖海防兵备道监督，杭州关税务兼办通商事宜。有《不寐集》1卷，今佚。邹仁溥对家族文献注意刊刻光大。光绪二十七年（1901）刻印的《道乡全集》，卷前邹幼耕叙云："渭清公（即邹仁溥）出守湖郡时，依李申耆先生校正黍回公刻本重刊，版存惠麓，迄今二十余载。"《道乡全集》40卷，《补遗》1卷，《附录》1卷，邹仁溥于光绪八年（1882）刻于杭州。邹仁溥有感到邹氏少衰，蓄志刻书，以表彰先德，激励子孙。

邹仁溥是看过邹一桂乾隆谱的，所以他在"前十五世"之前列有《邹氏范阳家乘》。查该谱，从一世异，至二十二世思道公，有记录；

---

① 无锡《邹氏家乘》对壮节公邹鸣鹤表示出极大的尊敬。在保之公邹戬、忠公邹浩、至远公邹洞之后，列壮节公画像。并录光绪五年（1879）薛福成撰《赠资政大夫、前兵部侍郎、广西巡抚壮节公行状》，叙邹鸣鹤的生平功绩。附录金陵殉节绝命词二首，其一载《清史稿》列传，词曰："臣力难图报称，臣心仰答九重。三次守城尽节，庶几全始全终。"另一首："太仓半粒粟，沧海一微尘。人生百年耳，忠尽仁乃纯。"读来悲壮感慨。

◎（清）邹仁溥纂修：《邹氏家乘》转录《邹氏范阳家乘》（一）

邹氏家乘 一卷 范阳谱 三

延珪 洛原三子
　氏子一

延珱 洛原四子
　思道 唐开元州判史是为钱塘支
　　　时居杭

二十六世　二十七世　二十八世　二十九世　三十世

　　　　　　　　　　　方功

　　　　　　　　　　　　　　　铸官吉州团练推官因家吉
　　　　　　　　　　　钰 还台州是为台州支

顯仁 铸长子
字元长 宋仁宗朝授祀逄盞补太庙斋郎监西京竹木务会书推南官厅侍御史特进待制判刑院配氏子四 福州有异绩摄守福州尤多善政以子敞贵封秉议郎御营使封院

　　成义 字延贤号雲紀
　　從义 字康时 自称石湖漫廋 象宏词料二省覆试刘兴等覆以疾不就 延试工书善诗有一子二

　　　敬 官三班奉职 配氏子三

　　　　　昌龄 配氏子二敢文
　　　　　昌国 子一成文
　　　　　昌期 配氏
　　　　　昌化 配氏子一敢文
　　　　　昌图 敘文加玉鳖赐 宋徽宗朝官两浙都转运使宣和二年职贡登和顾阁门家世御制世文

邹氏家乘 一卷 范阳谱 四

顯仁 铸次子
　體仁
　敬文 子昌龄次
　應文 子昌国
　成文 子昌图
　敘文 昌化子

三十一世　三十二世　三十三世　三十四世　三十五世

玫 配氏官渭
　州司舍因家吴兴是为吴兴支

珩 配氏官监
　秀州酒务因居海州是为海州支

璜 配氏官海
　州家秀州是为秀州支

　　　　　　　　　　　昌運 以荣之随命图工图像补侷又命右文殿修撰书障为人区千载遗逄异数配戴氏子三

　　　　　　　　　　　敛 配氏子二
　　　　　　　　　　　　昌青
　　　　　　　　　　　　慶玉

　　　　　　　　　　　放

◎（清）邹仁溥纂修：《邹氏家乘》转录《邹氏范阳家乘》（二）

但思道公之下一脉，名号皆缺，更无履历。莫非邹仁溥修家乘时所见邹一桂乾隆谱已残缺，相关内容已缺失，还是邹一桂谱转抄时即无？原因不明。这已成为无锡邹氏后人心中的一大缺憾。近几年，主持无锡邹氏续修宗谱的邹伟成先生，一再号召邹氏宗亲做世系补遗工作，因为"无锡邹氏源流篇中，从实公上溯至思道公之间的几位祖宗名讳还有待进一步调研确认"。①

二、《邹氏钱塘本支世谱》的来历

《小山公重修邹氏家乘例》云："范阳谱内有徽宗御题及石漫山人父子序跋。以族谱而上邀宸眷，且命内府装饰绘像补传，命儒臣填讳，以赐珍藏，洵异数也，今录之以光家乘。"邹仁溥纂修的《邹氏家乘》载有《邹氏钱塘本支世谱序》，落款即为"元符二年秋日石湖漫叟从

◎（清）邹仁溥纂修：《邹氏家乘》转录《邹氏钱塘本支世谱序》

---

① 《无锡邹氏》第172页，无锡祠堂文化研究会邹氏文化研究分会编印。

重修鄒氏世譜後序

夫親睦之道始於敦族莫不以譜系為先譜系不明則親疎之等昭穆之序無所于統尊親親之義廢矣古昔賢晢多諄諄於此有以也粵自成湯末祚延諸朱公考父食邑于鄒因以為氏族屬大衍於汝泗之間至黃門首仕孫鑛庵再徙吳下暨　昭代待制公以文學著於京華王佐鑛庵再徙吳下暨　昭代待制公以文學著於京華今仕者益多遷者不乏於是范陽之鄒散處別郡莫能悉記然求其原就非一本卽吾宗故居山陰世祖簡判公因吳而江左之姓著縣尉繼徒山陰而浙東之族繁由唐迄足元宗繩武為不可及顧　凡陋無以上承休光祗自愧父福州公以惠愛聞於閩郡先府君石湖公高風雅操皆耳先府君嘗輯鄒氏世譜宜和二年　　以兩浙都轉運使職貢登朝顧問之餘徵及家世時世譜在橐倉皇上進乃業　御題宸章睿藻垂貴家乘又命國工圖像補先人傳而敕右文殿修撰書諱裝飾以賜珍藏誠千載遭逢之異數也草萏徵末何以上報鴻恩下繩祖德以無忝所生乎謹拜領什襲承為世寶戒子孫謹守勿毀而記　恩遇於譜末以垂不朽云

鄒氏家乘　卷　各支譜序 二

紹興元年春二月朔日兩浙轉運使臣鄒畋謹述

鄒氏家乘　卷　各支譜序 三

◎（清）鄒仁溥纂修：《鄒氏家乘》轉錄《重修鄒氏世譜后序》

义志"。石湖漫叟邹从义这样叙述家族史：三国时邹异事孙权为黄门侍郎，遂为吴人，邹异为邹氏居吴之祖。到梁大宝（550—551）中有一位邹景为山阴县尉，迁居浙中，此为十三世。其曾孙邹炳几，唐贞观进士，累官中书侍郎[①]，有文誉。五代时邹侗，仕钱氏为中吴节度使判官，复迁居吴门，其族留浙者甚众。邹从义自称："肇自黄门公异，迄于今代，首自山阴公迨余曾孙启文，凡十有九世。"

《重修邹氏世谱后序》为绍兴元年（1131）春二月朔日两浙转运使邹畋所撰，邹畋文中称石湖公为"先府君"，当为石湖公之子，徽宗朝任两浙转运使。据序文表述：宣和二年（1120），邹畋职贡登朝。宋徽宗顾问之余征及家世，邹畋以石湖公辑的《邹氏世谱》呈上，宋徽宗御制世谱叙文加玉玺赐以荣之，随命国工图像补传，又命右文殿修撰书。据《邹氏范阳家乘》：邹从义，"字康时，自称石湖漫叟，举宏词科，三省复试，列异等，以疾不就廷试。工书善诗，以子畋贵，封秉义郎、御营使参议官"。浙江余姚样山支始祖是忠公六弟况之子邹植，字德本，宋绍兴中举进士未第，赘余姚莫氏；至明朝，后裔邹盛（字茂义）迁居余姚北城。清康熙庚申（1680）三十二世裔邹期生创修余姚北城谱并载样山支（稿本），清同治三年（1864）三十八世裔邹峥续修（未刻印），三十九世裔邹元瀛于光绪六年（1880）修成《余姚北城邹氏宗谱》（8卷）付于梨枣，卷一收录檇李袁翯补写的《宋石湖漫叟从义公传》：

> 公讳从义，字康时，自称石湖漫叟，福州公冢子也。少颖拔不群，读书日涉千言。初举宏词科，三省复试，皆列异等，以疾不就廷试。归，屏迹郭外别墅，寄傲嘉胜，罕与世接。工诗善书，人争购之，片楮不置。

---

① 《邹氏范阳家乘》则言邹炳几累官吏部侍郎。

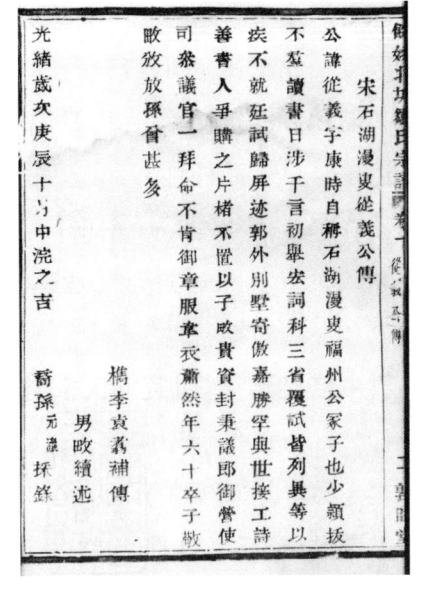

◎ 宋石湖漫叟像　　　　　　　　　　◎ 宋石湖漫叟从义公传

以子畈贵，资封秉议郎、御营使司参议官，一拜命，不肯御章服，韦衣萧然，年六十卒，子敬、畈、敨、放，孙曾甚多。①

晋陵、余姚谱所言皆同。邹从义修了《邹氏世谱》，其子邹畈求得宋徽宗墨宝，这才有了《宋徽宗御制范阳谱序》。序文如下：

孔子云："吾学殷礼，有宋存焉。"洵美邹氏，实由宋衍，谅哉神明之后也。畈袭五德，奋迹名科，制置江浙，流输不匮，可谓象贤绳武矣。览斯家牒，厥有由来，庸锡表章，华乃弈世。兹特令所司加饰，昇尔子孙其懋敬哉。宣和二年九月。②

---

① （清）邹元瀛主修：《余姚北城邹氏宗谱》卷一，光绪六年（1880）木活字本。
② （清）邹仁溥纂修：《邹氏家乘》卷一诰命，光绪二十九年（1903）木活字本。

《宋史·职官志七》记载："都转运使、转运使、副使、判官，掌经度一路财赋，而察其登耗有无，以足上供及郡县之费；岁行所部，检察储积，稽考帐籍，凡吏蠹民瘼，悉条以上达，及专举刺官吏之事。"转运使是皇帝派往地方，经度一路财赋、下情上达的官员。可是，邹浩就在宋徽宗年间，任左正言、中书舍人，迁兵、吏部二部侍郎，官比邹畋大得多，《道乡集》皇皇40卷，并无修邹氏家谱的蛛丝马迹。清末和民国时期各地邹氏谱，偶见托名忠公作谱序者，皆不足信。邹培耕主修显忠堂《毗陵邹氏宗谱》（20卷）收录《道乡忠公修录世系序》云："凡我子孙于先代世系，必六十年一修、百二十年再修，庶无遗忘之失矣。此宋时遗墨也：范纯仁书其上，曰邹氏家乘，黄山谷又书，曰王侯世裔。"[①] 这部1948年才刻印的后起宗谱，不知从何处转抄此序（不排除杜撰）。忠公与范纯仁、黄山谷一样是宋人，而且是交往甚多的同时代朋友，何来"遗墨"？自谓"此宋时遗墨"，明显是后人的语气。《道乡集》卷二十七收录邹浩各种著作的序文，不见《修录世系序》。有《怀恩录序》，自称是一部"集荐词而编次之，谓之怀恩录"。道光《武阳合志》卷三十二："《怀恩录》，佚，序见《道乡集》，宋武进邹忠公浩撰。"光绪《武阳志余》却载存世，并说该书有："首卷录史传，中纪祠墓废兴，载题咏，每卷皆有自序小引。"描述体例内容与"荐词"无关，与谢应芳《思贤录》 致，恐是弄混两书。[②] 著名学者罗振玉的罗氏雪堂藏书遗珍有《洛诵集》，署宋晋

---

① 邹培耕主修：《毗陵邹氏宗谱》（20卷），又名《毗陵赵墅支邹氏宗谱》，民国37年（1948）木活字本，常州图书馆藏。
② 道光《武阳合志》卷三十二："《怀恩录》，佚，序见《道乡集》，宋武进邹忠公浩撰。"据光绪《武阳志余》卷七载："案：是书《明史·艺文志》著录，新旧《志》误注佚，首卷录史传，中纪祠墓废兴，载题咏，每卷皆有自序小引。"所述与谢应芳《思贤录》体例相近，可能将两书搞混了。光绪《武阳志余》收入《中国地方志集成》，江苏古籍出版社1999年1月版。

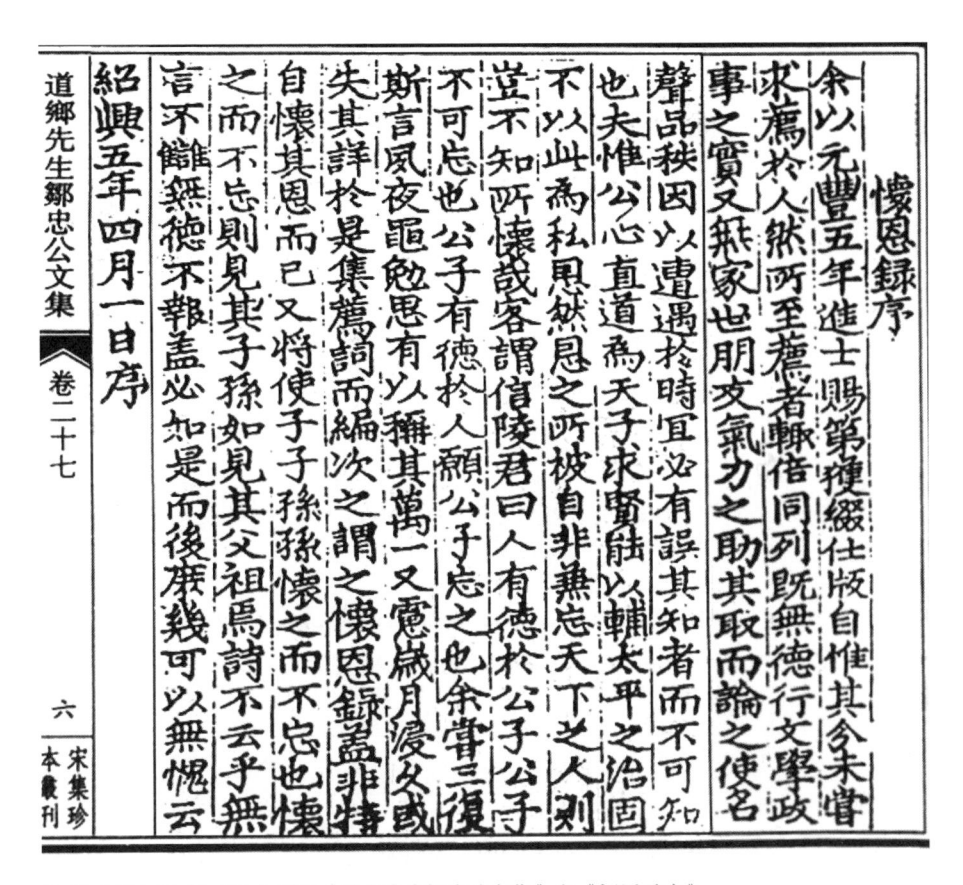

> 懷恩錄序
>
> 余以元豐五年進士賜第擢綴仕版自惟其令未嘗求焉於人然所至蕉者輒倍同列既無德行文學政事之實又無家世朋交氣力之助其取而論之使名聲品秩因以遭遇於時宜必有誤其知者而不可知也夫惟公心直道為天子求實能以輔太平之治固不以此為私思然思之所被自非無忘天下之人列豈不知所懷哉客謂信陵君曰人有德於公子公子不可忘也公子有德於人願公子忘之也余嘗三復斯言夙夜匪勉思有以稱其萬一又竊歲月浸浸或失其詳於是集薦詞而編次之謂之懷恩錄蓋非特自懷其恩而不忘於人又將使子子孫孫懷之而不忘則見其父祖焉詩不云乎無言不酬無德不報盖必如是而後庶幾可以無愧云
>
> 紹興五年四月一日序

◎ 明成化六年（1470）刻本《道乡先生邹忠公文集》之《怀恩录序》

陵邹浩志完纂。研究者多没提及此抄本，查此抄本为邹浩编纂用于写作参考的类书，也不见与家谱相关的内容。晋陵邹氏迟至忠公次子邹栩于绍兴十八年（1148）始修成谱，此时离忠公卒年政和元年（1111）相距37年之远，忠公不可能作序。专辑忠公事迹的元人谢应芳《思贤录》也未见收录。忠公直接指导修谱的重要文章，宋、元、明代先贤修谱怎会不收？历代晋陵、无锡谱以邹栩一修谱序列旧谱第一，并无忠公谱序，便是明证。

邹畋为两浙转运使，不排除有下情上达面圣的机会，但作为一介

◎ 罗氏雪堂藏书遗珍《洛诵集》，邹浩志完纂

地方官员，将其父所修之谱上呈，受宋徽宗如此恩宠，确实有点让人吃惊。小山公与乾隆帝这么亲近，汲汲修成大统谱，也没获此圣恩。小山公也认为：徽宗御制谱序，"洵异数也""今录之以光家乘"。

邹仁溥纂修《邹氏家乘》之《杂识录》云："宝祐谱序云，吾邹旧无宗谱。锡麓公以范阳谱为伪作，而小山公乃溯原返本，以范阳谱冠首，要之世代遥远，势难深辨，我子孙惟在祖武之克绳，而不在考据之详明也。"锡麓公，即邹奕孝，乾隆二十二年（1757）探花，授翰林院编修、充起居注官、四库全书馆纂修官。邹奕孝在皇家修史志，自然更讲究文献的可靠性，他说范阳谱是"伪作"，但没提供证据。不过，《邹氏钱塘本支世谱序》中所列举的人名，都不是思道公的直系前辈或后人，对寻觅思道公的后代并无作用。

如今存世的常州、无锡、苏州、余姚所修邹氏宗谱，关于思道公

的后代，均付阙如。怎么寻觅思道公后代呢？小山公给我们指了一条路："江西一派则诚明公之伯讳瀔者，为临川太守，家于宜黄，为江西始祖，亦自钱塘分出也。"这一说法，又有旁证。《清代科举人物家传资料汇编》第71册"邹绍峄"条，有"始祖瀔，唐穆宗长庆二年为临川刺史，因家宜黄，开派豫章"。邹绍峄，道光二十二年（1842）生人，原籍江西抚州府临川县，同治丁卯科从广西桂林中举人，是宜黄瀔公的后裔。

我们从江西瀔公这一支查。

三、邹氏宜黄支始祖瀔公

诚明公邹实之伯父瀔公乃江西一派始祖。

江源主编的《中华姓氏始迁祖世系大典》是一套有影响的家谱大系。第664—669册是"邹氏"。第664册收入民国16年（1927）《范阳邹氏重修族谱》。据《源流纪略》：

> 溯吾族之源，观泰宁世系，实出唐思道公之苗裔也。思道公于唐开元间官江阴刺史，其先世居范阳，宦游于杭，遂家杭州钱塘之宿兴里。越六世瀔公官豫章临川史，始卜居宜黄。生二子，长曰瓒，次曰璁。璁公迁居泰宁大寮。

江西宜黄中田村曾发掘到明朝邹元标题写的瀔公墓碑，上书"明万历丁酉仲春月唐故祖刺史瀔公之墓，吉水嗣孙元标立"字样。邹元标，字尔瞻，吉水人，万历丁丑（1577）进士。光绪甲申年（1884）吉水《邹氏重修族谱》载："嗣孙希尧公十四世孙万历进士元标尔瞻等丁酉仲春亲至宜黄迁葬并竖碑。"是否真为邹元标所立，不能确定，但可彰显瀔公在宜黄支后裔中的特殊地位。

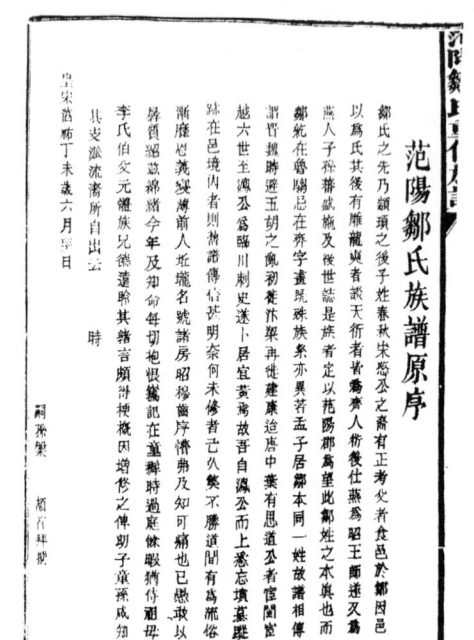

◎ 邹元标所立碑　　　　　　　　◎ 范阳邹氏族谱原序

　　澦公，祖籍钱塘，是思道公的后代。澦公与鸿公为两兄弟：澦公为兄，唐穆宗年间中进士，任地方官，社会地位比弟弟鸿公显赫；鸿公隐居钱塘，其子邹实是晋陵、无锡支始祖。据称，江西谱最早由北宋邹仲霖在政和元年（1111）主修，比晋陵谱早37年，但老谱早已不存。

　　《范阳邹氏重修族谱》收有几篇"旧序"，有宋代邹槃，明代宋濂、罗汝、邹元标，清代邹珍。历代老谱均明确说思道公在唐开元年间宦游于杭州。宋淳祐丁未（1247）邹槃撰《范阳邹氏族谱序》叙邹氏源流，云"宋愍公之裔有正考父者邑于邹，因邑为氏"，又云"魏晋时避五胡之乱初徙汴梁，再徙建康。迨唐中叶有思道公者，宦闽宦越，六世至澦公为临川刺史，遂卜居宜黄焉"。明永乐十年（1412）罗汝撰《范阳邹氏族谱序》："今观邹氏家谱并图，起于唐中叶，思道公为杭州刺史，家杭州，又六世瀍公临川刺史，家宜黄。"乾隆九年（1744）三十七世嗣孙名珍字世杰的《邹氏重修族谱原序》又云："观泰宁之世系，实本邹思道公之苗裔也。思道公于唐玄宗开元间官江阴刺史，先世居范阳，因宦游于杭，遂卜钱塘之宿兴里而居焉。"这与晋陵、无锡谱一致；《清代朱卷集成》钱塘支邹姓举人、进士言先祖源流，均谓思道公在唐开元年间任杭州刺史，表述也一致。

奇怪的是，到了乾隆四十一年（1776），范阳邹氏谱重修时，落款"雩水后学宋昌恪"的《范阳邹氏重修族谱序》，时间开始错乱："且阅邹氏谱，先世思道公则为江阴刺史，其子谨公曾仕唐太宗，孙甸公又为太学博士，四传烈政公以进士擢兵科给事，因从驾有功封安邦侯，子敷公袭父太尉职，敷子瀍公亦刺史临川，因家宜黄。"思道公之子谨仕唐太宗？不知这位后学乡儒阅的是哪些邹氏谱，竟篡改了本支旧谱所载祖宗年代，遂让谬种流传。《中华邹氏族谱》第6卷的编者也按思道公为唐初人推论，凭空将邹实的生年断到唐咸通癸巳（873），而无视南宋绍兴十八年（1148）的邹栩谱，实公"生唐天复癸亥（903），卒淳化甲午（994），寿九十有三"的明确记载。由于年代大幅前移30年，为了弥补与后世衔接的年代差，《中华邹氏族谱》的编者，拼凑既非实公支系、修谱水平低、刻印年代晚的江西、湖南谱，在鸿公之下、实公之上莫名其妙地增加两代：垣公、兰生。[1]更荒唐的是，该谱将有史载的邹氏第三世发公元庆，断为"生后唐明宗长兴年间（932），宋景祐三年丙子（1036）殁，享年105岁"[2]。史载：景德元年（1004）九月契丹侵宋，邹元庆随宋真宗至澶州御敌，宋辽会盟

---

[1] 据参与修谱者邹赤松先生回忆："实公生于唐咸通癸巳（873），中间必有断代。我的家乡宜黄县潭坊邹氏老谱载：鸿公生垣公，后来又从湖南谱中找到了垣公生兰生，这样才补出断代之上祖。"

[2] 《中华邹氏族谱》第6卷第3页，武汉出版社2011年1月版。

后，逝于回军路上，后追赠左屯卫大将军。元庆有诗训传世，忠公《曾祖诗训后语》记之。邹元庆为武将，岂有百岁老人上战场之理？邹一桂等先贤修谱十分严谨，《小山公修谱后序》："至于旧谱所无，一概不敢拦（滥）入，以峻乱宗之防。凡与斯集者，皆当念世泽之长与绳武之志，为祖宗生色，庶不负桂数年来篝灯辛苦之意。如其不遵祖训、堕落下流，定当削籍共攻，以正家声而严宗范，后有修者当凛为程法也。"①

总之，江西一派始祖为诚明公邹实之伯父讳濔者，亦自钱塘支分出，始祖为唐开元年间宦游杭州的思道公。

四、邹氏钱塘支前六世世系

民国 16 年（1927）《范阳邹氏重修族谱》载有《范阳分房世传》。有提要文字：

> 旧谱各以始迁为一世，若仍其旧，非所以昭画一。按思道公于唐中叶由县令官至刺史，功封范阳响应公，其后散居江广闽浙，虽支分派衍，溯其所自，皆原始于思道。故以思道公为第一世祖。②

《世传》所撰年代不明，所列钱塘支前六世，从一世思道公至七世实公，世系清楚。抄录如下：

第一世，"思道"："名有宾，其先汴人也。唐中叶官山阴县令，开元间升江阴刺史，有功封幽州范阳响应公，后居杭州钱塘县宿兴里，

---

① （清）邹建烈、邹鼎亨纂修：《锡山邹氏西南庄支谱》卷一旧序，光绪十三年（1887），木活字本。
② 江源主编：《中华姓氏始迁祖世系大典》第 664 册第 147 页，线装书局 2008 年 12 月版。

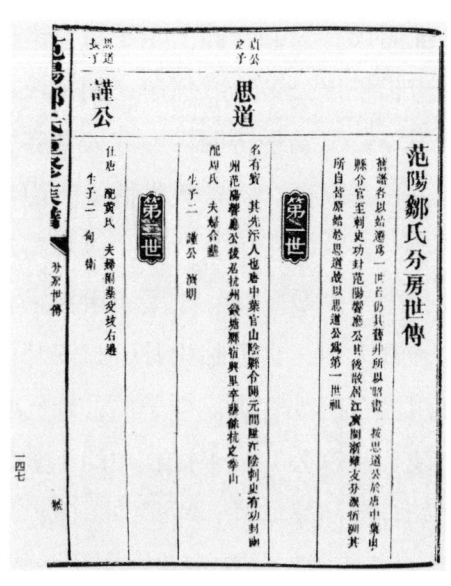

◎《范阳邹氏分房世传》(一)

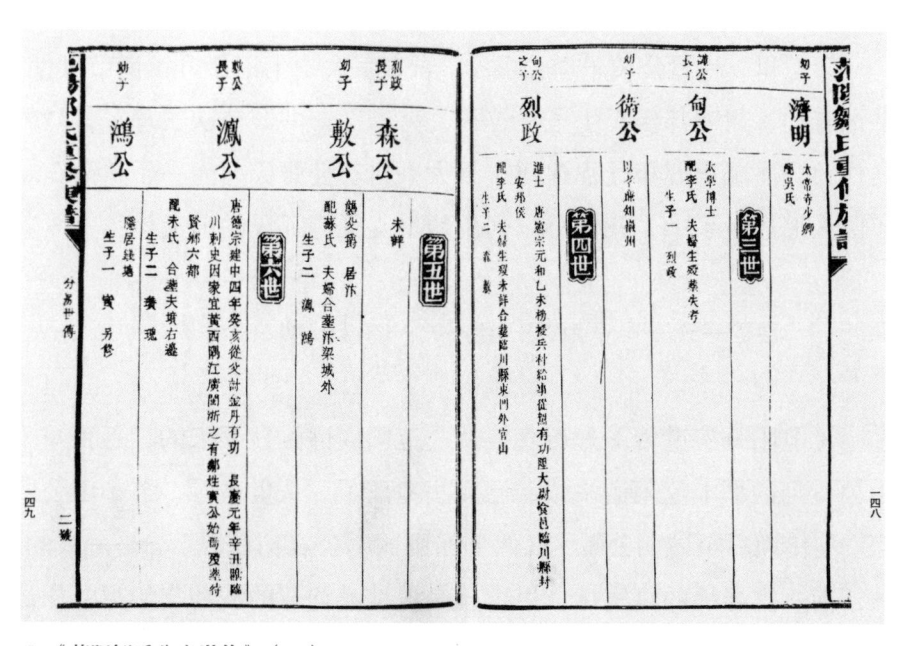

◎《范阳邹氏分房世传》(二)

卒葬余杭之拳山。配周氏，夫妇合葬。生子二，谨公，济明。"

第二世，"思道长子谨公"："仕唐，配黄氏，夫妇附葬父坟右边。生子二，甸，卫"；"幼子济明"，"太常寺少卿，配吴氏"。

第三世，"谨公长子甸公"："太学博士，配李氏，夫妇生殁葬失考，生子一，烈政"；"幼子卫公"，"以孝廉知徽州"。

第四世，"甸公之子烈政"："进士，唐宪宗元和乙未榜，授兵科给事，从驾有功，升大尉，食邑临川县，封安邦侯。配李氏，夫妇生殁未详，合葬临川县东门外官山。生子二，森，敷"。

第五世，"烈政长子森公"：未详；"幼子敷公"，"袭父爵，居汴，配苏氏，夫妇合葬汴梁城外，生子二，瀗，鸿"。

第六世，"敷公长子瀗公"：唐德宗建中四年癸亥从父讨金丹有功，长庆元年辛丑，升临川刺史，因家宜黄西隅，江广闽浙之有邹姓实公始焉，殁葬待贤乡六都。配朱氏，合葬夫坟右边。生子二，瓒，璁"；

"幼子鸿公""隐居钱塘，生子一，实，另修"。

第七世，"瀗公长子瓒公"："唐宣宗大中十三年升镇南节度使，平淮有功，封安邦侯，生子一，筠，另修"；"瀗公次子璁"，"乳名住大，唐咸通五年迁福建建宁县大寮村。娶张氏，生一子，简"。

从上述世系中，我们可以列出钱塘支无锡邹氏的前七世：

思道—谨—甸—烈政—敷—鸿—实（诚明公）

《范阳分房世传》是否直接从《范阳族谱》抄下来的，是否与小山公看到的那本范阳谱一致，已无法考证了。从世系看，与小山公所言"七传而后至诚明公""江西一派则诚明公之伯讳瀗"，是一致的。关于前六世名讳的真实性，思道公是各地谱均尊的钱塘支始祖，如济明为太常寺少卿，甸为太学博士，卫官徽州，烈政为唐太尉、安邦侯等，搜索文渊阁《四库全书》电子版，查阅杭州、钱塘地方志，全无记录，还有待于进一步的考证。《中华邹氏族谱》第4卷称瀔公为"唐穆公长庆壬寅（822）进士，任临川刺史"。唐代是科举制度初创期，今人陶易编著《唐代进士录》，估计唐代共取进士近7000人，该书作者经考稽别择，有史据和考取年份的1557个，其中涉及邹氏的，仅有开元二十三年（735）进士邹象先，咸通十三年（872）进士邹希回。[1]又查郁贤皓著《唐刺史考全编》及他人根据新出唐代墓志和相关文献作的补订、增订，也不见刺史邹思道的记录。[2]当然，这些书籍不载，并不能说明历史上不存在。历史长河，茫茫人海，缺漏必然。至于前六世个人履历记载，有些已作了辨正。如一世思道公的记载："卒葬余杭之拳山"，"拳山"乃"由拳山"之误，笔者已考证出"由拳山"现在的地理位置；"后居杭州钱塘县宿兴里"，是"宿兴里"，还是"宿松里""宿松"，笔者也作了考释。

这里列出邹氏钱塘支前六世名讳，作为补遗，其理由就如前辈修谱者邹一桂、邹仁溥所言："使为子孙者知源之上有源""惟在祖武之克绳，而不在考据之详明也"。千里寻本，采本维难；九曲黄河，探源非易。钱塘支前六世传承有序，溯源及流则愈见源远而流长矣，但"世代遥远，势难深辨"，只有待来日文献资料进一步完备时，再作考据，正本清源。

原载《古今谈》2017年第3期

---

[1] 陶易编著：《唐代进士录》，安徽大学出版社2010年3月版。
[2] 郁贤皓著：《唐刺史考全编》，安徽大学出版社2000年1月版。

邹氏天台支源流考

一、邹氏天台支

《邹氏家乘》以小山公重修本最为完备。邹一桂,号小山,清雍正五年(1727)传胪,书画家,有《小山画谱》存世。73岁致仕,汲汲于家乘,越五年通谱告成。乾隆庚辰(1760)《小山公重修邹氏家乘例》(十二条)云:

> 邹氏散处他邑者,在苏州为岳桥支,余姚为样山支……各支有谱序,附录外篇,见支世虽分,同出一源。再有在他省及天台、徽州等处者,俟查明补入。

苏州岳桥、浙江余姚等皆有存谱,浙江天台邹氏谱杳无踪迹。

常州、无锡《邹氏家乘》始修于南宋绍兴戊辰(1148),由七世邹栩(字德广)创立宗谱,邹栩在《谱序》云:"吾考曰至(志)完,讳浩,昆弟六人,洞、泂、沼、竺僧、泥(况),堂从樗、柄、概、梓、朴、桂、柘、槐,吾兄弟也。"邹栩为邹浩之子,而邹栩一辈,有堂兄弟9人。文渊阁《四库全书》集部三(第1121册)收录《道乡集》40卷,其提要云:"宋邹浩,字志完,常州晋陵人。元丰五年进士,

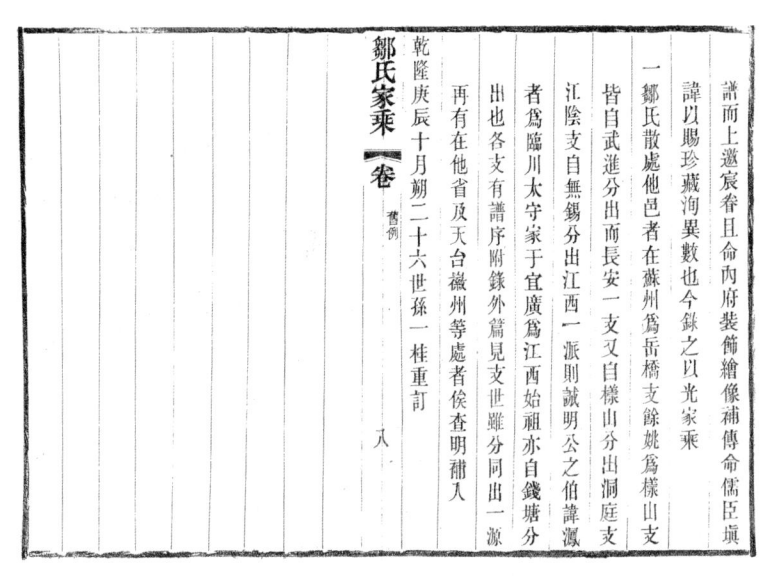

◎《邹氏家乘》卷一《小山公重修邹氏家乘例》

官至直龙图阁赠宝文阁学士，谥忠。事迹见《宋史》本传。此集乃其子柄、栩所辑。"

邹浩两子：邹柄、邹栩。百年后，十一世邹应熊在南宋宝祐四年（1256）重修家乘，其《谱序》曰："德久公仕于天台，德章公进士未仕，德厚公赘无锡，恐后罔知统纪，故立宗谱图表、凡例，以传后世。"仕天台的德久公，即邹浩长子邹柄。元代谢应芳编《思贤录》，列邹浩年谱，详录"元丰七年甲子长子柄生，绍圣元年甲戌次子栩生"，可知邹柄生于1084年，邹栩生于1094年，昆仲差十载。

光绪二十九年（1903）邹仁溥主修的《邹氏家乘》，编录邹奕孝撰《德久公家传》，述邹柄生平事迹，言"绍兴五年，朝廷以公直臣之后，擢御史，出守天台，卒葬其地"，又云："德久公为忠公冢嗣，风节卓然，其家于天台，后嗣弗详焉，家乘失之也。"

邹应熊、邹一桂、邹奕孝等修谱先贤所言天台支，源自邹柄知台州。台州，"盖因天台山为名"，"守天台"指出任台州知府。邹氏修谱先贤猜测，邹柄守天台，卒葬其地，后嗣或在天台瓜瓞蕃衍，遂成天台支。邹柄后嗣，始终"弗详焉"，家乘缺载，标明"俟考"。

◎ 光绪二十六年（1900）邹玉堂主修：《武进邹氏家乘》德久公像

二、邹柄其人其事

邹柄，字德久，毗陵人。毗陵，江苏常州古称。邹浩《道乡集》有多篇给长子邹柄的诗章，如《寄蓬莱并示柄》《冠柄文》《将往昭州示柄》，对其谆谆教诲，殷切期望。

《咸淳重修毗陵志》卷十七（明初刻本），述其生平：

柄，字德文（"文"为"久"误刻），庄重笃学，幼负俊声。侍忠公如二水，黄山谷一见，深加叹赏，呼小友。未弱冠弃科举学，从龟山先生游，先生期以大器，每称之曰："是真有志于学。"乃尽传其业。龟山门人，以柄为称首。陈忠肃公亦称其才高识远，可以大受。靖康初以元枢李公荐，布衣补承务郎，除编修、权给事，疏请昭雪忠公迁谪之非辜，且不出泰陵之意，朝奏夕可，赠官赠谥，典礼优渥，天下伟之。素以刚鲠闻，刚外敏中，与人不苟合。前后奏议，炳炳真能世其家者。著《伊川语录》一卷，文集二十卷，终天台守。

《咸淳重修毗陵志》是现存最早的常州地方志书，由南宋咸淳四年（1268）常州知州史能之主纂。关于邹柄生平，此为最早记载。之后，明代毛宪《毗陵正学编》有《编修邹先生》，所言相仿。邹奕孝

◎《咸淳重修毗陵志》卷十七，邹柄小传

撰写《德久公家传》，行述大抵据此。

邹柄为杨时首徒。杨时，号龟山，先后拜程颢、程颐为师，被誉为"洛闽中枢"，在"二程"洛学传为朱熹闽学的过程中，起了"中枢"作用。杨时与邹浩交厚，邹浩病危杨时在旁，去世后写祭文。杨时南下传道，在无锡创立东林书院，在常州、无锡，前后讲学达18年。

杨时与爱徒关系十分亲密。杨时婿陈渊称"龟山侨寓毗陵，有屋有田，可以久居，皆吾友之力"（《与邹德久郎中》）。《龟山集》卷二十一，有《与邹德久》两篇，叙及邹柄、邹栩昆弟刻印《道乡集》之事，为书中触犯权要文字而担心。杨时为邹柄之母作《沈夫人墓志铭》，为邹柄编其父《奏议集》作序。杨时与邹氏两代人结下了深厚友情，而邹柄得其亲炙，是其学说的衣钵传人。

宋代诗人晁说之"闻邹德久自常州来泰州，圩埠得良田数十顷，遂可活，辄作绝句"，诗云："乃公不识贾公间，之子饥寒夜读书。前年避贼逐江鹭，今岁埠田鞭海鱼。"南宋王象之编纂《舆地纪胜》

◎ 东林书院今影

与邹德久其一

为哉景老矣虽有志焉而力不逮区区有望於左右者正在此而不在彼也勉之勉之先公奏议序纳去鄙拙不足以发扬盛德贠愧多矣闻令弟欲令福唐镂板传之久远甚善然其间有弹击权要令子孙恐有当路者见之遂为世仇不可不虑也如欧公有从谏正谓此耳若镂板可节去弹击之章未传也公更思之

◎（宋）杨时：《龟山集》卷二十一《与邹德久其一》

默堂集卷十八 宋 陈渊 撰

与邹德久郎中

令弟相见言夺枢密家书报公授官仍名对未到除密院编修贤者进用有渐士论同庆况朝廷甄录盛德之后举当公何时到阙干甚日引见已赴新任未也李公可谓社稷之臣前功甚俊伟後责尤重得吾友左右盖矣不知公何时到阙干甚日引见巳赴新任未也李公可谓社稷之臣前功甚俊伟後责尤重得吾友左右盖业当付之造物耳其亦柰何渊正困乏中忠友之力虽尊违此诚恳恳无聊之甚喋喋为愧尊文又以徒往无益而止今专人往致奠令自江阴回龟山侨寓毗陵有屋有田可以久居皆吾友之力贤乐善之诚无所不至谁则能酬甚可歎服也世道如此唯勇于必退为得莱退而无食安之实难如闻整顿间事颇复有叙为超然长往之虑深矣鸿飞冥冥戈人何慕可为当路者太息也

◎（宋）陈渊：《默堂集》卷十八《与邹德久郎中》

卷四十泰州："邹德久，志完之子。自常州至泰州捍海堰，得良田数十顷。晁说之作诗。"两宋时，捍海堰能得海边良田。邹柄曾经从常州到泰州，一边捍海堰种粮糊口，一边勤奋读书。晁说之寓居泰州海陵县在建炎元年（1127），邹柄圩垾之事应在前，亦即出仕之前。

邹柄"饥寒夜读书"苦学，遂有学问之大成。清代黄宗羲《宋元学案》卷三十五《陈邹诸儒学案》，述及邹浩和邹柄，有《州守邹先生柄》，言"（柄）刚梗有父风。未冠，弃举子业，从龟山游，手葺《伊川语录》一卷"。邹柄的《伊川语录》是宋代理学的经典之作，而朱熹在编辑《二程遗书》时也采用"邹德久本"。杨时婿陈渊《与德久郎中》称"德久以英伟之资，名重海内"，他编次杨时文集，"至如《中庸解》，及所为诗，用邹德久写者"（《与胡康侯侍读》）。可见邹柄有学问、有声望，对南宋理学的传承和传播起了重要作用。邹柄还著有文集20卷，早已亡佚，其学术、文章没有传世，十分可惜。

邹柄以布衣任官职，因有李纲举荐。李纲年长邹柄一岁，又是同邑乡党，深知邹柄，称赞他"学问、节操、才识皆过人"（《与秦相公第九书别副》）。其著述《梁溪集》中有《与邹德久通判书》《同诸季及邹德久昆仲游龙潭》《中秋与诸季及德久昆仲望月同饮》等数篇，与柄、栩交往密切。

据《靖康要录》卷三，靖康元年（1126）三月十五日，"常州布衣邹柄特补为承务郎"。同年六月，李纲为河北河东路宣抚使，邹柄为其属官，在李纲帅幕，深得信任。九月，李纲罢官，邹柄也罢官。《靖康要录》卷九载，投降派上奏攻击李纲及僚属："纲轻脱寡谋，强执自任……其所与亲密、朝夕不相舍者惟邹柄与张牧而已。"投降派攻击邹柄、张牧，是要扳倒李纲，实乃政治目的。

建炎元年（1127）五月，宋朝皇室南渡，赵构即帝位，建立南宋。六月，李纲拜相，邹柄复官。李心传《建炎以来系年要录》载：建炎元年（1127）六月庚午，邹柄官复承务郎；绍兴六年（1136）二月辛丑，"左承事郎邹柄充枢密院编修官"；绍兴七年（1137）十一月庚申，"枢密院编修官邹柄守比部员外郎"。比部为尚书省刑部四司之一，比部员外郎掌勾覆中外账籍，从职责看，相当于现在的审计署审计长。李纲主政，重振朝纲，积极抗金，终为投降派不容，仅75天即遭罢相。李纲的抗金功勋，后人有较高评价。邹柄任职期间，正是李纲整顿军政，支撑南宋危局之际，作为亲近幕僚，为抗金大业亦有重要贡献。

邹柄还是书法大家。朱熹《评诸贤书》曰："邹德久楷书《大学》，今人写得如此，亦是难事。"南宋僧人惠洪《石门文字禅》云："邹德久，忠公浩子，笔法追踪山谷。"邹德久与黄庭坚乃"忘年交"，称邹柄为"小友"。黄庭坚《与德久帖》云"两小儿日相从，蒙益当不浅"，在他贬宜州时，写信感谢邹柄指导他留在永州的子侄学业；临终那年所作《宜川家乘》又记："四月初三日庚申，邹德久及棁各寄诗来，皆可观。"邹柄向黄庭坚学习写诗、学习书法，是有史据的。

邹柄的书法成就如何？宋绍兴五年（1135）八月，李光在离其所居十里的静凝寺刻碑，给后人留下邹柄书法碑刻真迹。李光，字泰发，越州上虞人，累官参知政事。李光为好友通公著文偈金石，劳友人邹德久为之书。该碑名《舍黄檗裴公真像文并偈》，碑石现存余姚市牟山镇姜山村。李光在邹德久书丹的碑文后题《跋》：

适余友人邹德久相过，因道师行业之美，相与感叹。德久书实当今第一，篆、隶、真、行，各臻其妙，庶几师之名，托此以不朽也！

李光与李纲、胡诠、赵鼎并称"南宋四名臣"，其墓也在姜山。同代人李光称德久公邹柄"书实当今第一"，或有溢美；称书法大家，庶几近之。

三、邹柄任台州知府始末

《嘉靖浙江通志》《民国台州府志》有邹柄小传，职官表邹柄均列名，邹柄确为台州知府。再查邹柄任期。《建炎以来系年要录》卷一一八：绍兴八年（1138）三月十六日辛丑，"尚书吏部员外郎蒲贽知简州，比部员外郎邹柄知台州。以御史劾柄贪饕，而贽谄事张浚[①]也。柄寻卒，赵鼎奏柄贫甚，无以归葬，忠贤之裔，理宜优恤。乃赐其家百缣"。另有小字作注："赐帛在五月戊申，不知柄以何日卒也。"也即：三月十六日下诏，五月戊申（二十四日）赐缣帛。鉴于上奏审批需时日，从任命到逝世两个月左右。

南宋陈耆卿纂修的《嘉定赤城志》是一部台州总志，成书于嘉定十六年（1223），距当时不远。卷九有知府任职次序：孙逸由绍兴六年（1136）四月十六日以左朝请大夫直徽猷阁知台州，黄子游由绍兴八年（1138）五月十二日以右朝奉大夫知台州；孙逸在五月十二日替，由黄子游接任，时间是相衔接的。又查黄子游履历，绍兴八年（1138）提点江西刑狱，未赴任而改知台州。由此可证：邹柄未到任。

南宋词人张元幹与邹柄同属李纲幕僚，皆力主抗金，结为好友。绍兴八年（1138）秋，张元幹在福州听闻邹柄病亡，悲痛不已，写悼亡诗《哭邹德久二首用前韵》（见《芦川归来集》卷三），"其一"诗云："出守真成梦蚁宫，天台云色亦愁容。时来盍锡万钉带，仙去俄归群玉峰。"出守台州，成为南柯一梦，或指邹柄终未到任。"愁容""仙去"，或指邹柄在天台患病而逝。

[①] （清）钱大昕：《廿二史考异》卷七十九《宋史十三》第884—885页（凤凰出版社2008年1月版）："按：纲罢相在建炎元年七月，其落职在是年十月（落职者，削观文殿大学士之职也），鄂州居住在是年十一月，皆出殿侍御史张浚之论劾。史于《浚传》既讳而不言。"又云："史家以其子为道学宗，因于浚多溢美之词。"朱熹曾为张浚作行状，受张栻影响，多溢美。李纲罢相，攻击最力者为张浚。

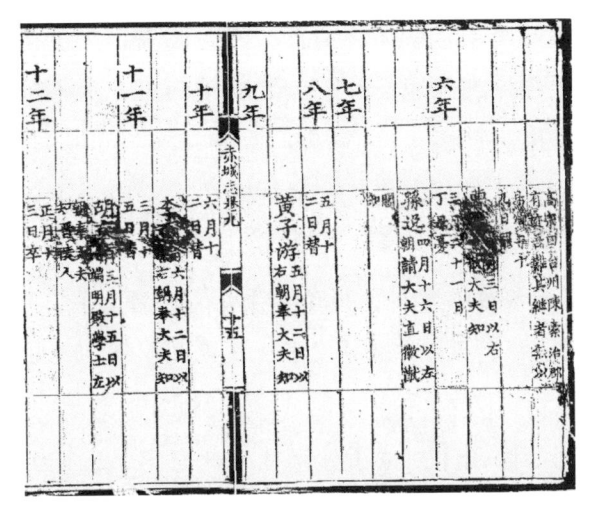

◎《嘉定赤城志》所载台州知府的任职次序、日期

宋代台州府府治在临海。邹柄从杭州赴临海上任，天台是必经之路，且须翻越天姥山。唐代文人沿途留诗颇多，人称"唐诗之路"。邹柄赴任，走古驿道"谢公道"，而"天姥连天向天横"，攀登艰难。政治陷害已令其心力憔悴，翻山越岭至天台，便患重病，或如《家乘》所言卒于天台，时间应在五月十二日黄子游改派到任之前。

四、邹柄后代的去向

邹柄未到任台州府，其子女还会在天台吗？查邹仁溥主修《邹氏家乘》卷二"仕宦考"，七世柄之子，"八世燧，字克明，任会稽府掾，裔居天台"。旁注小字："小山公谱未载，锡麓公据綦崇礼《北海集》增入。"锡麓公，即邹奕孝，邹一桂侄孙，乾隆二十二年（1757）探花，《四库全书》纂修官，对邹一桂修的家乘"辨异同、补缺佚"，另作谱外四卷。八世邹燧，就是他补录的。邹鸣鹤，字锺泉，号松友，道光二年（1822）进士，作《锡麓公家传》云："鸣鹤续修支谱，以小山伯祖全谱为主留，得见《谱外纪略》四卷，为全谱辨异同、补缺佚，亲笔条记，纤悉无遗，亦叹公之精神周贯，为不可及，而后世续修者乃以有本也。"①

邹奕孝撰《德久公家传》，最后一段：

> 奕孝与编《四库》，得读綦崇礼《北海集》，知公有子名燧，尝任会稽府掾，于以叹世泽之长，久而必彰也。终当于天台访求之。

邹奕孝因参修四库，读了綦崇礼《北海集》，知邹柄有子邹燧，曾任会稽府府掾。《北海集》早已失传，仅在《宋史》中存目，清代撰修《四库全书》时，从《永乐大典》辑出。查杭州出版社影印版文澜阁《四库全书》集部卷一一六五《北海集》，附录《氏族言行录》《宋史列传》中均记一事。

建炎三年（1129）九月，毗陵邹浩追复龙图阁待制，此事与邹柄"疏请昭雪忠公迁谪之非辜"有关。李心传《建炎以来系年要录》卷九十八载："己酉，故承议郎、追复宝文阁待制邹浩赠宝文阁直学士，谥曰忠。时浩子柄入对，上浩《谏立元符皇后章疏》手稿。给事中吕祉等奏：其言直而婉、肆而隐，有古谏诤之风，与世所传伪疏激讦、浅俗缪妄之说不同，窃惟浩之名德表在·世如是。而前日追复止于旧职，未厌公议，欲望优加赠典，仍许依曾肇、丰稷例，赐谥，庶以副主上优恤党人、旌显忠直之意。故有是命。"又据南宋徐度《却扫编》卷中："元符中，邹（浩）以谏官论立后事，由是知名，然世所传疏，其辞诋讦，盖当时小人伪为之，以激（主）怒者也。其子柄后因赐对，

---

① （清）邹鸣鹤：《世忠堂文集》卷三《家传》，收入《南开大学图书馆藏稀见清人别集丛刊》第23册，广西师范大学出版社2010年10月版。

◎ 邹奕孝书匾

首辨此事，且缴元疏副本上之，诏以付史馆。予尝得见之，缓而不迫，薰然忠厚之言也。"哲宗时，邹浩上疏以立朝大节谏立刘后，被贬永州，后谏稿佚；徽宗立，蔡京等小人拿出言辞激烈的"伪疏"，激怒了徽宗，邹浩再贬昭州。邹柄缴进原疏手稿，光雪先烈。① 邹奕孝《德久公家传》载"上章请雪父辜，极言迁谪不出泰陵意，朝奏夕可，天下伟之"，"即其请雪父辜，已不愧为龟山高弟矣"②。绍兴六年（1136），忠公卒后二十五年，诏赠宝文阁学士，赐谥忠。

邹浩追复旧职，由綦崇礼拟制，同事李正民误署己名便下行文。綦崇礼戏言润色非工反累其名，李正民笑曰："吾遂得掠美，幸矣！"綦崇礼所撰诏命，文简意明，深得代言之体，向有盛名。此事最早出

---

① 元符二年（1099）九月丁未，上立贤妃刘氏为皇后，尚书左仆射兼门下侍郎章惇摄太尉。邹浩作《论章惇第二疏》《谏哲宗立刘后疏》，认为刘氏不当立。章惇趁机排挤诋毁，使其除名勒停，羁管新州。李焘《续资治通鉴长编》卷五一五（中华书局1997年版）："元符二年，九月辛丑，宰臣章惇等上表言：中宫虚位，历载于兹，宜有建立，协修阴教。望于定省两宫之暇，祇禀慈训，登崇贤淑，正位内治。备举典册之盛，府慰中外之望。"《宋史》卷十八（中华书局1977年版）："九月甲子，右正言邹浩论刘氏不当立，特除名勒停，新州羁管。"
② 《宋史》卷二十五《高宗本纪》："建炎三年九月辛未，追复邹浩龙图阁待制。"

自綦崇礼《跋道乡先生帖》，綦崇礼在此跋中还写了另一则旧事：

> 其后，予守会稽，而公之孙来为府掾。因语及此，其家盖不知也。邦求旧蓄公遗帖，今始获见之。展玩数四，不觉屡叹。

宋代施宿等撰《会稽志》卷二载："綦崇礼，绍兴四年八月以宝文阁学士、左奉议郎知，五年七月奉祠。"綦崇礼知绍兴府期间，邹浩之孙在任绍兴府掾，綦崇礼对他讲拟制这件趣事。邹栩两子焘、烈家乘均有记载，其中，烈生于绍兴辛酉（1141）十月十七日，可知府掾当为邹柄之子。可遍查《北海集》，不见"燧"名；《会稽志》也查无此人。据龚延明《宋代官制辞典》，"府掾"是幕职官名，按州府大小，"府掾"有 5 至 10 员，为从八品。官小，同职人员多，常不载。会稽府掾、邹浩之孙，确为邹燧，南宋周必大《文忠公全集》卷十七《跋邹志完曾祖诗》中有确证。

邹浩曾祖父为邹元庆，宋真宗时以澶州内镇功而追赠屯卫大将军。邹元庆有《舍人府君诗训》传世，积德种庆，贻范将来。邹浩《道乡集》卷三十一有《曾祖诗训后语》，言该诗乃其曾祖父写于祖父入仕之初，其父欲刻石传示子孙。李纲、杨时等均为邹公送子诗题跋。周必大《跋邹志完曾祖诗》曰：

> 诗语忠诚，心画庄厚。……所谓聪听祖考之彝训，未葬读丧礼，既葬读祭礼者耶！淳熙丁酉四月己卯，六世孙朝奉郎燧以示旧同僚，东里周某敬题其后。

周必大，字子充，言事不避权贵，孝宗淳熙末年拜左丞相。淳熙丁酉年即淳熙四年（1177）。邹浩曾祖的六世孙，即邹浩之孙，名燧，

跋道鄉先生帖

建炎三年秋九月行平江府有旨故毗陵鄒公追復龍圖閣待制某以西掖舍人當草制書推上所以褒恤遺直之意其詞畧曰處心不欺養氣至大言期寤意引裾當犯於雷霆誤具臣動色志書傾心又曰英爽不忘想生氣猶在姦諛亦死知朽骨之尚寒同省方叔舍人見之曰比吏房詞頭皆常常除目不足騁辭今君為鄒草制良可喜也及錄黃餘偶在告而李獨立誤書已名行下余戲謂之曰君固欲掛名鄒公之制乎但恐潤色非工反為名累耳李笑曰人當知出君手如其不知吾遂并得掠美幸矣其後子守會稽而公之孫來為府掾因記及此其家蓄公之遺帖令始獲見之展玩數四不覺屢欷因求舊蓄公遺帖令始獲見之展玩數四不覺屢欷向來綸閣同僚喜得為公草制欲掛名而況親接公遊其周旋相與之情見於帖中如此邦求足以重於世矣是可寶也北海綦某跋

◎《跋道鄉先生帖》，（宋）綦崇禮：《北海集》卷三十六，文瀾閣《四庫全書》

跋鄒志完曾祖詩

詩語忠誠心畫壯厚天禧天聖間氣象大率如此可以人知其為蘇門顏閔也晁張樞生其雁行先生與仲明尚公及某之大父俱為元符庚辰進士故尚公之孫中庸出示此帖敬題其後淳熙丁酉四月既望尚論其世矣忠公作跋時正遭外難所謂聰聽祖考之彝訓朱英讀喪禮院奠讀祭禮者耶淳熙丁酉四月已卯六世孫朝奉郎熺以示舊同僚東里周某敬題其後

◎《跋鄒志完曾祖詩》，（宋）周必大：《文忠集》，文淵閣《四庫全書》

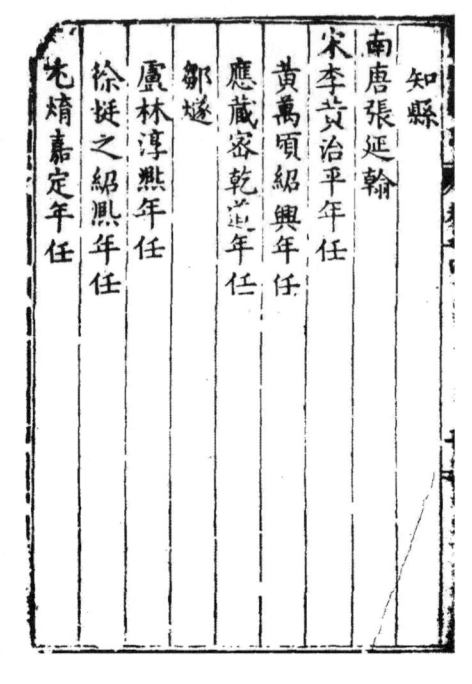

◎《万历滁阳志》卷十，通判为邹燧，任期淳熙二年至四年

◎《万历盐城县志》卷四，邹燧为知县

◎《淮安府志》卷九职官表（光绪十年刻本）"乾道遂家焉"

此处有确证。

关于"邹燧",《万历盐城县志》卷四,列官知县,宋代:"应藏密,乾道年任;邹燧(未署任年);卢林,淳熙年任。"《光绪盐城县志》提到县治东北的城隍庙,嘉定十三年(1220)《重修城隍庙记》云:"治平四年知县李黄、宋乾道三年知县邹燧、嘉定十二年邑人李颢俱重修理。"《淮安府志》卷九职官表一(光绪十年刻本)盐城令云:"邹燧,乾道中,遂家焉,咸水军总领,盐(咸)丰县志按。"据《万历滁阳志》卷十,通判为邹燧,任期淳熙二年至四年(1175—1177)。综合以上地方志所述,邹燧曾任盐城知县,时间在乾道中,淳熙二年(1175)至滁州任职。

一则消息让"朝奉郎燧"暴露踪迹。2017年5月,琅琊山管委会发布了《琅琊山"国家档案"——宋代摩崖及碑刻》,在琅琊寺景区清风亭西侧石屏,有"劝农耕"石刻,全文如下:

> 广陵郡丞庼亭翟畋毋逸父摄滁阳郡事,率监州毗陵邹燧希人,同知县武林莫若晦子明,签判将溪杨森继父,以淳熙乙未仲春丁卯,劝农耕于琅琊,宣德意也。

淳熙乙未年即淳熙二年(1175)。宋时滁州与扬州同属淮南东路,治所在广陵郡(扬州)。广陵郡郡丞翟畋摄滁事劝耕滁州,应为淮南东路所派。邹燧字希人,毗陵人。"监州"即"通判",北宋初通判有"监郡"职责;南宋时通判主要分掌常平、经总制钱等财赋之属,又兼管内劝农事。

任滁州通判的邹燧与周必大所言"朝奉郎燧"当为同一人,理由有三:一、籍贯相符。琅琊山石刻标明为"毗陵人邹燧",毗陵正是邹浩、邹柄的祖籍和出生地,此邹燧是邹浩的后代无疑。二、时间相

084 | 律通幽谷集

◎ 劝农石刻现场照片

◎ 劝农石刻拓片

符。淳熙二年至四年任滁州通判，淳熙四年刚离任，以高曾祖父诗示旧同僚，合情合理。三、官阶相符。文散官"朝奉郎"身份，秩正六品上。龚延明编著《宋代官制辞典》列举《读书岩宋刻六段》"朝奉郎、通判桂州军州事杨书思"，朝奉郎与通判官阶相当。光绪二十九年（1903）《邹氏家乘》称，邹燧字克明，与琅琊山石刻载邹燧字希人不同，不知何据。

五、邹柄"归葬"何处

赵鼎上奏"柄贫甚，无以归葬"，"归葬"涉及宋代的丧葬制度。宋代官员死后，其子女会扶柩（或负骨）回故乡，请人撰、刻墓志铭，择宝地选吉日安葬。查《邹氏家乘》，迁常州始祖邹霖"墓在晋陵城北七里德泽乡林庄原，屯田七余亩"，其子邹戬"葬父茔右"，其孙邹浩"墓在林庄，计地二十一亩七分"，玄孙邹栩"葬父茔"。晋陵德泽乡林庄有邹氏家族墓地，邹浩葬时已扩至二十一亩七分。按例，邹柄与邹栩，均应葬在林庄父茔。家族墓地无邹柄墓，可确证邹柄未"归葬"。

《邹氏家乘》载邹柄"墓在天台"，出于"守天台"，猜测"卒葬其地"。既然宋高宗已"赐其家百缣"，其子邹燧定当赴天台料理后事，就地安葬似不合情理。笔者综合相关文献，认为最大的可能性是葬在会稽。证据是邹柄死后两三个月好友张元幹写的悼诗，从时间上、朋友亲密程度上来看，最接近历史真相。

张元幹与邹柄感情深厚，《芦川归来集》卷三录有另二首悼诗，"再用前韵"，写作时间稍后。《再用前韵哭德久》云：

女无美恶妒深宫，盛德如公果不容。
何遽盖棺临禹穴，未应藏骨在秦峰。

论文平日樽中酒，挂剑它年冢上松。

　　点检交亲只解少，存亡悲感老情浓。

　　"遽盖棺"是说安葬之快。葬地"临禹穴"，"禹穴"在会稽山，《史记·太史公自序》云"二十而南游江、淮，上会稽，探禹穴"。"秦峰"即秦望山，也在会稽，秦观有词《望海潮·秦峰苍翠》。张元幹在诗中感叹：葬得也太快了，本不该"藏骨"在"秦峰"，按葬礼应归故土毗陵。"禹穴"和"秦峰"都明确指向葬地在会稽，此其一。"禹穴"乃藏书之地，唐李白《送二季之江东》"禹穴藏书地，匡山种杏田"。再回顾张元幹另一首悼诗中"天台云色亦愁容，仙去俄归群玉峰"句，"群玉"据《穆天子传》郭璞注，乃"古帝王以为藏书册之府"。仙去不久就"归群玉峰"，不是明确说邹柄死后不久葬"禹穴"吗？如葬天台，绝不可能用此典，此其二。绍兴五年（1135）七月前，綦崇礼知会稽，邹㮷任会稽府掾；越三年，绍兴八年（1138）五月后，邹㮷或仍任职会稽府。葬在会稽，因其子在左右，便于祭扫，此其三。

　　张元幹揭示原因："盛德"之士邹柄，被朝廷投降派妒恨，有人"不容"他。秦桧独揽大权后，阻力变大，邹㮷无奈将其父遗体"权厝"会稽，俟机迁回祖茔。张元幹诗《再用前韵重哭德久贤使君》有"风撼棠梨对殡宫，中郎谈笑孰形容"句，"殡宫"似也指"权厝"。因是"遽盖棺"权葬，匆忙简单，未请名人好友撰墓志，后人唯有"俟考"矣！

　　邹栩幼子烈生于绍兴辛酉（1141），绍兴四年（1134）7岁，邹栩比邹柄小10岁，且烈为幼子，可推得邹㮷任会稽府掾时年近20。乾道中（约1168—1170）如任盐城知县，已年过半百，至淳熙二年（1175）任滁州通判已是花甲老翁了，历宦场四十余年矣。离职之后，还有升迁,还是致仕回乡?茫茫史海,再无踪迹。从滁州卸任,却去天台定居,路途遥远,又是其父邹柄梦断之地,毫无根基,似无理由。盐城、泰州、滁州南宋时同属淮南东路,而泰州在盐城、滁州之间。其父邹柄在泰州修筑捍海堰,所得良田数十顷,应该尚在。《淮安府志》所谓"遂家焉",是否会退居其父开辟的那片良田呢?

宋孝宗是南渡诸君中最英明的,在位期间,注重吏治,慎选官员,惩治腐败,政治清明。宋史称"乾道、淳熙间,有位于朝者,以馈及门为耻",邹燧出仕四十载,尚为顺达。孝宗病逝后,权臣秉政,擅权胡为,内忧外患,邹燧后人,隐归山林,也未可知也。①

2018年4月5日,清明节

原载《寻根》2018年第4期

---

① 《永乐大典》卷一四三八〇辑收《澧阳志》之《寄诗十三》,其中有南宋邹燧的一首诗,题为《过桐江,拟访紫云、梅坞二郭丈,风急身疾,不果一见,遂赋寄之》,诗云:"紫云家住此山边,梅坞诗坛峻插天。路便好寻杨子宅,风狂难泊米家船。一生自叹身为役,数里相思雁不传。云想无心重出岫,梅应傲世学梅仙。"桐江是湖南省邵阳市邵水主干的上游,所以辑进湖南的地方志中。实际上钱塘江在桐庐境内段亦称桐江,紫云、梅坞为山清水秀之处,在浙江有相同地名多处。仙居还有始建于宋乾道年间(1165—1173)的桐江书院。这首诗可能是邹燧所作,也可能是同名文人所写,不能确定。诗中表达了林泉之志、隐逸之心。(《〈永乐大典〉本南宋至明初湖南佚志辑校》第182页,上海古籍出版社2015年9月版)

天台守邹柄先生考略

明代理学家冯从吾指出"国朝以理学开国也"①，明代以理学开国，以理学治国。由宋代程颢、程颐、朱熹等学人发展而来的儒家流派，逐渐成为庙堂文化的哲学基础。在"二程"与朱熹之间，有个重要人物——杨时，号龟山，被人誉为"洛闽中枢"，在"二程"洛学传为朱熹闽学的过程中，起了"中枢"作用。杨龟山之名，享誉学界。

《宋元学案》卷三十五，有《陈邹诸儒学案》②，"邹"即为道乡先生邹浩。邹浩为北宋名臣，《宋史》有《邹浩传》。文渊阁《四库全书》集部三收录《道乡集》四十卷，其提要云：

> 宋邹浩，字志完，常州晋陵人。元丰五年进士，官至直龙图阁赠宝文阁学士，谥忠。事迹见《宋史》本传。此集乃其子柄、栩所辑。

《陈邹诸儒学案》另一个"邹"即是邹浩之子邹柄，《学案》有邹柄小传《州守邹先生柄》：

---

① （清）黄宗羲：《明儒学案》卷四十一《甘泉学案》五，《恭定冯少墟先生从吾》，《黄宗羲全集》第 8 册第 266 页，浙江古籍出版社 2005 年 1 月版。
② （清）黄宗羲：《宋元学案》卷三十五《陈邹诸儒学案》，《黄宗羲全集》第 4 册第 499 页，浙江古籍出版社 2005 年 1 月版。

邹柄，字德久，道乡先生长子也。刚梗有父风。未冠，弃举子业，从龟山游，手葺《伊川语录》一卷。靖康初，自布衣荐除枢密院编修。疏请昭雪父冤，且言本非朝廷之意，朝奏夕可，赠官赐谥，典礼优渥。官终给事中、台州守。①

关于邹柄事迹，当代学界几无人提及。本文通过文献资料钩沉拾遗，仿《宋元学案》小传《州守邹先生柄》篇名，撰此文，意在还原一个南宋文人士大夫形象。

一、龟山传人邹柄

邹柄，字德久，邹浩长子，毗陵人。毗陵，江苏常州古称。南宋陆游《老学庵笔记》卷十："今人谓贝州为甘州，吉州为庐陵，常州为毗陵。"邹浩《道乡集》有多篇给邹柄的诗章，如《寄蓬莱并示柄》《冠柄文》《将往昭州示柄》，对其谆谆教诲，殷切期望。元代谢应芳编《思贤录》，列邹浩年谱，记载"元丰七年甲子长子柄生"，可知邹柄生于元丰七年（1084）。

《咸淳重修毗陵志》是现存最早的常州地方志书，由南宋咸淳四年（1268）常州知州史能之主纂。关于邹柄生平，此为最早记载。

之后，明代毛宪《毗陵正学编》有《编修邹先生》，从《毗陵志》引。

庄重笃学，幼负俊声……黄山谷一见，深加叹异，呼为小友。未弱冠即弃科举……少时从杨龟山先生游，龟山期以大器，每称之

---

① （清）黄宗羲：《宋元学案》卷三十五《陈邹诸儒学案》，《黄宗羲全集》第4册509页，浙江古籍出版社2005年1月版。

曰：'是真有志于学。'乃尽传其业。龟山居毗陵，远近从学者众，以先生为称首。陈忠肃公亦称其才高识远，可以大受。……素以刚鲠闻，庄外敏中，与人不苟合。前后奏议炳炳，龟山称其能世家学，著《伊川语录》一卷、文集二十卷，终天台守。

邹奕孝撰写《德久公家传》，行述大抵据此。

公讳柄，字德久，忠公长子也。刚梗有父风，陈了翁许其大受。未弱冠弃科举业，从杨龟山先生游。辑《程伊川语录》一编，渊源独得，为门人首选，《龟山集》内屡称之。忠公以绍圣四年羁管新州，建中靖国初召归，崇宁元年再窜永州，二年谪昭州，十年之中三见黜逐。公匍匐奔走，两足为胝，道路观者咸叹息焉。忠公以安康郡太君春秋高，弟沼亦连坐系狱，不令公随侍。公遂奉祖母及母蓬莱县君居晋陵。忠公居官清廉，家徒四壁立，公与二叔洞及泂，竭力奉侍，

◎ 邹奕孝撰：《德久公家传》

太君安之。忠公转逐岭表,而高堂无几微之感者,公之力也。忠公没,公以靖康元年布衣召对,补承务郎,元枢李公苂荐,除枢密院编修、权给事中。上章请雪父辜,极言迁谪不出泰陵意,朝奏多(夕)可,天下伟之。绍兴五年,朝廷以公直臣之子,擢御史,出守天台,卒葬其地。著有文集二十卷行世。娶同郡胡璠女,子燧,任会稽府掾。公之弟德广公讳栩,官处州太守,辑忠公文集四十卷、奏议一卷行世,并创立宗谱,使子孙得知所自出,亦可谓承先而启后矣。

赞曰:德久公为忠公家嗣,风节卓然,以其家于天台,后嗣弗详焉,家乘失之也。即其请雪父辜,已不愧为龟山高弟矣。奕孝与编四库,得读綦崇礼《北海集》,知公有子名燧,尝任会稽府掾,于以叹世泽之长久而必彰也,终当于天台访求之。①

《民国台州府志》卷九十六"名宦传上"引《嘉靖浙江通志》:

邹柄,字德久,常州人,弱冠从杨时游。靖康初,荐补承务郎,除编修、权给事,出守台州。行其所学,类多善政。庄多(外)敛中,与人不苟合。前后奏议论列,天下伟之。

黄山谷(黄庭坚)、杨龟山(杨时)、陈忠肃公(陈瓘),两宋贤达,邹浩好友、邹柄长辈,"三岁看老",自小视柄为才俊,"是真正志于学"。

邹柄为杨时首徒。杨时,字中立,号龟山,北宋熙宁九年(1076)进士,先后拜程颢、程颐为师,研习理学,深得器重。一次南归,程颢亲自目送之曰"吾道南矣"。《宋史·杨时传》载:

---

① (清)邹仁溥纂修:《邹氏家乘》卷三,光绪二十九年(1903)木活字本。

◎《民国台州府志》邹柄小传

  时在东郡，所交皆天下士，先达陈瓘、邹浩皆以师礼事时。暨渡江，东南学者推时为程氏正宗。……凡绍兴初崇尚元祐学术，而朱熹、张栻之学得程氏之正，其源委脉络皆出于时。[1]

  杨时与邹浩交厚。《龟山集》中有《跋邹公送子诗》《与邹公书》等多篇；邹浩在常州家中瘴病发作，病危之际杨时还去探望，去世后写《祭忠公文》。感于邹浩和周伯忱兄弟的友情，杨时南下传道，首

---

[1]　《宋史》卷四二八《列传》第一八七，中华书局1985年6月版。

选常州、无锡。政和元年（1111），杨时在无锡创立东林书院，至建炎三年（1129）离开常州、无锡，前后讲学达18年。明代欧阳东凤[①]《晋陵先贤传》云：

> 先生（杨时）以程门高弟倡道东南，所最相友善，则有邹道乡（邹浩）、周伯忱兄弟（周孚先、周恭先）。故居毗陵最久，成就独多。一传而得邹德久（邹柄）、俞予才（俞樗），再传而得尤延之（尤袤），三传而得李元德（李祥）、蒋良贵（蒋重珍）。迄今绍延学脉，代不乏人，先生之功大矣。[②]

清代黄宗羲《宋元学案》卷三十五《陈邹诸儒学案》，其中之"陈"即为陈了斋，陈了斋正是那位赞邹柄"才高识远"的陈忠肃公陈瓘。《宋元学案》称邹道乡"先生渊源伊洛，而特嗜禅理"，清全祖望评价"故伊川私淑弟子，先生与了翁其最也"[③]。而邹柄是杨时首徒，伊川再传弟子。

杨时与爱徒关系十分亲密。杨时女婿陈渊称"龟山侨寓毗陵，有屋有田，可以久居，皆吾友之力"（《与邹德久郎中》）。《龟山集》卷二十一，有《与邹德久》（其一、其二）两篇，叙及邹柄、邹栩昆弟托人镂板刻印其父著作《道乡集》之事，为书中触犯权要文字而担心。杨时为邹柄的母亲作《沈夫人墓志铭》，为邹柄编的其父《奏议

[①] 欧阳东凤，字千仞，号宜诸，湖北潜江人，万历己丑（1589）进士，官至常州府知府，谢病归；起山西按察司副使，又起南京太仆寺少卿，不赴；事迹附见《明史·顾宪成传》。
[②] （明）欧阳东凤编：《晋陵先贤传》二卷，辑历代常州名人传记，起自吴国延陵季子，止于明代黄斗南。每传注明所据之书，篇末各附以《颂》。
[③] （清）黄宗羲：《宋元学案》卷三十五《陈邹诸儒学案》，《黄宗羲全集》第4册第498—499页，浙江古籍出版社2005年1月版。

集》作序。杨时与邹氏两代人结下了深厚友情，而邹柄得其亲炙，是其学说的衣钵传人。

宋代诗人晁说之"闻邹德久自常州来泰州，圩埠得良田数十顷，遂可活，辄作绝句"，诗云："乃公不识贾公闾，之子饥寒夜读书。前年避贼逐江鹭，今岁埠田鞭海鱼。"南宋王象之编纂《舆地纪胜》卷四十泰州："邹德久，志完之子。自常州至泰州捍海堰，得良田数十顷。晁说之作诗。"[①]两宋时，捍海堰能得海边良田。邹柄曾经从常州到泰州，一边捍海堰种粮糊口，一边勤奋读书。晁说之寓居泰州海陵县在建炎初年（1127），邹柄圩埠之事应在前，亦即出仕之前。邹柄"饥寒夜读书"苦学，遂有学问之大成。邹柄的《伊川语录》是宋代理学的经典之作，而朱熹在编辑《二程遗书》时也采用"邹德久本"。杨时婿陈渊《与胡康侯侍读》言"至如《中庸解》，及所为诗，用邹德久写者"，陈渊编次杨时作品，采用邹柄记录本。陈渊《与德久郎中》称"德久以英伟之资，名重海内"，可见邹柄在当时理学界是有声望的，对南宋理学的传承和传播起了重要作用。邹柄还著有文集二十卷，早已亡佚，其学术、文章没有传世，十分可惜。

二、李纲助手邹柄

邹柄以布衣任官职，因有李纲举荐。李纲为两宋之际抗金名臣，历仕三朝，官至宰辅。祖籍福建邵武，祖父辈即迁居常州无锡，号梁溪先生。李纲年长邹柄一岁，同邑乡党，深知邹柄，称赞他"学问、节操、才识皆过人"（《与秦相公第九书别幅》）。李纲还为柄、梠所辑《道乡集》作《道乡邹公文集序》，其著述《梁溪集》中有《与

---

① （宋）晁说之：《嵩山文集》卷八，《四部丛刊续编》景旧钞本。又见（宋）王象之编著：《舆地纪胜》第 4 册第 1253 页，浙江古籍出版社 2012 年 12 月版。

邹德久通判书》《同诸季及邹德久昆仲游龙潭》《中秋与诸季及德久昆仲望月同饮》等数篇，与柄、栩昆仲交往密切。

靖康元年（1126）三月十五日，邹柄以布衣召见："圣旨：南剑州进士邓肃、通州进士任申先、常州布衣邹柄并特补为承务郎，发来赴阙，会引见上殿。"①同年六月，李纲为河北河东路宣抚使，邹柄为其属官。李纲在《与秦相公第一书》中有明确记载："某靖康中被命宣抚河北河南两路，辟置官属，如范世雄充参谋官，郭执中、王以宁充参议官，田亘、韩瑾、邹柄、詹大和充机宜。梁泽民……陈汤求充干办事，张牧……张光等充备差，不过十五六人。"②邹柄在李纲帅幕，深得信任。

事情经过是：靖康元年金兵侵汴京，李纲任亲征行营使，团结军民，击退金兵；不久，李纲遭宋廷投降派诬陷罢职。之后，金兵两路攻宋，宋廷强令李纲出任河北、河东宣抚使，又事事加以限制。宣抚使徒具空名，无节制军队之权。李纲被迫于九月辞职，旋被诬以"专主战议，丧师费财"罪名，遭远贬。

《靖康要录》卷九载，投降派上奏攻击李纲及僚属："纲轻脱寡谋，强执自任……其所与亲密、朝夕不相舍者惟邹柄与张牧而已。自余僚属将佐惟晨夕一揖而退，若有所建明，须先祷柄、牧为之传导，然后得见，故人多怨之，卒以无助而败事。况邹柄、张牧，白身得官，何尝知军旅之事？纲以数十万之众而决谋于此二人，可谓疏谬之甚。"《三朝北盟会编》卷五十一引《遗史》曰："李纲初气锐而轻敌，潜既败，纲气遂挫，乃顿兵怀州不敢进。日与邹柄、张牧论事，诸将禀事者，先请柄、牧，将士怨之。"③投降派攻击邹柄、张牧，是要扳倒李纲，

---

① （宋）汪藻：《靖康要录》卷三，文渊阁《四库全书》。
② （宋）李纲：《梁溪先生文集》卷一一七，道光十四年（1834）刻本。
③ （宋）徐梦莘编：《三朝北盟会编》第386页，上海古籍出版社1987年10月版。

实乃政治目的。

九月,李纲罢官,邹柄也罢官。"奉圣旨:李纲落职,依已得指挥,差提举杭州洞霄宫。邹柄、张牧并罢。"①

建炎元年(1127)五月,宋朝皇室南渡,康王赵构即帝位于应天府,是为宋高宗,史称南宋。六月,李纲拜相,邹柄复官。李心传《建炎以来系年要录》卷六载:"建炎元年(1127)六月庚午,诏亲征行营副使司、河东宣抚使司官属见责降人朝奉郎方允若,奉议郎裴廪,直秘阁沈琯,朝奉大夫韩瑾、刘正彦,奉议郎张焘,承务郎邹柄,宣教郎何麒,从事郎何大圭、刘默、张牧等十七人并与差遣。……柄,浩子(浩,晋陵人,建中中吏部侍郎),尝为枢密院编修官。……李纲之谪宁江也,元若等坐累贬降,至是悉复之。"②绍兴六年(1136)二月辛丑,"左承事郎邹柄充枢密院编修官"③。绍兴七年(1137)十一月庚申,"枢密院编修官邹柄守比部员外郎"④。比部为刑部三部门之一,比部员外郎掌勾覆中外账籍,从职责看,相当于现在的审计署审计长。李纲主政,重振朝纲,积极抗金,纵深防御,颇见成效。但终为投降派不容,仅75天即遭罢相。李纲的抗金功勋,后人有较高评价。⑤邹柄任职期间,正是李纲整顿军政、支撑南宋危局之际,作为亲近幕僚,为抗金大业作出了重要贡献。

---

① (宋)徐梦莘编:《三朝北盟会编》第416页,上海古籍出版社1987年10月版。
② (宋)李心传:《建炎以来系年要录》(卷六)第158页,中华书局1988年4月版。
③ (宋)李心传:《建炎以来系年要录》(卷九十八)第1609页,中华书局1988年4月版。
④ (宋)李心传:《建炎以来系年要录》(卷九十八)第1877页,中华书局1988年4月版。
⑤ 朱熹高度评价李纲,认为他"纲领大,规模宏阔,照管得始终本末,才极大,诸公皆不及"(《朱子语类》卷一三一《本朝五·中兴至今人物》)。

三、书法大家邹柄

朱熹《评诸贤书》曰："邹德久楷书《大学》，今人写得如此，亦是难事。"南宋僧人惠洪《石门文字禅》云："邹德久，忠公浩子，笔法追踪山谷。"

邹德久与黄庭坚乃"忘年交"。黄庭坚生于庆历五年（1045），年长邹柄39岁，称邹柄为"小友"，钟爱有加。崇宁元年（1102）闰六月，邹浩被蔡京用伪疏算计，贬衡州别驾，永州安置。七月，与子邹柄等家人到永州。翌年十一月，黄庭坚以"幸灾谤国"之罪，除名羁管宜州。贬宜州途经永州，黄庭坚将家眷留在永州，托付给县令李彦明及邹浩家人照顾，孤身前往炎瘴之地。不久，邹浩再贬昭州，邹柄随母留永州。黄庭坚《与德久帖》云"两小儿日相从，蒙益当不浅"，感谢邹柄帮助他的子侄学业；又云"问知侍郎台候甚健，开慰无量"，问候邹浩健康，说明两家感情深厚。崇宁四年（1105）61岁临终那年，黄庭坚在日记《宜川家乘》中载："四月初三日庚申，邹德久及棁各寄诗来，皆可观。"是年，邹柄21岁。邹柄向黄庭坚学习写诗、学习书法，是有史据的。

邹柄的书法成就如何？今世尚有遗迹可查。绍兴五年（1135）八月，李光在其故乡余姚姜山刻碑，留下邹柄书法真迹。李光，字泰发，越州上虞人，崇宁五年（1106）进士，累官参知政事。因斥责秦桧误国，屡被贬谪。据《嘉泰会稽志》："姜山，在县（余姚县）西北五十里，袤十里。"李光《记梦一首》诗序述及："姜山静凝寺，在姚、虞二邑之间，去予所居才十里。"李光与静凝寺住持通公（通惠）律师是知己，每遇仕途不顺，通公智慧化解。两人于"禅、律二宗本相因依"问题，有过精彩对话，通公欲将文偈刻石，然机缘不适，遂搁置。不料天不假年，通公圆寂。李光悲痛之余，劳友人书法大家邹德久为之书文偈，以了师愿。该碑名《舍黄檗裴公真像文并偈》，刻于《方丈碑》阳面，李光题、仲珣上石、僧妙格摹刊，碑石存余姚市牟山镇姜山村。碑文写道：

> 余以绍兴乙卯中（仲）春赴官霅上，师追饯至上虞，临别犹眷眷要余再书，且磨石以俟。仲秋几（既）望，其徒仲珣法嗣遣净人持书至平江，言师以七月五日示疾坐逝。呜呼！师虽学律，而于少林宗风尤所通解，盖已超然神游八极之外矣，无足深悲者。适余友人邹德久相过，因道师行业之美，相与感叹。德久书实当今第一，篆、隶、真、行，各臻其妙，庶几师之名，托此以不朽也！

李光与李纲、胡诠、赵鼎并称"南宋四名臣"，其墓也在姜山。据《宋故参知政事李公墓志》：绍兴五年（1135）春，知湖州；秋，知平江府；六年（1136）夏，知台州，改温州。邹柄与李光相遇，在绍兴五年（1135）秋知平江府（今苏州）时，或就在平江。同代人李光称德久公邹柄"书实当今第一"，或有溢美；称一代书法大家，庶几近之。

四、天台守邹柄

《民国台州府志》"名宦传"上，有邹柄小传，内容抄自《嘉靖浙江通志》。《民国台州府志》职官表、《嘉靖浙江通志》，邹柄均列名，说明邹柄确任过台州知府。

再查邹柄任期。《建炎以来系年要录》卷一一八：绍兴八年（1138）三月十六日辛丑，"尚书吏部员外郎蒲赘知简州，比部员外郎邹柄知台州。以御史劾柄贪饕，而赘谄事张浚也。柄寻卒，赵鼎奏柄贫甚，无以归葬，忠贤之裔，理宜优恤。乃赐其家百缣。"另有小字作注：

◎ 方丈碑正面，背面有邹德久书丹碑刻

"赐帛在五月戊申，不知柄以何日卒也"。也即：三月十六日下诏，五月戊申（二十四日）赐缣帛。鉴于上奏审批需时日，从任命到逝世2个月左右。

《嘉定赤城志》是南宋陈耆卿纂修的台州总志[①]，成书于嘉定十六年（1223），距当时不远，所记颇详。宋刻本已不存，有明弘治间重刻本。卷九有郡守任职次序：孙逸由绍兴六年（1136）四月十六日以左朝请大夫直徽猷阁知台州，黄子游由绍兴八年（1138）五月十二日以右朝奉大夫知台州；孙逸在五月十二日替，由黄子游接任，时间是相衔接的。又查黄子游履历，绍兴八年（1138）提点江西刑狱，未赴任而改知台州。或因邹柄无法到任，让黄子游补任。由此可证：邹柄未到任。

邹柄与李弥逊、张元幹等都有很深的交往。李弥逊（1089—1153），字似之，吴县（今苏州市）人，宋徽宗大观三年（1109）进士。南渡后，以争和议忤秦桧，乞归田。李弥逊有《送邹德久还乡在福唐作》："长松瑟瑟摇悲风，方床冷枕鸣秋蛩。短衾客子起孤闷，平明归思如春鸿。我家君家各阳羡，梦寐不听闽山钟。自从敌马饮江水，去住彼此随飞蓬。那知万里一樽酒，碧云落日聊春容。野林秋净山更远，楼殿突兀藏丹枫。银钩玉筯光照座，高歌大笑声摩空。长亭着鞭莫太早，愁色正在登临中。一身四海会面少，况我与子俱成翁。径须留作千日醉，坐看春风舒少红。"

南宋词人张元幹与邹柄同属李纲幕僚，皆力主抗金，结为好友。绍兴八年（1138）秋，张元幹在福州听闻邹柄病亡，悲痛不已，连写

[①] 赤城山，据史为乐主编：《中国历史地名大辞典》（中国社会科学出版社2005年版），此山虽为天台邑边之小山，亦指天台山。李白《梦游天姥吟留别》有"天姥连天向天横，势拔五岳掩赤城"之句。

> 送鄒德久還鄉在福唐作
>
> 長松瑟瑟搖悲風方牀冷枕鳴秋蛩短衾客子起孤悶
> 平明歸思如春鴻我家君家各陽羨夢寐不聽閩山鐘
> 自從敵馬飲江水去住彼此隨飛蓬那知萬里一樽酒
> 碧雲落日聊春容野林秋淨山更遠樓殿突兀藏丹楓
> 銀鈎玉筯光照座高歌大笑聲摩空長亭著鞭莫太早
> 愁色正在登臨中一身四海會面少況我與子俱成翁
> 徑須留作千日醉坐看春風舒少紅

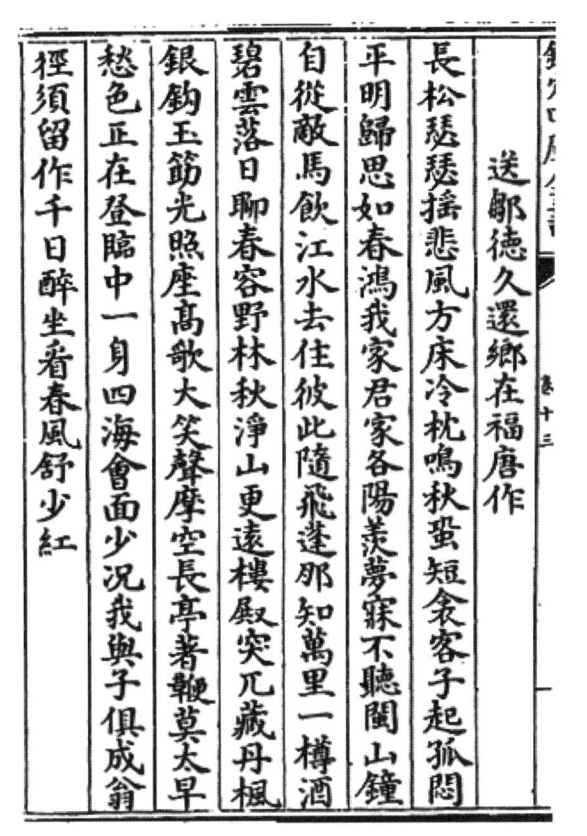

◎（宋）李弥逊:《送邹德久还乡在福唐作》，文渊阁《四库全书》

悼亡诗四首。《哭邹德久二首用前韵》（见《芦川归来集》卷三）其一云："出守真成梦蚁宫，天台云色亦愁容。时来盍锡万钉带，仙去俄归群玉峰。川上可惊如逝水，岁寒徒有后凋松。烦将老眼银河泪，共洒西风絮酒浓。"出守台州，成为南柯一梦，或指邹柄终未到任。"天台云色亦愁容"，"仙去俄归群玉峰"，或指邹柄在天台患病而逝。

宋代台州府府治在临海，邹柄从杭州赴临海上任，路径有三：一是海路，从杭州湾到台州湾，出海生死未卜，官员不会冒此险；二是陆路加水路，杭州陆路到上虞，沿曹娥江船行至嵊县，从嵊县黄泥桥进新昌境，翻越天姥山至天台县境，再由天台抵达临海，唐代文人沿途留下许多诗篇，后人称"唐诗之路"；三是陆路，从杭州经绍兴至嵊县、新昌，一样要翻山至天台。邹柄赴任，须经天姥山古驿道"谢公道"①，而"天姥连天向天横"，只能"身登青云梯"攀登。陆游《老学庵笔记》卷二记载：

> 秦会之（即秦桧）初得疾，遣前宣州通判李季设醮于天台桐柏观。季以善奏章自名。行至天姥岭下，憩小店中，邂逅一士人，颇有俊气，问季曰："公为太师奏章手？"曰："然。"士人摇首曰："徒劳耳！数年间，张德远当自枢府再相，刘信叔当总大兵捍边。若太师不死，安有是事耶！"季不复敢与语，即上车去，醮之。明日而闻秦公卒。②

《嘉定赤城志》卷三十一："桐柏崇道观在（天台）县西北二十五里，旧名桐柏，唐景云二年为司马承祯建。"《剑南诗稿》卷八《天台院有小阁下临道予为名曰玉霄》自注："予所领崇道观，盖在天台山中，玉霄峰下。"按陆游淳熙三年（1176）曾奉祠，主管台州桐柏山道观。《嘉泰会稽志》卷九："新昌县：天姥山，在县东南五十里。东接天台山华顶峰，西北联沃洲山。上有枫千余丈。"同书卷十："嵊浦与石栏干相连，皆溪山奇绝之地。"秦桧卒于绍兴二十五年（1155）二月。当年李白至天台桐柏宫见司马承祯，与邹柄赴任天台守路经的天姥山，当与陆游所言的天姥岭相同。

---

① 《宋书》卷六十七《谢灵运传》："尝自始宁南山，伐木开径，直至临海。从者数百人。"谢灵运率众披荆斩棘，打通天姥山会墅岭、关岭等几处险峻地段。天姥山从此人踪不绝，后世称此段为"谢公道"。
② 钱仲联、马亚中主编：《陆游全集校注》第11册第209页，浙江教育出版社2011年12月版。

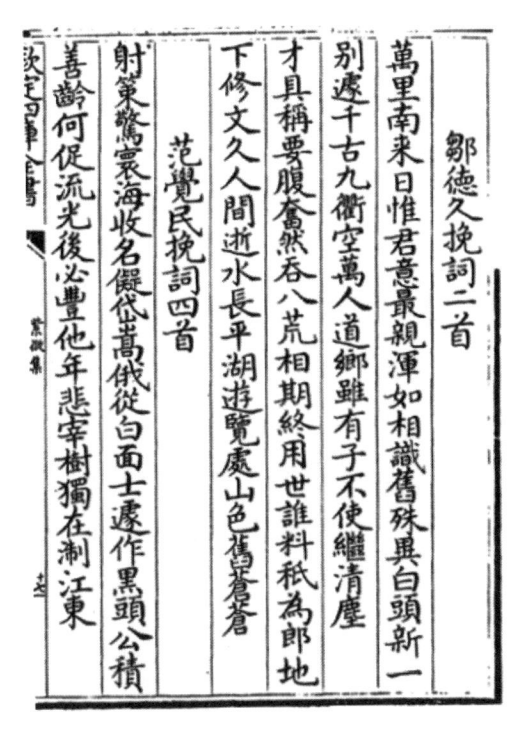

◎（宋）张嵲：《邹德久挽词二首》，文渊阁《四库全书》

投降派政治陷害，已使他心力憔悴，翻越天姥山至天台境内，便患重病，如《家乘》所言卒于天台。综上所述，邹柄病逝于赴任途中，可能性最大，时间应在五月十二日黄子游改派到任之前。

宋张嵲《紫微集》卷六《邹德久挽词二首》其一："万里南来日，惟君意最亲。浑如相识旧，殊异白头新。一别邈千古，九衢空万人。道乡虽有子，不使继清尘。"道乡公之子邹柄，在南宋士人中颇具影响。钱锺书先生在《宋诗选注》序中提到邹浩写海上桃花源的长诗《悼陈生》："邹浩死在靖康之变以前，设想他多活几年，尝到国破家亡苦痛，又听得这个新桃花源的故事，以他那样一个气骨颇硬的人，感触准会不同，也许他的'欷歔'就要亲切一点了。只要看陆游，他处于南宋偏安局里面，耳闻眼见许多人甘臣事敌国或者攀附权奸，就自觉而然把桃花源和气节拍合起来……"①钱锺书先生也称邹浩是"一个气骨颇硬的人"。邹柄承继其父"刚鲠"之风，注重个人节操，张扬民族气节，义无反顾地支持李纲抗金，屡遭蒲赞等攀附权奸的谄媚之徒的诬栽。邹柄去世时，病贫交加，无以归葬，幸得赵鼎上奏请求优恤。赵鼎为"南宋四名臣"之一，时为左相，与秦桧素来不合，帮助邹柄，出于敬重忠直官员。绍兴八年（1138），宋高宗向金屈辱求和，定都临安府，三月升秦桧为右相，十月赵鼎辞左相。从此，秦桧长达18年独居相位，南宋沦为金的属国。绍兴十年（1140）正月，抗金名臣李纲逝世；绍兴十一年（1141）十二月，岳飞以"莫须有"罪名被害。绍兴八年（1138），是秦桧独揽大权、力主降金求和起始年，"刚鲠"邹柄病逝于该年，免遭臣事敌国之辱。

五、邹柄身后事

赵鼎上奏"柄贫甚，无以归葬"，"归葬"涉及宋代的丧葬制度。宋代官员死后，其子女会扶柩（或负骨）回故乡，请人撰、刻墓志铭，择宝地选吉日安葬。据李光墓志："廿九年四月初三日，弃代于蕲州之蕲口镇，享年八十有二。孤孟坚等，即以其年十一月廿六日葬于余姚姜山之南原。"李光卒于蕲州蕲口镇，6个多月后，被其子李孟坚等运回故土姜山安葬。

查《邹氏家乘》，迁常州始祖邹霖"墓在晋陵城北七里德泽乡林庄原，屯田七余亩"，其子邹戬"葬父茔右"，其孙邹浩"墓在林庄，计地二十一亩七分"，玄孙邹栩"葬父茔"。在晋陵德泽乡林庄有一块邹氏家族墓地，邹浩葬时已扩大至二十一亩七分。按例，邹柄跟其

---

① 钱锺书：《宋诗选注》序第7页，人民文学出版社1958年9月版。

弟邹栩一样，应该葬在林庄父茔。林庄家族墓地里没有邹柄墓，可确证邹柄未"归葬"。

《邹氏家乘》云"德久公为忠公冢嗣，风节卓然，其家于天台，后嗣弗详焉，家乘失之也"，载邹柄"墓在天台"，出于"守天台"，猜测"卒葬其地"。既然宋高宗已"赐其家百缣"，家人定当赴天台料理后事，就地安葬似不合情理。笔者综合相关文献，认为最大的可能是葬在会稽。证据是邹柄死后两三个月好友张元幹写的悼诗，从时间上、朋友亲密程度上来看，最接近历史真相。

张元幹《芦川归来集》（卷三）中《再用前韵哭德久》等悼念邹柄的几首诗揭示原因："盛德"之士邹柄，被朝廷投降派妒恨，有人"不容"他。秦桧独揽大权后，阻力变大，邹燧无奈将其父遗体"权厝"会稽，俟机迁回祖茔。张元幹诗《再用前韵重哭德久贤使君》有"风撼棠梨对殡宫，中郎谈笑孰形容"句，"殡宫"似也指"权厝"。因是"遽盖棺"权葬，匆忙简单，未请名人好友撰墓志。后人唯有"俟考"矣！

原载《浙江方志》2018年第3期，发表时篇名为
《南宋台州知府邹柄》

邹氏父子与黄庭坚的交游考述

一、邹浩与黄庭坚

崇祯十年（1637）四月二十七日，旅行家徐霞客乘舟抵达祁阳，游甘泉寺。寺前坡下，见一泉，味极淡冽，极似惠泉水。《徐霞客游记·楚游日记之四月二十七日》述：

> 殿前楹有吾郡宋邹忠公（名浩，贬此地与蒋沛游）《甘泉铭》碑，张南轩（名栻）从郡中蒋氏得之，跋而镌此。邹大书，而张小楷，笔势遒劲，可称二绝。①

徐霞客觅拓工，欲往湘江支流浯溪之摩崖，拓唐代颜真卿的《大唐中兴颂》。遇大雨，水涨舟阻，拓工不敢行。复趋甘泉，拓得《甘泉铭》二纸。

邹浩，字志完，号道乡居士，常州晋陵人，生于宋仁宗嘉祐五年（1060），卒于徽宗政和元年（1111）。元丰五年（1082）进士，北宋后期著名谏臣、学者，素以气节自励，秉公直谏，不悔贬谪。《宋

---

① （明）徐弘祖著：《徐霞客游记》第190页，齐鲁书社2007年7月版。

史·邹浩传》称浩"任谏争，危言谠论，朝野推仰"。哲宗朝为右正言，章惇独相用事，邹浩三疏力劾，深触惇忌。元符二年（1099），因上《谏哲宗立刘后疏》，奋不顾身，犯颜逆鳞，章惇乘间排诋，被除名勒停、羁管新州。徽宗立，复为右正言、中书舍人，累迁吏部、兵部侍郎，又为蔡京所忌。蔡京趁邹浩原疏已焚，乃使其党伪作浩疏宣示之，有"杀卓氏夺其子"句，言辞诋讦，激怒徽宗。崇宁元年（1102）闰六月，诏责授衡州别驾、永州安置。崇宁二年（1103）正月，孟后再废，旧事重提，寻窜昭州。邹浩两谪岭南，五年始得归。大观元年（1107），复直龙图阁；宋高宗时，复其待制，又赠宝文阁直学士，赐谥忠。

邹浩《甘泉铭》碑，今已不存，徐霞客的拓片今又何在？邹浩的铭文，《康熙永州府志》卷二十二有载，亦收入《道乡先生邹忠公文集》卷三十三。全文如下：

> 祁阳邑城之北，有泉出焉。赡足一方，不知几（千）年矣。零陵蒋沛，恨元次山居浯溪，去泉才五里许。又数数往来访寻山川之胜，见于文字，何所不有，乃无一言及此。遂以语予而属铭之。铭曰：
> 山下出泉，其甘如醴。井洌而食，大国百里。莫之令而自均，民到于今受其利。云行雨施，自今以始。水不可以终止，其孰能止之？①

碑文有张栻《跋》。张栻（1133—1180），字敬夫，号南轩，世

---

① （清）刘道著修，钱邦芑纂：《康熙永州府志》卷二十二，书目文献出版社1992年3月版。亦见《道乡先生邹忠公文集》卷三十三，《宋集珍本丛刊》第31册第247页，线装书局2004年版。亦见《祁阳县志》第727页，社会科学文献出版社，1993年9月版。

◎ 明成化六年（1470）刻本《道乡先生邹忠公文集》之《甘泉铭》

称南轩先生，汉州绵竹人，张浚之子。孝宗乾道年间，主管岳麓书院教事，奠定湖湘学派基础，成为一代学宗。与朱熹、吕祖谦齐名，时称"东南三贤"。《跋》文云：

> 栻得此本于郡士蒋复言之家，蒋君之父即讳沛者是也。因摹以遗祁阳令魏君，刻之泉旁，庶几前贤之言不至泯没。而斯泉之美，亦得表而出之，来者有考焉。绍兴庚辰暮春，新都张栻书。①

---

① （清）刘道著修，钱邦芑纂：《康熙永州府志》卷二十二，书目文献出版社1992年3月版。亦见曾枣庄主编：《宋代序跋全编》卷七第4441页，齐鲁书社2015年11月版。

崇宁年间，邹浩贬谪永州，乡绅蒋沛请他为甘泉作铭，欣然应允。50多年后，名儒张栻来访，从蒋沛后人得稿本，为前贤嘉言懿行不至泯没，让后人考之有据，请祁阳县令刻之于石。甘泉既得邹浩之铭，又获张栻之跋，复获刻石立碑，实属甘泉之幸。480年后，常州府江阴人徐霞客见乡贤邹浩的《甘泉铭》碑，欣喜不已。徐霞客称邹浩的大字和张栻的小楷"笔势遒劲，可称二绝"，他请人拓下碑铭，予以珍存。如今原碑与邹浩书法，一同湮没在历史长河中，后人读到《徐霞客游记》此节，不禁怅然。

幸运的是，《大唐中兴颂》碑所在的浯溪碑林，留有一块邹浩的摩崖书法遗迹，位于现浯溪碑林小峿台《大唐中兴颂》亭阁之左，景区标识为石屏区29号，共37字，长45厘米、宽40厘米。

碑文为：

> 晋陵邹浩，子柄、栩，零陵张绥、蒋沛，祁阳成权、佚逸道人、文照、伯新、义明同游。崇宁四年正月五日。

邹浩诗《将往昭州示柄》："与汝暂相别，南作昭州行。昭州距零陵，坦坦十日程。音信易来往，勿动异乡情。……零陵豪杰士，张邓尤高名。汝其师事之，北面听指令。……""张邓"，即张绥、邓璋，为"零陵豪杰士"。蒋沛，字彦回，零陵人，居郡之南郭。[①] 他便是请邹浩作铭的那位乡绅，也是为黄庭坚送葬的义士。明代周季凤

---

① 事见（宋）杨万里：《诚斋集》卷一一七《蒋彦回传》（《四部丛刊》影印宋钞本）："蒋彦回名沛，零陵人也，居郡之南郭。""邹先生谪居永州，彦回乐从之游，欢甚。未几，道乡复有昭州之命，留其夫人与其子僦民屋于太平寺后以居，乃行。彦回实经纪其家，同其患难而周其乏困，道乡帅月致二书以谢，盖深德之，其后北归，临别之诗可见矣。嗟乎！士穷乃见节义，此韩退之为久故之交而言也，若彦回之与二先生，秦越也。"

◎ 浯溪碑林摩崖邹浩书法拓片

《山谷先生别传》云："初，谪宜州，与零陵蒋沛相友善。士大夫畏祸不敢往还，独沛陪杖履。疾革，沛往见之，大喜握手曰：身后事委君矣。及卒，沛为棺送归葬双井祖茔之西。"① 又据《康熙永州府志》名贤列传："蒋沛，善属文，年少辞家入太学。既不遇，弃而归隐。黄庭坚在宜州病革，沛往见焉，庭坚委以身后事。及卒，为棺敛具舟送归。邹浩谪永州，沛从之游。浩有昭州之行，沛又为经纪其家。"又云："王绘、邓璋，俱零陵人，有才名。胡安国提举湖南学事，有

---

① （宋）黄庭坚著，郑永晓整理：《黄庭坚全集辑校编年》第1723页，江西人民出版社2011年版。

诏举遗逸，安国以绘与璋应诏，二人老，不行。安国请命之官，以劝为学者。零陵簿称二人乃范纯仁客，而流人邹浩所请托也。蔡京素恶安国与己异，得簿言大喜，命湖南提刑置狱推治，又移湖北再鞫，卒无验，安国竟除名。"邹浩谪居永州，蒋沨从之游；邹浩赴昭州，留家人在永州太平寺，蒋沨代为照顾。蒋沨善抚琴，邹浩为之作《蒋彦回出所藏雷式琴求铭因为之铭》；邹浩北归，作《寄蒋彦回》表达真挚友情。王绘、邓璋、蒋沨皆与邹浩、黄庭坚相善，而开罪于蔡京。[①]

崇宁三年（1104）三月六日，黄庭坚与友人泊浯溪，观摩崖碑，刻石留念。碑文云：

> 崇宁三年三月己卯，风雨中来泊浯溪。进士陶豫、李格、僧伯新、道遵，同至《中兴颂》崖下。明日，居士蒋大年、石君豫、太医成权及其侄逸、僧守能、志观、德清、义明等众俱来。又明日，萧褒及其弟襃来。三日裴回崖次，请予赋诗。老矣，不能为文，偶作数语。惜秦少游已下世，不得此妙墨劖之崖石耳。……宋豫章黄庭坚字鲁直，诸子从行，相、梲、枏、楮，舂陵尼悟超。[②]

曾陪同黄庭坚观摩崖碑的太医成权和祁阳僧人伯新、义明，一年后又来陪邹浩了。邹浩还带了儿子柄、栩以及零陵好友张绥、蒋沨，佚逸道人、文照估计是祁阳当地僧道。僧伯新也是书家，邹浩《戏浯溪长老伯新》诗云："永州怀素精草书，毫端万象纷卷舒。……只应

---

① （清）刘道著修，钱邦芑纂：《康熙永州府志》卷十六人物志（中）名贤列传，书目文献出版社1992年3月版。
② 碑文收入（宋）黄庭坚：《豫章先生遗文》卷十二，《道光永州府志》卷十八；《黄庭坚全集》第2318页，四川大学出版社2002年4月版。各处录文有差异，现据拓片改定文字。

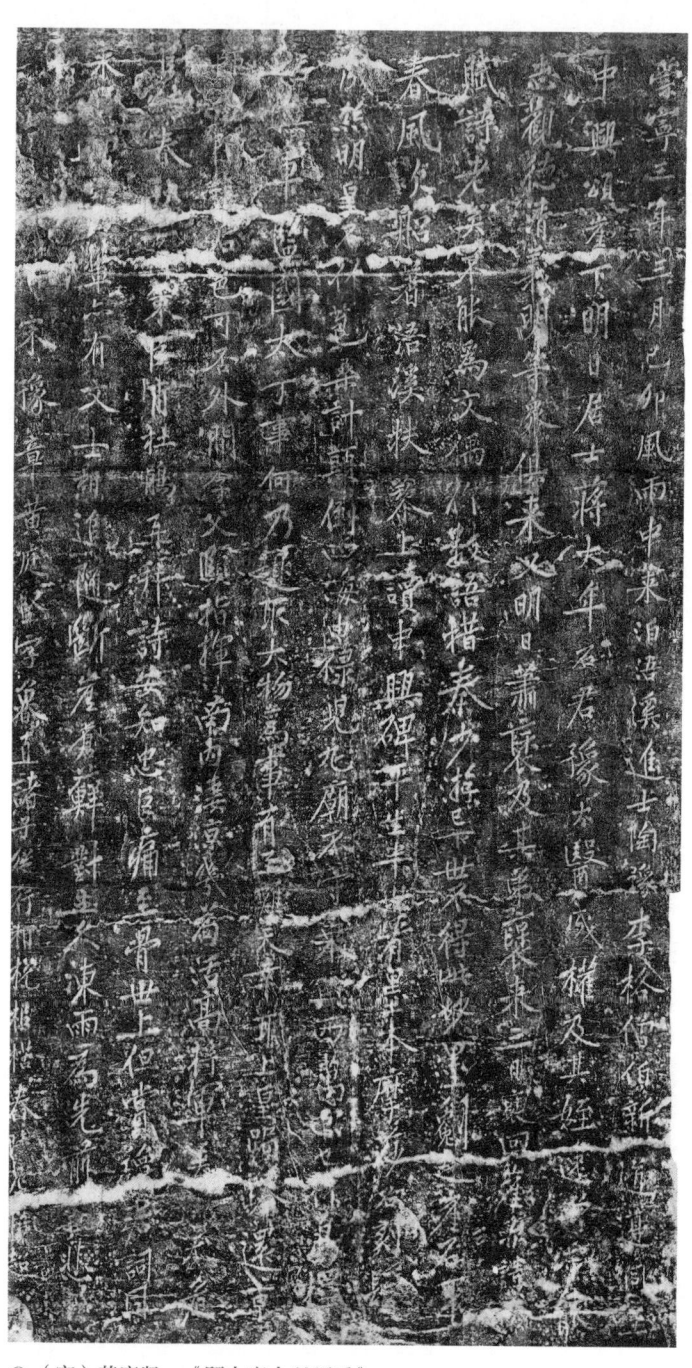

◎（宋）黄庭坚：《题大唐中兴颂后》

侍者隔壁私自语，我师为谁说法声呜呜。"从作诗戏谑看，邹浩与伯新一定也是交好的。

邹浩碑刻书法，与黄庭坚的书法高度相似。黄庭坚生于宋仁宗庆历五年（1045），邹浩生于宋仁宗嘉祐五年（1060）。两人都生于仁宗朝，黄庭坚年长15岁。杨时与邹浩是至交，在其《邹忠公奏议序》叙："道乡邹公自少以道学行义知名于时，其为人也，和顺积中而英华发外，望之睟然见于颜面，不问知其为仁人君子也。"[1] 宋徐度《却扫编》言："元符中，邹以谏官论立后事，由是知名。"[2] 邹浩忠义诤骨，深得文人士大夫赞许。黄庭坚在谪居宜宾时所作《次韵石七三六言七首》之五："幽州已投斧柯，崇山更用忧何？且喜龚邹冠豸，又闻张董上坡。"汉杨孚《异物志》记载："北荒之中有兽，名獬豸，一角，性忠，触不直者。""龚"指御史龚夬，"邹"即为右正言邹浩，此诗句称赞言官的忠直。黄庭坚虽比邹浩年长，中进士后先任县尉、知县，官职不高；相较而言，邹浩作为朝廷的台谏官，处于朝廷权力中心。黄庭坚41岁时，才诏秘书省校书郎，进入汴京。后由司马光推荐校《资治通鉴》，参编《神宗实录》。绍圣元年（1094）出知宣州，改鄂州。因章惇、蔡卞恶之，贬涪州别驾，黔州安置。徽宗即位，起监鄂州税，签书宁国军判官，知舒州，以吏部员外郎召，皆辞不行。此时邹浩任吏部、兵部侍郎，本是一次交集机会，但二人直到黄庭坚谪宜州、徙永州时才殊途同归。崇宁初，蔡京手书《元祐党籍碑》颁布全国，州县皆刻石立碑。司马光等（曾任宰臣执政官），苏轼、邹浩等（曾任待制以上官），秦观、黄庭坚等（余官）均名列其中。被大奸巨猾蔡

---

[1] 《杨龟山作奏议序》，收录于（元）谢应芳：《思贤录》卷一，光绪甲申重刊，上海玑衡堂藏本，上海图书馆藏。
[2] （宋）徐度：《却扫编》第117页，中华书局1985年版。

◎《元祐党籍碑》拓片

◎《元祐党籍碑》拓片（局部）

京打入另册的人,可称同道中人。

据清李兆洛《邹道乡先生年谱》,崇宁元年(1102)七月,邹浩赴永州,沈夫人及子柄、栩偕行,十月三日到达永州。崇宁二年(1103)正月,除名勒停昭州居住,三月赴昭州,沈夫人与两子仍留永州,三月二十一日至昭州。而据郑永晓《黄庭坚年谱新编》,崇宁二年(1103)十一月,黄庭坚以"幸灾谤国"之罪,除名羁管宜州,途经永州。从时间上看,黄庭坚到永州时,邹浩已去昭州,应该没见面。黄庭坚将家眷留在永州,还托邹浩之子邹柄照管其儿侄的功课,在《宜州家乘》《与德久帖》中他多次提到与邹家的往来。说明在永州期间,两家通好。经纪邹浩家的蒋沣又是照顾黄庭坚的那位乡绅,在患难之中,成为同道好友。

据南宋王象之编纂《舆地纪胜》:"《五君子帖》。苏子瞻、黄鲁直、秦少游、张文潜、邹志完与节孝徐仲车往还诗简也。知州向洹刻于郡斋,今在楚观。"[①]南宋时就有人将邹浩、苏轼及门下弟子并称为"五君子",知州还命人刻下往还诗简,以示尊崇。邹浩与善画墨梅的华光寺主持仲仁是好友,《道乡集》中有五六首诗是写给仲仁的。其中有一首《观华光长老仲仁墨梅》,有"我从梅花海里来,惊此两枝堂上开。不由天降非地出,道人作么生栽培"之句,称赞仲仁墨梅之超凡脱俗、巧夺天工。《道乡集》还收录为仲仁所撰《天保松铭并序》。据《黄庭坚年谱新编》,崇宁三年(1104)二月,黄庭坚过衡州,与仲仁相善,为华光寺作《天保松铭》,有"晋陵邹浩尝以问长老仲仁"句。邹浩、黄庭坚的《天保松铭》,均收入《全宋文》,文句相似,黄庭坚文恐为误收。松树是坚毅、长寿的象征,历来为正直之士看重,

---

① (宋)王象之编著:《舆地纪胜》第12册第29页,浙江古籍出版社2012年12月版。

两人均将历经千年而傲然挺立的巨松引为同类,品格可谓相似。邹浩《道乡集》中,《梦秦少游》《见鲁直题陶商翁碑后有感》两篇,分别是怀念秦观、黄庭坚的。

南宋庄季裕《鸡肋编》载:"全州兴安县石灰铺,有陶弼商公诗云:'马度严关口,生归喜复嗟。天文离卷舌,人影背含沙。江势一两曲,梅梢三四花。登高休问路,云下是吾家。'鲁直题其后云:'修水黄庭坚窜宜州,少休于此,观商公五言,叹赏久之。崇宁三年五月癸酉,南风小雨。'至绍兴中,字墨犹存。"① 陶弼,字商翁,永州祁阳人,知邕州、顺州,爱文学喜兵书,与士卒同甘苦,因得众心。黄庭坚赞之:"乌合其兵,忠信成城,教子弟战,卫其父兄。"② 黄庭坚于崇宁四年(1105)九月三十日病逝于宜州,同年十一月七日,邹浩自昭州移汉阳军居住,途经严关,在兴安石灰铺看到黄庭坚的遗墨,睹物思人,不胜伤感,作《见鲁直题陶商翁碑后有感》,诗云:"石上犹新墨,忘情亦叹嗟。殊恩但归骨,冷迹尚平沙。愿力消尘垢,瞻依盛宝花。人间几行泪,空洒玉川家。"这是邹浩与黄庭坚从书法到情感交流的一个确证。

黄庭坚元祐间学书于周越、苏轼,受到王羲之、颜真卿、杨凝式、怀素等人的影响;熙宁、元丰年间学王安石体,又受到焦山《瘗鹤铭》字体的启发,形成中宫紧收、四缘发散的崭新结字方法,字势欹侧,有排宕夭矫的笔力。《钝吟杂录》评山谷书法师承渊源:"山谷纯学《瘗鹤铭》,其用笔得于周子发,故遒健。子发俗,山谷胸次高,故遒健而不俗。"朱熹认为"山谷宜州书最为老笔"。黄庭坚在宜州,

---

① (宋)庄季裕撰:《鸡肋编》第52页,中华书局1985年版。
② (宋)黄庭坚撰:《东上合门使康州团练使知顺州陶君墓志铭》,《黄庭坚全集》第815页,四川大学出版社2001年4月版。

◎ 水拓《瘗鹤铭》（何绍基旧藏）

尝大书《后汉书·范滂传》，笔势飘动，有郁勃不平之气，超出翰墨径庭。"宋四家"苏（轼）、黄（庭坚）、米（芾）、蔡（襄），代表了宋代书法的最高成就，而黄氏是"宋四家"中艺术自觉意识最强的一位。

邹浩之子邹柄，学书于黄山谷，与黄山谷熟悉的同时代人惠洪说过此事。邹浩书法是否也受黄庭坚影响，没有直接的史料支持。清代康有为说："宋人书以山谷为最，变化无端，深得《兰亭》三昧。至神韵绝俗，出于《鹤铭》而加新理，则以篆笔为之，吾目之曰'行篆'，配以颜、杨焉。"[1] 黄庭坚称《瘗鹤铭》为"大字之祖"："右军尝戏为龙爪书，今不复见。余观《瘗鹤铭》势若飞动，岂其遗法耶？欧阳公以鲁公书《宋文贞碑》得《瘗鹤铭》法，详观其用笔意，审如公说。"[2]

汉代书法以隶书为准，但已见楷书雏形。魏晋南北朝时，北朝字

---

[1] 康有为著，陈永正编：《康有为诗文选》第80页，广东人民出版社1983年6月版。
[2] （宋）黄庭坚：《题瘗鹤铭后》，（明）毛晋编：汲古阁《津逮秘书》之《山谷题跋》，民国壬戌（1922）博古斋影印本。

体以汉隶为主，发展为魏碑；东晋南朝，行楷已流行。有唐一代，楷书发展到顶峰。《瘗鹤铭》字体处于由隶到楷的转型期。《瘗鹤铭》在镇江焦山，离邹浩家乡常州不远，邹浩也曾到过焦山，也许揣摩师习过《瘗鹤铭》，远溯北朝魏碑、进行碑帖结合的书法实践，走的是跟黄庭坚差不多的路子。[①] 浯溪邹浩摩崖书法，中宫收紧，字形开张；点画灵动，神采脱俗。黄庭坚曾泛舟浯溪，作《书磨崖碑后》："春风吹船著浯溪，扶藜上读中兴碑。平生半世看墨本，摩挲石刻鬓成丝。"从帖到碑，是山谷的学书生涯、书法实践。从邹浩的书法看，也可看出帖和碑融合的意味，有较重的魏碑风格。邹浩的书法碑刻在《大唐中兴颂》之左，从篆、隶而得楷法，正是颜真卿成功之路。从邹浩的书法可以看出镕铸篆、隶于楷书中的创新精神，在尚帖的北宋士人中难能可贵。南宋吕祖谦《少仪外传》载："乐文仲说邹浩学士一事亦好。尝见人写字不端正，必须劝戒之。或人问之，曰：'每事端正，则心自正矣。'"[②]邹浩写字，下过苦功夫的。徐霞客评邹浩字"笔势遒劲"，可见其功力深厚。

　　南宋名臣李纲《跋道乡墨迹》曰："侍郎邹公硕学劲节为天下所宗仰，诗铭精深，有古作者之风；字画似其人，自可宝也。"[③]说明南宋时，邹浩不仅善书，且善画，为时人所重。南宋陈渊《书杨补之所藏了斋及道乡帖》言："了斋刚正而不容奸，道乡清介而不受污，观其字，想见其为人，凛然皆见于心画之间矣……此简作于异乡穷厄之中，语言翰墨初不经意，而能久存者，岂非为无求于世者得之，独

---

① （宋）邹浩：《焦山御书阁记》，元符元年服阕，召为右正言，曾到过焦山。
② （宋）吕祖谦：《少仪外传》，《吕祖谦全集》第6册第22页，浙江古籍出版社2017年12月版。
③ （宋）李纲：《梁溪集》卷一六三"题跋下"，文渊阁《四库全书》。

取其人，而不以时为轻重耶。"①。到了南宋，士人爱收藏台谏官陈瓘、邹浩的尺牍，因为敬仰他们的人品。南宋岳珂为岳飞孙、岳霖次子，曾任嘉兴知府、户部侍郎、淮东总领制置使。他著录家藏旧帖，题跋所记载的人和事，并加赞语，撰《宝真斋法书赞》，开历代书法论著之先河。其中有《邹忠公〈同安帖〉》：

公书法本于薛少保稷，建中天子尝以是御奎画矣。公于初政实濡谏墨，而迄不遇合，以偾于谗慝，徒使蔡京辈得以投时好而袭其迹，是抵掌可以肖叔敖之貌，而正心岂能得公权之笔，此忠义之士所愤薰莸之杂糅而继之以愤激也。②

岳珂家藏书帖均为唐宋名家墨宝，收藏邹浩《同安帖》并作赞，说明邹浩书法的影响力，而蔡京之辈小人，能摹仿邹浩笔迹制作"伪疏"③，说明邹浩"谏墨"在当时即在一定范围内传播，为人熟识。

南宋张栻、明代徐霞客对邹浩《甘泉铭》的珍爱，也是敬仰邹浩无愧于公的浩然正气、刚正不阿的高尚人品。清代王士禛《居易录》评价邹浩："立朝大节，在谏立刘后和论章惇二事，其《立后疏》，古今仰之，如泰山北斗。"

---

① （宋）陈渊：《默堂集》卷二十二，文渊阁《四库全书》。
② （宋）岳珂：《宝真斋法书赞》，见《中国书画全书》第 2 册第 219 页，上海书画出版社 2009 年 12 月版。
③ 由于邹浩的上疏已焚，蔡京指使党羽向徽宗上伪造之邹浩疏，编造"臣观陛下之所为，愈于桀、纣而甚于幽王也。杀卓氏而夺之子，欺人可也，讵可欺天乎"等恶毒之句，从而激怒徽宗，邹浩第二次被除名，昭州居住。直至建炎三年（1129），邹浩逝世 18 年后，邹柄找到邹浩上疏的原稿（可能是底稿），上疏申冤，光雪先烈，高宗追复邹浩龙图阁待制。

二、邹柄与黄庭坚

朱熹《评诸贤书》云:"邹德久楷书《大学》,今人写得如此,亦是难得。只如黄鲁直书,自谓人所莫及,自今观之,亦是有好处。但自家既是写得如此好,何不教他方正?何安得恁欹斜则甚?"[①]朱熹对邹德久的楷书评价较高,并与其对黄庭坚的书法评价连在一起。南宋僧人惠洪《石门文字禅》云:"邹德久,忠公浩子,笔法追踪山谷。"惠洪是黄庭坚的江西老乡,他曾说"山谷为予言,逢出峡见少年时书,便自厌"[②],似乎两人很熟。惠洪(1071—1128)与邹柄(1084—1138)为同时代人,在所著《冷斋夜话》中多处说到黄庭坚和邹浩,以他"喜与贤大夫游"的经历,所说当有据。

邹德久,即邹浩长子邹柄。南宋咸淳四年(1268)史能之主纂《咸淳重修毗陵志》卷十七(明初刻本),述其生平:

> 柄,字德久,庄重笃学,幼负俊声。侍忠公如二水,黄山谷一见,深加叹赏,呼小友。未弱冠弃科举学,从龟山先生游,先生期以大器,每称之曰:'是真有志于学。'乃尽传其业。龟山门人,以柄为称首。陈忠肃公亦称其才高识远,可以大受。靖康初以元枢李公荐,布衣补承务郎,除编修、权给事,疏请昭雪忠公迁谪之非辜,且不出泰陵之意,朝奏夕可,赠官赠谥,典礼优渥,天下伟之。素以刚鲠闻,刚外敏中,与人不苟合。前后奏议,炳炳真能世其家者。著《伊川语录》一卷,文集二十卷,终天台守。

---

① (宋)朱元晦(朱熹):《评诸贤书》,(宋)祝穆、(元)富大用辑:《新编古今事文类聚》,元泰定三年(1326)武溪书院刊本,日本内阁文库藏。
② (宋)惠洪:《跋山谷笔迹》,见《石门文字禅》卷二十七,《四部丛刊·集部》影印明万历径山寺本。

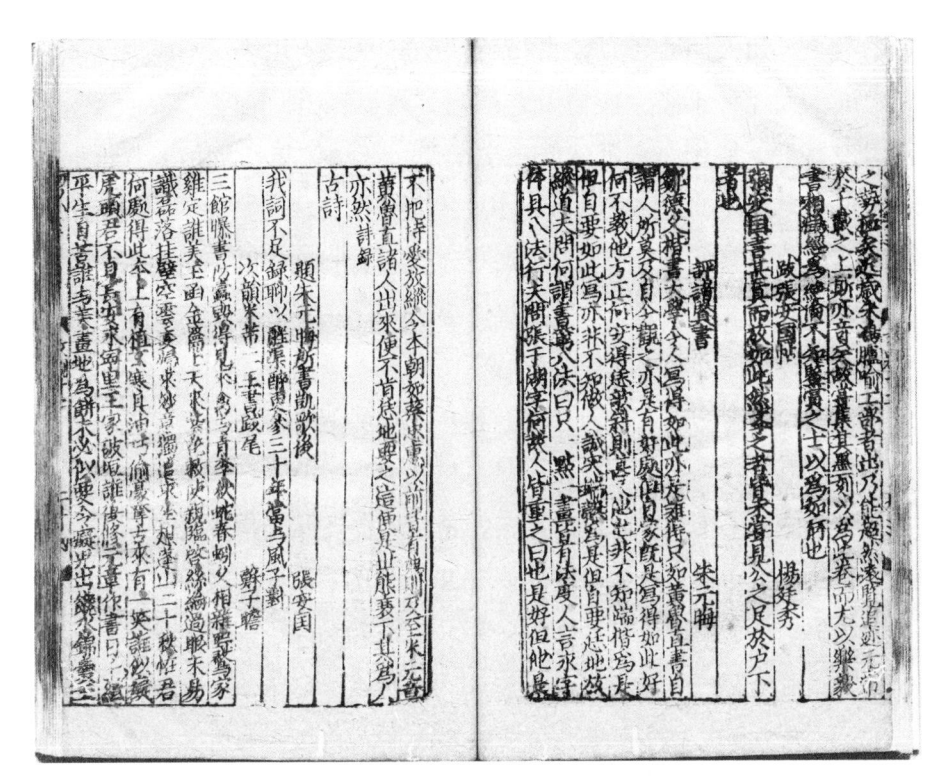

◎（宋）朱元晦（朱熹）：《评诸贤书》，（宋）祝穆、（元）富大用辑：《新编古今事文类聚》，元泰定三年（1326）武溪书院刊本，日本内阁文库藏

　　黄庭坚年长邹柄39岁，称邹柄为"小友"，深加叹赏，钟爱有加。黄庭坚以"幸灾谤国"之罪，除名羁管宜州，途经永州，将家眷留在永州，托付给零陵县令李彦明和乡绅蒋沣，让子侄跟着邹柄读书，孤身前往炎瘴之地。

　　黄庭坚一生坎坷，少年丧父，元配生活两年即亡，续妻生一女也逝，后纳一妾生子相，此时已是40岁矣。与友人的书信中，他多次提到黄相的读书情况。"小子相已十岁，颇顽壮，稍知读书"（《答陈季常书》）；"小子相今年已十七，诵书虽多，终未能决得古人义味。近喜作古诗，他日或有一长尔，未可量也"（《元符三年弟黄叔达离蜀东归》）。黄庭坚甚至亲自督导儿子读书："相虽淳良，终未好书……忠州人两儿皆勤读书……延在斋中，令共学，差成伦绪。日为之讲一大经一小经，夜与说老杜诗。冀年岁稍见功耳。"（《与七兄司理书》）黄相，字了然，小字小德。邹柄仅年长黄相一岁，但自小跟理学名家杨时学，乃少年才俊，是黄庭坚眼里的"别人家孩子"。正因为黄庭坚平时督子读书甚勤，所以在他独赴宜州时，托付"小友"邹柄来辅导黄相的功课。《黄庭坚全集》收录黄庭坚《与德久帖》三通。

  庭坚顿首。五月初三日，桂林见陆海，问知侍郎台候甚康健，开慰无量。奉别忽复改月，怀想何日不勤，即日当入学舍，不以游戏费日。柷侄殊有意相依学问，愿蒙琢磨之益。惟以日新为念，每旬可大半终日，想亦蒙益也。冒暑，今日方至桂府，一二日即行，他日可时通书耳。千万为亲自重。庭坚再拜德久佳士九兄。

  又

  庭坚顿首。辱书勤恳，审侍奉太夫人吉庆，韶州常得安问，为慰。子舍得男，六十老人初见孙，实以自慰，远承致庆，感刻感刻！见所惠书，字画词意皆增于往，当是安闲便静，垂意文字之功。想学行皆日新，如此不惟交游之庆，韶州闻之，寂寥中亦一破颜矣。两小儿日相从，蒙益当不浅。未有会面之期，临书怀想，千万自重。七月二十一日，庭坚顿首德久贤俊。

  又

  旦来伏想侍奉万福。《浯溪铭》篆字计篋中乃未有，故分一本去。《中兴颂》欲乞一本。庭坚顿首德久足下。[1]

---

[1]（宋）岳珂：《宝真斋法书赞》卷十四所收录黄庭坚信札，见《黄庭坚全集》第2265—2266页，四川大学出版社2002年4月版。

从黄庭坚《与德久帖》看，黄、邹两家关系十分密切，"时通书"。"侍郎""韶（昭）州"均指代邹浩，因邹浩曾任兵部、吏部侍郎，又曾除名勒停昭州居住。黄庭坚称邹柄"德久贤俊"，子侄跟邹柄"相依学问"，称"两小儿日相从，蒙益当不浅"，感谢邹柄帮助他的子侄提高了学业水平。黄庭坚见到邹柄寄的书信，评介邹柄及子侄"字画词意皆增于往"，还相互交换《浯溪铭》《中兴颂》拓本，切磋书法艺术。

崇宁四年（1105）黄庭坚临终那年，他在日记《宜州家乘》中，几次写到子相、侄桄及邹德久：

> （正月）二十日己丑，阴，大寒，可重茧。得永州平安书，并得南丰无恙书。……相书报张子发出自讼斋，会蒋子人、邹得（德）久、桄于高山寺。

二十日己丑陰大寒可重繭得永州平安書并得南豐無恙書知李倩女睉家音問云欲遣人至宏元明得李磁州及女媦書相書報張子發出自訟齋會蔣子人鄒得久桄於高山寺借馬從元明游南山及沙子嶺要叔時同行入集真洞燭上下處處鐘乳蟠結皆成物象時有潤壑行步差危耳出洞頃之得張貴州書傳致范德孺晁無咎書夜中急雨寒甚

初四日辛未陰欲雨是日煨筍作藕菹薑菹苽菹
初五日壬申晝晴夜雨
詩來皆可觀夜雨震電兩朱彥明徐靖國皆有書鄒德久及桄各寄之
初六日癸酉晴崇寧僧法晏置飯與范信中同
初七日甲戌晴與時當信中剉粽子
初八日乙亥午風未凍雨少頃又晴

◎《宜州家乘》，知不足斋本

（二月）二十六日乙丑，得相、桄正月二十八日平安书。

（三月）十一日戊申，并得相、桄书。

（四月）初三日庚午，邹德久及桄各寄诗来，皆可观。①

是年，邹柄21岁。邹柄向黄庭坚学习写诗、学习书法，是有据的。邹柄的书法成就如何？查阅历代文献，《咸淳重修毗陵志》之《毗陵碑碣志》载："杜少陵凤凰台诗，德久邹柄书，乾道八年立。"这块诗碑早已不存。光绪元年（1875）邹敬忠主修《毗陵邹氏宗谱》转录《毗陵志柄公传》并附记："宣和间，（邹柄）与友人刘濛、周椐等同游宜兴张公洞，刻石记名至今犹存。"笔者至今未查到相关图片信息。李光贬谪昌化期间，自题庵名为"转物庵"，并撰有《转物庵铭》②。清代姚之元《竹叶亭杂记》称"仆有《转物庵碑》，乃邹德久书"③，或为邹德久书丹李光《转物庵铭》刻碑，今已不存。然而，绍兴五年（1135），李光在故乡所作的佛事碑，历经860多年后被人重新发现。这块余姚市存世最早的古碑，幸运地保留了邹柄的书法真迹，至今完整地保存在牟山镇姜山村的一个李姓村民家中。

李光，字泰发，越州上虞人，生于元丰元年（1078），崇宁五年（1106）进士，历任太常博士、右司谏、吏部侍郎、参知政事等职。秦桧初定和议，李光是拉拢对象，他是江南籍官僚，以其人望成为江南士人代表。"欲籍光名镇压"，借重李光之名望平息民愤。江南的民心、地理、物力为南宋立国之本。同郡人杨炜说他依附权相、自毁气节。李

---

① 《宜川家乘》，知不足斋丛书第18集，古书流通处影印。
② 李光号"转物居士"，源自其《转物庵铭》云："一切众生从无始来，迷己为物，失其本心，为物所转，故于是中观大观小，若能转物，则同如来。"（《全宋文》第154册第240页，上海辞书出版社、安徽教育出版社2006年8月版）
③ （清）姚之元：《竹叶亭杂记》（8卷），史料笔记，初刊行于光绪十九年（1893）。

光欲以和谈谋自治,与秦桧的降金政策有本质的不同。此后,他常与秦桧争执,甚至当着皇帝面斥责秦桧"盗弄国权,怀奸误国",终为秦桧不容。李光置身乱世,几经贬谪,仕途坎坷。曾移琼州、贬昌化军编管,居琼十一载。绍兴二十九年(1159),卒于蕲州,享年82岁。李光逝世后,孝宗即位,追封资政殿学士、谥庄简。宋孝宗则御笔书赞:"儒林仪表,国家栋梁,风雪翰墨,锦绣文章,驱长怀于寥廓,听鸣凤于高岗。"李光与李纲、胡诠、赵鼎并称"南宋四名臣"。

李光《记梦一首》诗跋:"姜山静凝寺,在姚、虞二邑之间,去予所居才十里,顷岁闲居,每携子弟或与宾客同游,辄留宿山间。今嗣闰黎继通律师讲席,学徒常满,夜坐秉烛翻贝叶,率至三鼓,予因遣家仆回致嗣书。八月二十三夜,梦至其处,往年气象了然在目。枕上成潺字韵一联,兴所见也,觉而足成之,书以寄嗣,知予宿缘或在此山也。"诗云:"梦魂忽到姜山寺,竹径松门夜不关。堂上千灯还闪闪,池中一水白潺潺。十年迥悟空心法,万里归寻葬骨山。欹枕觉来城角动,床头残月尚弯环。"①

据《嘉泰会稽志》:"静凝教忠寺,在县(余姚)西北五十里,本号'姜山院',祠一女子,曰孟姜,不知何世人也?俗传谬妄可笑。会昌间废。晋天福二年重建,改'报国兴福院'。大中祥符元年,改'静凝院'。隆兴元年,李庄简公家请为功德院,增'教忠'二字。"《嘉泰会稽志》成书于1203年前后,所言当有据。

静凝院当年曾香火鼎盛,高僧云集,天台、五台、普陀各地高僧都慕名前来拜谒。隆兴元年(1163),宋孝宗赵昚敕赐静凝院为静凝教忠功德院。功德院是当时达官贵人设在坟墓旁边的坟寺,所住僧人除看守坟茔外,还在逝者的忌日、生辰设祀献供,并于春秋两季祭扫,

---

① 见《全宋诗》第25册16430页,北京大学出版社1998年12月版。

功德院有免除租税赋役等特权。2005年8月，李光墓志铭石碑埋在姜山被盗墓穴的泥坑深处，被当地村民发现。①从唐代始建到元代废除，静凝寺存续了五百余年，南宋是其鼎盛时期。

通律师，释惠通（？—1135），俗姓王，字可久，越州新昌人。住持静凝院期间，"檀施闻名，争为筑室。庐具像设，金碧焕然，学徒云集，率不下千指，钟梵之声洋洋如也"。

李光与静凝寺住持通公是知己，每遇仕途不顺时，通公以佛家智慧化解。②李光自云："出仕逾三十年，百谪之余，颇欲归依佛乘，究生死之说。"③李光摹黄檗、裴公二像于宣州广教寺，转施与静凝院，通公将像供奉在寺内的铁磬堂。两人关于"禅、律"二宗，有过精彩对话阐发："禅、律二宗本相因依，后学末师妄自分别。"通公欲将文偈刻石，然机缘不适，遂搁置。不料天不假年，通公圆寂。李光悲痛之余，劳友人书法大家邹德久为之书文偈，以了师愿。该碑名《舍黄檗裴公真像文并偈》，刻于《方丈碑》的背面。其文如下：

宣州广教禅寺实唐裴公宅、黄檗道场，二公像设存焉。气韵森严，笔法简古，予守郡日命工摹得之。顾私家不能严净，适通公律师访予于五松山，一见若有宿契，因请留置铁磬堂。或曰："静凝学徒皆宗律教，以南山为祖师，得无异议乎？"予曰："不然，禅、律

---

① 李光家族墓地迄今已出土5方墓志，即李光墓志，李孟传长子李知易墓志，李孟传次子李知先及夫人曾氏、蒋氏3方墓志。据李孟坚撰《李光墓志》，李光有5子：孟博、孟坚、孟醇、孟珍、孟传。
② 绍兴二年，李光"自建康得罪还里而依止。通公律师适退居姜山，相望不十里，有湖山之胜。闲放累年，惟师方便自在，遂为莲社之交，或命篮舆，或掉扁舟，不知日月之老也"。（《全宋文》第154册第259页，上海辞书出版社、安徽教育出版社2006年8月版）
③ （宋）李光：《庄简集》卷十八，文渊阁《四库全书》。

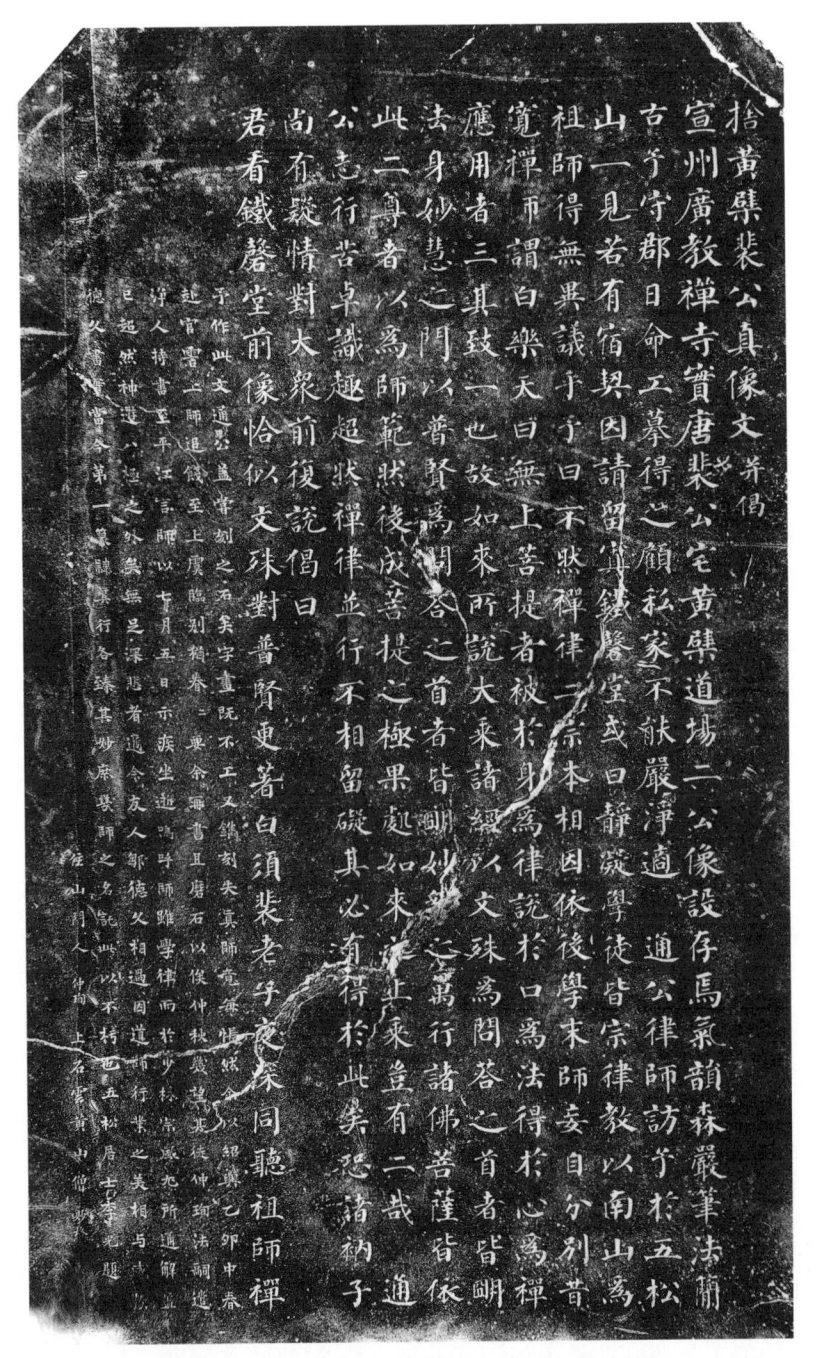

◎ 绍兴五年（1135），邹德久书丹《舍黄檗裴公真像文并偈》拓片

二宗本相因依，后学末师妄自分别。昔宽禅师谓白乐天曰：'无上菩提者，被于身为律，说于口为法，得于心为禅。应用者三，其致一也。'故如来所说大乘诸经，以文殊为问答之首者，皆明法身妙慧之门；以普贤为问答之首者，皆明妙智之万行。诸佛菩萨皆依此二尊者，以为师范，然后成菩提之极果，处如来之上乘，岂有二哉！"通公志行苦卓，识趣超然，禅、律并行，不相留碍，其必有得于此矣。恐诸衲子尚有疑情，对大众前复说偈曰：君看铁磬堂前像，恰似文殊对普贤。更著白须裴老子，夜深同听祖师禅。

碑文为邹德久书丹、李光题《跋》。跋文详述原委：

予作此文，通公盖尝刻之石矣。字画既不工，又镌刻失真师意，每怅然。余以绍兴乙卯中（仲）春赴官霅上，师追饯至上虞，临别犹眷眷要余再书，且磨石以俟。仲秋几（既）望，其徒仲珣法嗣遣净人持书至平江，言师以七月五日示疾坐逝。呜呼！师虽学律，而于少林宗风尤所通解，盖已超然神游八极之外矣，无足深悲者。适余友人邹德久相过，因道师行业之美，相与感叹。德久书实当今第一，篆、隶、真、行，各臻其妙，庶几师之名，托此以不朽也！五松居士李光题。住山门人仲珣上石，云黄山僧妙格摹刊。

据李光墓表：绍兴五年（1135）春，知湖州；秋，知平江府；六年（1136）夏，知台州，改温州。邹柄与李光相遇，在绍兴五年秋知平江府时，或就在平江（今苏州）。同代人李光称德久公邹柄"书实当今第一"，或有溢美；称书法大家，不为过也。

清初冯班《钝吟书要》言"结字，晋人用理，唐人用法，宋人用意"，梁巘《评书帖》则云"晋尚韵，唐尚法，宋尚意，元明尚态"。

禅宗思想在宋代已经成为文人士大夫的主流观念，影响了文艺创作。苏轼《石苍舒醉墨堂》谓"我书意造本无法，点画信手烦推求"。邹柄一反宋人尚意潮流，追随唐人之"法"。

朱熹说黄山谷字"恁欹斜"，其实山谷书中有"道义"。黄庭坚说："学书要须胸中有道义，又广之以圣贤之学，书乃可贵。"[①] 苏轼知人论书，说他"以平等观作欹斜字，以真实相出游戏法，以磊落人书细碎事，此谓三反"[②]。"平等""真实""磊落"，才是黄庭坚做人的真实面目，所以，赵孟頫评他的书法"如高人胜士，望之令人敬叹"。书品是人品的反映，黄庭坚曾云："视其平居无以异于俗人，临大节而不可夺，此不俗人也。"[③] 有宵小之徒利用王安石《水利条例》，以"铁龙爪"邀功，黄庭坚在《神宗实录》秉笔直书"用铁龙爪治河有同儿戏"。因此，遭章惇、蔡卞之徒清算，黄庭坚顶住政治压力决不违心改词，显示出"临大节而不可夺"的坚贞人格。

观《舍黄檗裴公真像文并偈》碑上邹柄的书法，如其为人，具谨严之势，浑穆正大之象。邹柄书法取法颜真卿、柳公权，"颜筋柳骨"，结体严紧，清劲挺拔，严谨中见疏朗开阔，有一股清刚之气。书家所谓"惊鸿避弋，饥鹰下鞲"，观邹柄之书，有斩钉截铁、骨力洞达之妙。

同时代人李光称"德久书实当今第一，篆、隶、真、行，各臻其妙"，邹柄在"篆、隶、真、行"四体上均有建树。我们只能从楷书中窥见一斑，这也是朱熹所称赞的"邹德久楷书"。

[①] （宋）黄庭坚：《书缯卷后》，（明）毛晋编：汲古阁《津逮秘书》之《山谷题跋》，民国壬戌（1922）博古斋影印本。

[②] （宋）苏轼：《跋鲁直为王晋卿小书尔雅》，（明）毛晋编：汲古阁《津逮秘书》之《东坡题跋》，民国壬戌（1922）博古斋影印本。

[③] （宋）黄庭坚：《书缯卷后》，（明）毛晋编：汲古阁《津逮秘书》之《山谷题跋》，民国壬戌（1922）博古斋影印本。

唐人裴行俭有名言："士先器识而后文艺。"明人李日华云："姜白石论书曰：'一须人品高。'文徵老自题其《米山》曰：'人品不高，用墨无法。'乃知点墨落纸，大非细事。必须胸中廓然无一物，然后烟云秀色，与天地生生之气，自然凑泊，笔下幻出奇诡。"[1]人们常说：字如其人。唐人怀素气概昂扬，其"醉仙书"飘逸灵动；唐代颜真卿气节崇高，其楷书宏伟端庄；宋徽宗赵佶浮艳竞奇，其"瘦金体"富贵斗巧。邹柄的字也是其人格的反映。南宋第一任宰相李纲称赞邹柄"学问、节操、才识皆过人"（《与秦相公第九书别幅》）。作为理学家杨时的首徒，邹柄辑录《伊川语录》《二程遗书》邹德久本、杨时《中庸解》邹德久抄本，成为朱熹等南宋理学家的重要参考书。因此，南宋陈渊《与德久郎中》称"德久以英伟之资，名重海内"。南宋理学主张把艺术纳入儒家以道德为先的规范中，信奉"心正则笔正"，对为人写字，怀有居敬之心。邹柄也许是这种艺术观念的践行者。

邹柄的性格"刚鲠"，《咸淳重修毗陵志》称邹柄"素以刚鲠闻，刚外敏中，与人不苟合"。钱锺书先生在《宋诗选注》序中提到邹浩写海上桃花源的一首长诗，称邹浩为"一个气骨颇硬的人"。邹柄承继其父"刚鲠"之风，注重个人节操，张扬民族气节。邹柄被李纲推荐补承务郎、充枢密院编修官，后任比部员外郎、台州知府等职，作为亲近幕僚，协助李纲整顿军政，支撑南宋危局，为抗金大业作出了贡献。绍兴八年（1138），邹柄被任命台州知府不久病卒，同属李纲幕僚的词人张元幹听闻好友病亡，悲痛不已，连写了四首悼亡诗。南宋张嵲《紫微集》卷六《邹德久挽词二首》其一："万里南来日，惟君意最亲。浑如相识旧，殊异白头新。一别遽千古，九衢空万人。道

---

[1] （明）李日华：《论书法与人品》，见《紫桃轩杂缀》，凤凰出版社2010年3月版。

乡虽有子，不使继清尘。"邹柄为道乡忠公冢嗣，风节卓然，在南宋士人中颇具影响。

邹浩自号道乡居士，以儒出身，兼容释道，既读经又参禅。"道乡居士以道自持久矣，一旦超乎万物之表，不知规矩准绳之果吾法邪，非吾法邪？不知身体发肤之果吾形邪，非吾形邪？所谓喙鸣合与天地合者与！"①追求不守规矩而合于规矩的自由理想。且邹浩与黄庭坚皆为贬谪之人，仕途坎坷，精神气质上有很多相似，这也许造就了邹浩与黄庭坚在书法上的相似，碑帖融合、灵动脱俗。而邹柄更像个儒生、学问家，任枢密院编修官，后又任职比部员外郎，从职责看，相当于现在的审计署审计长，故形成了严谨的作风。宋室南渡后，理学兴盛，作为杨时传人，理学思想影响了邹柄的行为举止，也影响了邹柄的书法，结体严紧、清劲挺拔。邹柄父子书艺精湛，两宋名人李纲、李光、惠洪、陈渊、朱熹、张栻、吕祖谦等均有论及，在两宋书法史上有不容忽视的地位。今人曹宝麟《中国书法史·宋辽金史》、方爱龙《南宋书法史》均没提到邹浩、邹柄，浯溪碑林邹浩书法碑、《舍黄檗裴公真像文并偈刻石》的发现，填补了这一空白。

原载《西泠艺丛》2019年第9期

---

① （清）黄宗羲：《宋元学案》卷三十五《陈邹诸儒学案》引《谷音集序》，《黄宗羲全集》第4册第502页，浙江古籍出版社2005年1月版。

常熟翁氏与无锡邹氏血缘关系考述

常熟老城区，有条古色古香的翁家巷。巷口有"状元坊"牌楼，内有江南建筑风格的官绅宅第，主厅"彩衣堂"，名取自"二十四孝"中老莱子"彩衣娱亲"典故，亦寓彩服满堂、国恩家庆之义。常熟翁氏一门为近代中国的达官显贵：父子宰相，同为帝师；叔侄联魁，状元及第；三子公卿，四世翰苑。特别是被誉为"中国维新第一导师"的翁同龢，先后为同治、光绪两朝帝师，从政40余年，在晚清政坛举足轻重。

一、常熟"乐志堂"翁氏源自东始庄邹氏

据翁心存辑、翁同龢等补《海虞翁氏族谱》①，长洲相城里翁景阳入赘常熟西南乡四十九都庙桥的璇洲里村（今练塘镇张家桥村）②，为常熟翁氏始祖。又传四世至翁瑞，生翁臣、翁卿、翁相三子，自此分老大房、老二房、老三房三支。翁同龢在《常熟璇洲里翁氏统系图》

---

① （清）翁心存辑，（清）翁同龢等补：《海虞翁氏族谱》，同治十三年（1874）刊，常熟图书馆藏。
② 庙桥今在练塘镇张家桥村。20世纪50年代，张家桥村属练塘区嘉菱乡，由邹家塘村、永兴村和张家桥村等组成。1983年撤社建乡，以大队建村，改为庙桥村、张家桥村、南湖村。2002年，三村合并为张家桥村。

◎《海虞翁氏族谱》书影，常熟图书馆藏

翁瑞长子翁臣以下，注云："是为老大房，三传而大参府君以进士起家，上杭府君继之，又五传而至先考太保文端公。今居城中者皆我乐志堂支也。"①翁同书亦云："而余之先独潜德弗耀，处之泊如也。及参政公②始占巍科，遂历膴仕，始榷鸠兹。"③让常熟翁氏世泽连绵，最后奠定名门望族地位的是老大房的八世祖参政公翁长庸。

---

① （清）翁心存辑，（清）翁同龢等补：《海虞翁氏族谱》，同治十三年（1874）刊，常熟图书馆藏。
② 翁心存、翁同龢常以官职尊称祖先。翁同龢同治十一年（1872）二月初四日记云："检先世手迹，得见参政公、上杭公诗文数篇。"（翁同龢：《翁同龢日记》第937页，中西书局2012年1月版）"上杭公"即翁长庸之子翁大中，曾任福建上杭县令。
③ （清）翁同书：《蓼野年谱》跋，上海图书馆藏。

◎ 翁长庸画像

　　翁长庸，字玉宇，号山愚，明万历四十四年丙辰（1616）生，康熙二十二年癸亥（1683）卒，年六十八。顺治丙戌（1646）举人、丁亥（1647）进士，户部山东司主事、奉敕督榷芜湖钞关，出为山东滨乐分司运同，充山东乡试同考官，迁长芦转运使司运使，擢河南布政使参政，分守河南道。翁长庸为官清正，"处脂不润，宦囊萧然"。在芜湖负责收关税，盈利积银四万，如数归公；监司河南，匪患民穷，视民如子。"民间有翁佛子之称，至今中州人犹能道之。"[①] 之前的老大房皆无缘功名，翁长庸中进士、出任官职，才让老大房成为官宦人家。

　　翁长庸创建了"乐志堂"，堂名取自《战国策·赵策二》"非以养欲而乐志也，欲以论德而要功也"，勉励子孙建功立业。堂号是家族门户的代称，是同一支族人的共同徽号，可以弘扬祖德，规范宗族伦理，垂戒后人。翁长庸长子九世翁大中，字林一，号静庵，康熙丁

---

① （清）翁同书：《蓼野年谱》跋，上海图书馆藏。

巳（1677）举人、丁丑（1697）进士，授内阁中书、福建上杭知县、福建乡试同考官。德政洋溢，入祀名宦。①二代进士，翁氏老大房"乐志堂"门楣大放光芒。

在《海虞翁氏族谱》之《族谱后序》中，翁同龢写道："吾大房支自参政公父子，仍世清宦，其后不绝如发。"之后，科甲鼎盛，簪缨不绝，门第之显贵，功名福泽，一时无匹。然而显赫的"乐志堂"翁氏却是邹氏的血脉，是常熟莫城东始庄（今常熟市莫城镇东始村）邹达所血脉的瓜瓞绵绵。光绪二十九年（1903）六月初八日，翁同龢在《二邹先生画跋》中云：

> 画八叶，无锡邹黎眉、衡湘昆弟所作，山水人物皆超轶秀远，秦留仙先生称赏不置，有以也。跋中所谓可远者名溶，见《无锡县志》，当与二邹为兄弟行。邹氏既以文采著，而衡湘之子一桂由词垣陟礼侍，乾隆时久直内廷，其画经睿题者至多，遭际之隆，人以比吾乡蒋氏云。同龢七世祖山愚府君系海虞东始庄邹氏幼孤，出继翁后，既贵而邹氏无人，尝欲追赠本生父母，不可得，终身饮憾。海虞与锡山履贯各殊，而同出忠公之后，吾子孙不可不知也。故谨志之。光绪癸卯六月八日，翁同龢。②

---

① 翁大中（1638—1706），山愚公长子，字林一，号静庵，明崇祯十一年戊寅（1638）九月七日生。康熙丁巳（1677）顺天举人，考授内阁中书，丁丑（1697）进士，赐二甲出身。选授福建上杭县知县，充壬午（1702）福建乡试同考官，敕授文林郎，康熙四十五年丙戌（1706）二月二十四日卒于官，年六十九。静庵公为政，洁清自矢，除加派，实仓谷，立义学，禁溺女。在任五年，德教洋溢。及卒，邑民醵金归榇，请祀名宦祠。配钱氏，户部郎中三峰公女，封孺人，卒年七十五，合葬秦坡茔昭穴；侧室王孺人，葬顶山主穴。
② （清）翁同龢《瓶庐丛稿》卷四，谢俊美编：《翁同龢集》第1012页，中华书局2005年版。按："秦留仙先生称赏不置，有以也"一句，编者误标为"秦留仙先生称赏，不置有以虚也"，虚字衍。查翁氏手稿，虚字涂去。

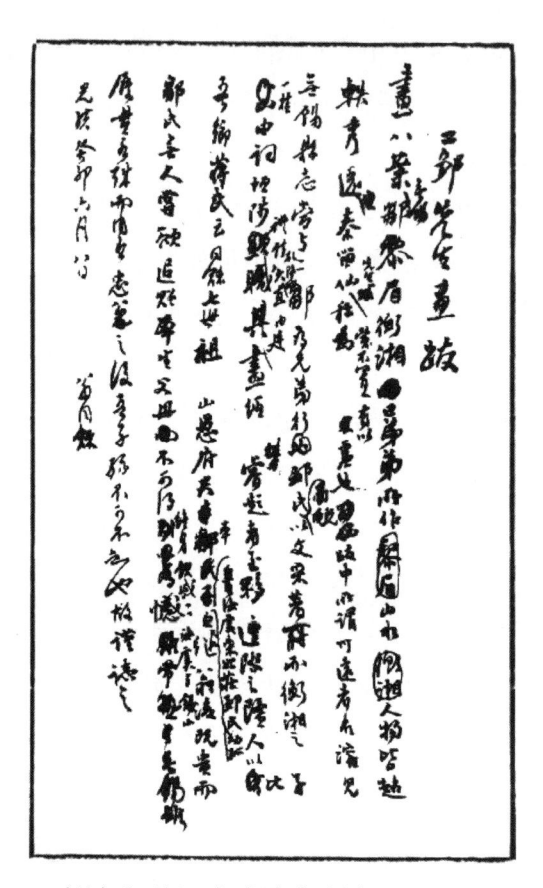

◎（清）翁同龢：《二邹先生画跋》

邹黎眉、邹衡湘、邹可远、邹一桂均为书画家，秦留仙为邹家好友，工诗文。[①] "同龢七世祖山愚府君"，指翁同龢上溯七世祖（据《海

[①] 《邹氏家乘》卷六："吾邹氏多工绘事者，而黎眉公称最。公以神韵为主，无体不妙，梅菊尤为世宝，赏鉴家有邹梅、邹菊之目。公伯祖木石公（邹式金）、伯叔流绮公（邹漪）、可远公（邹溶）、弟衡湘公（邹卿森）、惟良公（邹显臣）、侄泰和公（邹升恒）、小山公（邹一桂）、晴川公（邹士随）、是骏公（邹士骐）均以工画著。邹显吉尝于所居湖北草堂聚子姓能画者各画一帧，互相题咏，尽妙极妍，每岁辄十余会，朱彝尊有《邹氏画社记》盛称之。"（清）邹仁溥纂修：《邹氏家乘》，光绪二十九年（1903）木活字本，上海图书馆藏。

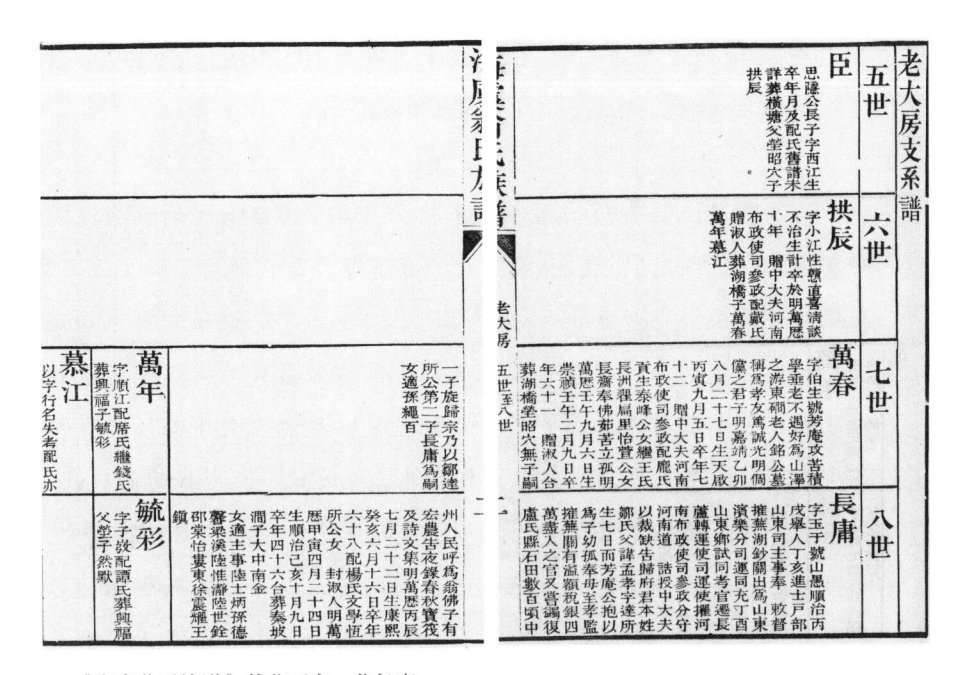

◎《海虞翁氏族谱》载翁万春、翁长庸

虞翁氏族谱》自一世翁景阳往后传，则为第八世）。翁同龢在跋文中明确指出，他上七代祖先翁长庸原来是海虞东始庄邹氏的孤幼，出嗣翁家；常熟翁氏与无锡邹氏同出一脉，都是忠公邹浩的后裔。

查《海虞翁氏族谱》，也有明确记载，老大房八世翁长庸："府君本姓邹氏，父讳孟孝，字达所，生七日而芳庵公抱以为子。"七世翁万春："字伯生，号芳庵，攻苦积学，垂老不遇……无子嗣，一子旋归宗，乃以邹达所公第二子长庸为嗣。"

2000年北京嘉德拍卖公司拍卖的翁氏收藏典籍中，有翁长庸的《蓼野年谱》《蓼野集》，最后由翁万戈售予上海图书馆。翁长庸的这两件手稿，《翁同龢日记》中曾多次提到。对照《蓼野年谱》翁同书、翁心存两篇跋文笔迹，当为道光十五年（1835）翁同书钞本。①翁长庸在《蓼野年谱》中详述了过继翁家的细节：

> 一岁丙辰（明万历四十四年）秋七月二十有二日子时，余生。时余母王氏腹间患漏疾，淋漓不止，痛楚呻吟，乳哺为艰。生七日，而嗣父芳庵公、嗣母王氏（即余母胞三姊也）年暮无子。有家人姚金妇顾氏适有乳，乃往抱余属乳养焉。同年宋荔裳为余作嗣母王孺人墓表，云：翁君生七日，所生母病且革，执淑人之手而泣曰：吾得疾遂困，以是儿累汝。因以文锦畀儿，祝之曰：儿今往为翁氏儿，勿啼也。淑人哽咽流涕，受儿以归。盖如亲见之。余母以疾笃割爱，痛可知也。（余先有一兄乳名奎舍，时四龄，及母卒，而嗣祖父母抚之，八龄暴病而殇。）然嗣父母鞠育爱惜，诚不啻如己出。自是遂从翁姓。生二旬有七日，母病剧甚，遂卒。痛矣哉，余不生于空桑，竟无能一识母氏音容也。

据《蓼野年谱》，翁长庸的生父"名达所，初讳应龙，后改孟孝"。生母王氏与翁万春的继室王氏（原配亡故），乃亲姐妹，娘家在长洲相城里。姐妹四人，生母为怡萱公第四女，继母为三女，故称"三姊"。生母产儿因患"漏疾"（产后阴道出血淋漓不断，又称"漏下症"），

---

① 翁同龢同治七年(1868)九月二十七日记云："检家中藏书，皆残缺，整者六七部耳，内有山愚公《蓼野集》一册、潜虚公未刻《制义》一册，倍宜护持，敬度于祠堂西屋。"（翁同龢：《翁同龢日记》第937页，中西书局2012年1月版）同治十一年（1872）二月初四日记云："检先世手迹，得见参政公、上杭公诗文数篇。"（《翁同龢日记》，第1877页，中西书局2012年1月版）据《蓼野年谱》翁心存跋："大参公年谱，吾家旧藏钞本一帙，仅至康熙丁未止。书颇陋劣，殆公解组时纂成，命小吏缮录者。又有公手稿一通，作小行楷，起自丁未春，迄于辛酉。先叔父耕梅公合钞成帙。"翁同书应钞自翁家旧藏。

◎《蓼野年谱》（一）

年與子興家萬曆三十五年縣令鼎復坤復守東陽耿橘入主虞山書院從祀子游邑庠生習毛詩號山泉配錢氏生子可學嗣學可立弟坤未有子命子可學嗣之年六十有二卒葬虞山東麓元德墓次部御史陳察為作墓誌銘是為余嗣父母祖父諱瀠一名澄祖母徐氏生伯父曾祖父母祖父諱瀠一名澄祖母徐氏生伯父敬節公諱孟孝娶吾母王氏長洲相城里治薈公第四龍後改諱孟忠後改應忠次生余父達所公初諱應女叔祖繼山公諱泮夫鄉試酒師皞齋一時士大氏無子以余父為嗣則實余本宗嗣祖父母仔峚知名庫鄉氏和陳子厚華若兄娶叔祖母高門有新城縣大也

一歲丙辰十四年萬曆四秋七月二十有二日子時余生時余母王氏腹間患漏疾淋漓不止痛楚呻吟乳哺為艱生七日而嗣父芳廣公嗣母王氏即余母三姊也乳年暮無子有家人姚金婦顧氏適有乳乃往抱余屬

乳養焉同年宗荔裳為余作嗣母王孺人墓表云翁君生七日兩生母病且革就叔人之手而泣曰吾得疾遂因以是見景汝因以文錦昇見祝之曰兒今往為翁氏兒勿啼也淑人哽咽流涕受兒以歸蓋如親見之余母以疾篤割愛痛可知也童舍時一兒先卒而八齡暴病而錫誠不嘗如已之卒嗣父母鞠育愛惜誠不嘗如已出自是遂從翁姓生二旬有七日母病逐卒痛矣哉余不生於空桑竟無能一識母氏音容也母生卒年月日時俱未詳記嗣母曾一語余云母鼠則當以戊子生其信然歟

二歲丁巳十五年萬曆四
三歲戊午十六年萬曆四
四歲己未十七年萬曆四始斷乳食宿俱隨嗣母是年文卒父郝部侍奉至寧乃孤舌耕高業祖母徐氏婦居嗣父生卒年月日時亦俱未詳余孩提時善病父思念嘗苦月日時亦俱未詳余孩提時善病父思念嘗苦蒜子夜叩門持送湯藥今余年長且復老矣曾無從

◎《蓼野年譜》（二）

无法哺乳。恰巧三姊的家人叫姚金的，他的老婆顾氏有乳，便抱去喂养。翁万春没有子嗣，出生第七日，生母病危时将儿子托付给姐姐，两旬后就亡故了。

宋琬（1614—1674），字玉叔，号荔裳，山东莱阳人。宋琬与翁长庸同为顺治丁亥（1647）进士。顺治六年（1649），宋琬作《翁芳庵封君墓表》（《蓼野年谱》称《王孺人墓表》）。《墓表》言："翁万春，字伯生，别号芳庵，每试辄不得，望一青衿弗得，乃烧其书，稍事生产，久之颇自给。其妻庞氏卒时，芳庵近五十，尚无子，以兄翁少崖次子毓藻为嗣。未几，翁稽勋绝嗣，复以藻往祀焉。"[1]《海虞翁氏族谱》也是这么陈述：

> 七世翁万春，字伯生，号芳庵，攻苦积学，垂老不遇。……继王氏，长洲瞿扁里怡萱公女，长斋奉佛，茹苦立孤，明万历壬午九月六日生，崇祯壬午二月九日卒，年六十一。赠淑人，合葬湖桥茔昭穴。无子嗣，一子旋归宗，乃以邹达所公第二子长庸为嗣。女适孙绳百[2]。

翁万春起初是从宗室血缘近的兄弟中选嗣子的，选来的嗣子后来归宗了；膝下只有一女，嫁给孙绳百。芳庵继室王安人，家长洲相城瞿扁里。宋琬在《墓表》中写道：

> 翁君生七日，所生母病且革，执安人手泣曰："吾得疾遂困，以是儿累汝。"因以文锦舁儿，祝之曰："儿今往为翁氏儿，勿啼

---

[1] （清）宋琬：《安雅堂文》卷十一，《安雅堂全集》第513页，上海古籍出版社2007年8月版。
[2] 据《重修常昭合志》，孙绳百，清常熟人，楼曾孙，诸生。又据《江苏艺文志》：孙绳百有《六经摘辨》《随笔杂录》《愣严经疏》《梅友集》《纪年诗》，均佚。

也。"安人哽咽流涕，受儿以归。居无何，安人姊（按：应为妹）卒，翁君生父亦旋卒。公与安人绝怜爱之，不得议宗人嗣矣。①

《蓼野年谱》转述宋荔裳《墓表》中写到王氏托养时口嘱"儿今往为翁氏儿，勿啼也"，写尽了生母托养时的不舍与悲怆。据《蓼野年谱》，"父少孤，舌耕为业。祖母徐氏孀居守节，侍奉至孝"。邹达所是"舌耕为业"的塾师，其子过继翁家后，经常去探望，"余孩提时善病，父思念，尝竟夕不寐，子夜叩门持送汤药"。邹达所与王氏另有年长4岁的大儿子，乳名奎舍。也许已有长子，才将次子过继给翁家。万历四十七年（1619），翁长庸4岁，生父邹达所去世了，长兄奎舍不幸暴病夭折，邹达所一支反而没了后代。幸运的是，过继翁家的次子兴旺发达了。翁同龢《题邹芷汀文沅②遗照》一诗云：

> 璇洲旧德启高门，还向东庄溯本源。岂特通家称孔李，故应同出自丁桓。扁舟乡国过从数，樽酒春明笑语温。闻道剑光乔木在，风流真不愧离孙。③

翁同龢在诗中夹有小字注："吾七世祖参政公，以邹氏继翁后。"常熟城里门第显赫的"乐志堂"翁氏，是东始庄邹氏的血脉，是东始庄邹氏的旧德让璇洲里翁氏开启了高门，感激之情溢于诗中。虽然长

---

① （清）宋琬：《安雅堂文》卷十一，《安雅堂全集》第513—515页，上海古籍出版社2007年8月版。
② 邹文沅，清昭文（今江苏常熟）人。字偑丰，号芷汀，监生。光绪七年（1881）署浙江慈溪知县，光绪九年（1883）任象山知县。光绪十五年（1889）因设土药税捐局激生民变，开缺降补。精鉴藏，工草、隶书，画山水摹拟米芾父子。
③ （清）翁同龢：《翁同龢诗集》第263页，上海古籍出版社2012年12月版。

兄已亡，但邹、翁两氏世代交谊深厚，亲如一家，次子翁长庸传递着邹氏的基因。常熟翁氏老大房与无锡邹氏同一血脉，翁同龢怕后人遗忘，所以反复叮咛："海虞与锡山履贯各殊，而同出忠公之后，吾子孙不可不知也。"

二、翁长庸《蓼野年谱》叙东始庄邹氏源流

翁长庸在《蓼野年谱》中这样叙述家族的源头：

> 余本邹姓，先世汴人，宋忠公官龙图阁待制，讳浩字志完之裔也。浩子柄为御史，与弟招扈南渡时，占籍海虞之东始庄。五传至宗瑞，元平江路总管。又四传讳立大，读书好古，号瓮天居士。瓮天居士有子曰九思，讳立诚，入明，洪武二年庚戌登贤书，三年辛亥成进士，仕陕西金州守。九思公生士坚，讳贞，以人才荐任山西绛州二守。士坚生商，以字行，为元清。商生仲谦，仲谦生明善。明善初建迎晖楼，里中有楼下之名，生元德。溯九思至元德数世皆单传。元德资禀勤敏，达世故，凡怀疑者就正，多中肯綮，人重之，号梦椿。生子四：泰①、鼎、复、坤。复字东阳，邑庠生，习毛诗，号山泉，配钱氏，生子四：可大、可久、可学、可立。弟坤未有子，命子可学嗣之。年六十有二卒，葬虞山东麓元德墓次，都御史陈察为作墓志铭。是为余高祖父母。

翁长庸自述本姓邹，东始庄人。唐元和三年（808），苏州刺史

---

① 原文"泰"下有小字注："字东和，生子愚、鲁。愚号拙溪，生子泉、源。泉字子静，号峰山，少美风仪，长有声庠序，晚著书涧谷山中，所梓行有《四书折衷》《四书翼衷》《口义会粹》《诗经约说》《经世格要》《尚论编》《宗圣谱》等书，一时纸贵。巡按御史甘士价造其庐，共登小楼剧谭，明日具币帛请定冠婚丧祭仪礼，称为吴与弼之流，年七十余卒，无子无家。万历三十五年，县令耿橘入主虞山书院，从祀子游。"

李素开挖、疏浚苏州齐门至常熟南门的古河道，改名元和塘。东始庄在元和塘东，处于交通要道上，水网密布，运输发达，宋代至明清，皆为经济繁荣村镇。

翁长庸叙说东始庄邹氏是邹浩的后裔。邹浩（1060—1111），字志完，自号道乡，常州晋陵人，北宋元丰五年（1082）进士。任右正言、左司谏、中书舍人，官至吏部、兵部侍郎，授直龙图阁赠宝文阁学士，谥忠。有《道乡集》四十卷，《宋史》卷三十四、《东都事略》卷一〇〇、《咸淳毗陵志》卷十七有传。

翁长庸陈述：忠公邹浩的儿子邹柄及其弟邹招，随侍高宗南渡，进居东始庄。关于东始庄的来历，明弘治《常熟县志》卷一："东始庄在四十四都，宋龙图阁学士邹浩子昞，时任御史，随宋南渡，与弟昭始居其地，故名东始。"明万历三十三年（1605）管一德纂修的《皇明常熟文献志》涉及东始庄邹氏科举人物，多处提到"宋邹浩之裔"。查邹浩《道乡集》，在他所撰写的《邹君墓志》《至明弟墓志铭》等文中，都曾明确说其先为杭州钱塘人。历代《邹氏家乘》所述世系很明确，钱塘支始祖邹思道在唐开元年间落户杭州，传至第七代邹实。邹实为常州无锡支一世祖，亦居杭州钱塘。邹实传三世至邹霖，卜居常州，邹浩为邹霖之孙。邹浩长子邹柄，字德久，弱冠从杨时游；靖康初，荐补承务郎，除编修权给事，出守台州。《咸淳重修毗陵志》卷十七、《宋元学案》卷三十五有传。邹浩次子邹栩（字德广），在南宋绍兴戊辰（1148）创立邹氏宗谱。邹栩所撰《谱序》云："吾考曰至（志）完，讳浩，昆弟六人，洞、洞、沼、竺僧、泥（况）；堂从樗、柄、概、梓、朴、桂、柘、槐，吾兄弟也。"而邹浩之母《张夫人墓志铭》云："孙男十二人：枢、柄、概、梓、格、栩、构、杞、

◎ 今日东始庄

◎ 东始庄老屋

桷、椿、楫、檄，孙女四人。"①据邹仁溥纂修《邹氏家乘》，"樗"原名"枢"，此外还有"植""楠""相"。综上所述，邹浩一辈共6人，邹柄一辈列名的至少19人。邹浩至交陈瓘作《邹忠公墓志》云"子男二人：曰柄，曰栩"；邹浩《道乡集》诗文中也只提到两子邹柄、邹栩。②东始庄创建人邹招究竟是谁？"招"字右半部分为"召"，是否是邹浩三弟邹沼？查《邹氏家乘》，邹沼生子概，葬于常州祖茔，可以排除；从"木"，或许是邹柄的兄弟辈。③邹柄的兄弟辈邹朴赘于无锡泰伯乡之华庄，为无锡始迁祖。常熟的几支邹氏都是从无锡迁来的。小山邹氏"遭元季寇乱由无锡避地常熟"，后来聚族成村，村名叫邹巷。④常熟城西邹氏始居无锡后宅，迁苏州五龙桥⑤，因避水匪，结庐于洞泾桥（又名陈埭桥，在今张桥镇东北）。⑥

　　无锡始迁祖邹朴，乃是邹浩二弟邹洞之子。明万历甲戌（1574）进士、官至湖广提学副使邹迪光（1550—1626）在无锡惠山初建邹氏宗祠，定名为"邹忠公祠"，祀忠公邹浩附祀至远公邹洞。正如明高攀龙（1562—1626）《邹忠公惠山祠堂记》所云"复追念祖德"，邹

---

① （宋）陈瓘：《张夫人墓志铭》，收入（元）谢应芳编：《思贤录》卷二，光绪甲申重刊，上海玑衡堂藏本，上海图书馆藏。
② （清）邹仁溥纂修：《邹氏家乘》卷六载："江南统谱俱载忠公子二，考忠公南谪昭州时，李翁鸿敬公忠诚以女奉箕帚，生于相，今广东南海、雄州等处皆其裔也。"
③ 古代写本中"扌"旁与"木"旁常有形近混用之例。明弘治《常熟县志》作"邹晒""邹昭"，从"日"，误。
④ （清）邹冠瀛辑：《常熟小山邹氏支谱》谱序，光绪三十四年（1908）刻印，常熟图书馆藏。
⑤ 五龙桥在苏州城南，跨西塘河。因在五水合流湍急处，故名五龙桥，又名五泓桥。宋淳熙年间（1174—1189），提举常平薛元鼎始建，历代屡圮屡修，同治十二年（1873），重建为五孔石拱桥。
⑥ 参见王国平、唐力行主编：《明清以来苏州社会史料碑刻集》第228页，苏州大学出版社1998年8月版。

浩是邹氏家族彪炳千秋的人物，子孙引以为荣。东始庄邹氏称忠公邹浩后裔，同样基于对邹氏名贤的崇敬。

明嘉靖年间，瞿景淳在《明封奉直大夫信阳州知州一林邹公墓志铭》中曾叙述东始庄进士邹察之父的家世。瞿景淳（1507—1569），字师道，号昆湖，常熟藕渠人。明嘉靖二十三年（1544）会试第一名、殿试第二名，授翰林院编修，官至礼部右侍郎兼翰林学士，总校《永乐大典》，与修《世宗实录》。卒谥文懿，《明史》卷二一六有传。据《皇明常熟文献志》，邹察为嘉靖二十五年（1546）丙午科举人、癸丑（1553）进士："字明卿，号廉渠。有国初进士邹立诚者，其族也。祖居东始庄，至父龄始徙居郡城，由长洲籍中式。初任信阳州知州，升工部员外，晋郎中，迁知府。性至孝，兢兢持身，志向明远，惜未竟其蕴，卒。"① 瞿景淳所撰《一林邹公墓志铭》云：

> 一林邹公者，今工部郎中察之父也。……按状公邹姓，讳龄，字延年，其先汴人，宋名臣浩之后也。浩之子柄为御史，与弟招扈宋南渡，占籍海虞之东始庄。五传至宗瑞，仕元为平江路总管。又四传讳大者，读书好古，号瓮天居士，又三传至公曾祖谦，谦生胤，胤生鸣鹤，鸣鹤生公。邹世多闻人，瓮君（天）居士有子曰九思，登洪武初进士，仕终金州守，所著有《佳声集》。谦亦善书，胤亦善绘画，虽仕隐不同，均之彬彬以文行称。②

翁长庸《蓼野年谱》关于邹氏家世的叙述，与瞿景淳《一林邹公墓志铭》基本一致。邹龄卒于嘉靖辛酉（1561）二月，邹察持其父行

---

① （明）管一德编：《皇明常熟文献志》卷之四《科第志》。
② （明）瞿景淳：《瞿文懿公集》卷十，明万历年间瞿汝稷刻本。

明封奉直大夫信陽州知州一林鄒公墓誌銘

人之所去而獨趨之又何烈也昔有樂布今有凌公何優歲也始安布素終以子榮不戚也有封君堂夫婦同藏何軒揭也於千萬年流澤綿綿永不竭也

明封奉直大夫信陽州知州一林鄒公墓直大夫云嘉靖辛酉二月某日公卒寢解部事南信陽州知州以考最乃獲封公如寮官階奉一林鄒公者令工部郎中寮之父也寮初仕河

奔崿朝夕伏樞哭既乃遵遺命卜地葬廣山以通祖塋乃持憲副羽泉陳公狀泣請銘嗚呼余母太孺人之葬辱公來臨公胡登忽亦棄養我按狀公鄒姓諱齡字延年其先汴人宋南渡占之後也浩之子柄為御史興弟招尼臣浩仕元為平江路總管又四傳諱之者讀書大和好古號巋天居士精海厲之東始莊五傳至宗瑞

公鄒世多聞人建君居士有子曰九思登洪武又三傳至公曾祖謙謙生諭諭生鳴鶴鳴鶴生

初進士仕終金州守所著有佳聲集謙亦善書諭亦善繪畫雖仕隱不同均之彬彬以文行稱公生而穎悟多習少舉子業屢試不遇嘆曰耕不必獲學不必仕不厚吾親足矣乃放情泉石之間自號一林人稱為一林先生云公家貧無以供具朝夕巨室知公者爭早削二親年寢高無以供朝夕爭延致為弟子師因資館穀為供具公配李氏亦善承公意雖菽水之奉必得舅姑之懽男姑奉病癰李氏朝夕侍經月不解衣公甚賴之

公二親亦忘公之不在己側也二親卒盡鬻田廬以葬人或止之公不為止遂僦居郡城昔益以重公歲丙午子寮舉於應天登癸丑進士選知州公戒之曰州縣官貳稱親民汝慎之無忘民瘼無玷官箴察奉公教在州三年州人大和既晉工部員外郎徇立石頌德不置考功奏寮謙乃封公如寮官李氏為宜人寮俊時值殿工興賢護工匠同朝夕暇公開之喜曰盡瘁臣職也寮俊以差委便道省公縱繼

◎（明）瞿景淳：《明封奉直大夫信陽州知州一林鄒公墓誌銘》（一）

不忍去公促使行曰忘觀非孝也忘國非忠也
吾一布衣承　恩命愧無以報見其速往察復
命未幾月而公即疾不起矣遡公之生為成
化某年月日言年八十子一即察聚徐氏次曰其尚幼
人孫男三長曰熙府學生聚徐氏次曰其尚幼
察以公卒之明年某月日葬公地在虞山某原
之新阡公倜儻不事作業獨掊意世澤先遺
墨散落人間公倜儻不事作業獨掊意世澤先遺
拱璧祖姑淑清在正統間以貞節被旌墓久而

蕉已隳之人矣公復而封樹之家素無宿儲子
察既舉進士公稍治田廬然仍履陋巷雖門不
容車不以為意每客至必留欵洽供具豐潔雖
巨室不過人莫窺其際也邑大夫迎致賓筵一
再赴之後報辟不赴雖以子貴然嘗徒步游里
中興故舊叙平生不少崖異人亦忘公之貴
銘曰矯矯志完三代遺直力扶國是光映史冊
世變而遷子孫綿綿風流未泯代多英賢於惟
奉直令之遺逸逍遥塵境固事生殂既荷　恩

綸素履弗踰備徉湖山中心澹如戒思古人遇
不變塞公殂其人恒以一德窮不加擢貴不加
溢虞山崔隆封樹蔥蔥九原有知無愧先公

◎（明）瞿景淳：《明封奉直大夫信陽州知州一林鄒公墓志銘》（二）

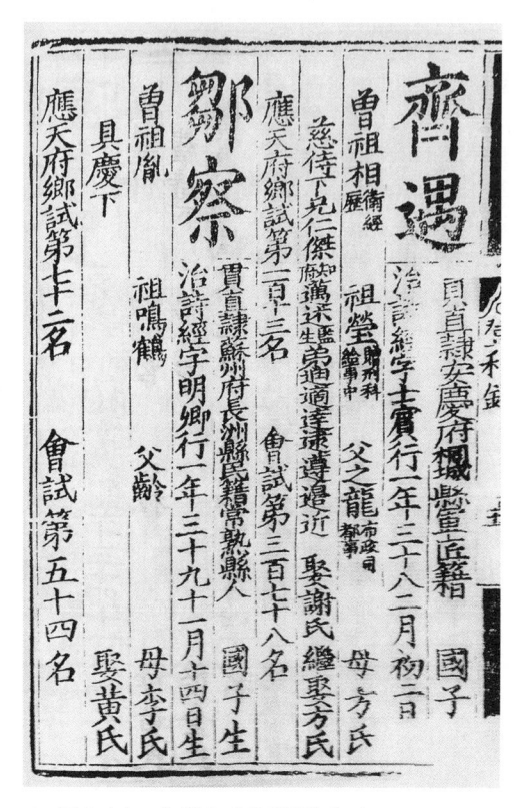

◎ 嘉靖三十二年进士《登科录》邹察

状请瞿景淳作铭,可见东始庄邹氏世系传承,早在明代中期已有所据。涉及的邹立诚、邹贞、邹胤、邹龄、邹察等东始庄人物,在明万历《皇明常熟文献志》大多有记载。邹立诚,洪武三年(1370)庚戌科举人、辛亥(1371)进士,"字九思,居东始庄,任陕西金州判官,子贞应人材荐"[①]。邹立诚与邹察之间,东始庄还有山野高人邹永年:"字士能,宋邹浩之裔,居东始庄。孤介绝俗,绕屋种竹,诵习其间。后嘉靖进士邹察其族也。"[②] 儒士邹胤:"浩之裔孙,字会元,以书法

---

① (明)管一德编:《皇明常熟文献志》卷之四《科第志》。
② (明)管一德编:《皇明常熟文献志》卷之十一《人物志·林士》。

荐为四夷馆儒士。书法酷类赵子昂，兼善篆隶。"①邹胤是邹察的曾祖父。另外，还有翁长庸提到的名儒邹泉："号峄山，少美风仪，长而有声庠序间，夙抱奇质，命题立就。训诲诸生，精研书义，讲解竟日不倦。游其门者多取科第，而知名庠士亦数十人。晚弃举子业，著书涧谷山中。"②明清时期，东始庄邹氏多出闻人，读书敦行，簪缨不绝，名儒辈出，有诗书忠厚传家的渊源。

三、邹翁两家血脉相承、世代通好

翁长庸《蓼野年谱》提到"溯九思至元德，数世皆单传"，邹元德在邹、翁两家的家族史上，极为重要。邹元德虽没中科举，但"资禀勤敏，达世故"，是一位德高望重的乡绅，替人排忧解难，"多中肯綮"。之前邹氏一脉单传，元德公生四子，始开枝散叶，子孙繁荣。他死后所葬陈家山门，遂成邹氏的家族墓地，子孙殁则环墓而葬，翁长庸的不少后人也葬入该墓地，成为邹、翁两家血脉相依的见证。翁同龢撰有《邹元德公墓表》：

> 呜呼，此我山愚公本宗五世祖邹元德公之墓。子东阳公附焉，其昭穆皆邹氏冢也。山愚府君承姓翁氏，其曾孙同赠光禄文安公寄葬东偏最南一穴，西偏迤南则公之曾孙子司，其下手处东则赠荣禄庆贻公，西则赠奉政音保公，其余累累者皆翁氏之殇也。呜呼，文安公之殁也，未娶，家贫不能具礼，故偶葬于邹氏之兆域，然系姓虽别，精气实通，褒赠有加，百世式仰，子孙其敬念之哉！同治十二年十二月己丑，同龢敬述并书。③

---

① （明）管一德编：《皇明常熟文献志》卷之七《荐举志》。
② （明）管一德编：《皇明常熟文献志》卷之十一《人物志·林士》。
③ （清）翁同龢：《瓶庐丛稿》卷六，谢俊美编：《翁同龢集》第972页，中华书局2005年7月版。

据《海虞翁氏族谱》,老大房翁氏十一世翁汝明:"字文安,工书法。康熙辛巳正月二十二日生,雍正乙巳三月五日卒,年二十五。累赠光禄大夫大学士,葬陈家山门邹氏祖茔左傍。"虞山东麓邹氏五世祖邹元德之墓边上,葬有字东阳的邹复,以及嗣子邹可学——翁长庸的曾祖父。元德公墓的四周还葬有翁长庸的曾孙翁汝明、翁子司,直至后代翁庆贻、翁音保[①],累累皆为翁氏之殇。直到翁心存、翁同龢父子这两辈,还有翁氏后人葬在邹氏祖坟,就是因为翁、邹两氏血脉相同、精气实通。

《蓼野年谱》接着叙高祖父邹可学以下世系:

> 可学号爱泉,为省祭,配高氏,是为余曾祖父母。祖继泉公讳濂,一名澄,祖母徐氏。生伯父敬节公,讳孟忠,后改应忠;次生余父达所公,初讳应龙,后改孟孝,娶吾母王氏,长洲相城里怡萱公第四女。叔祖继山公讳泮(为乡祭酒,师范严肃,一时士大夫争延致之。及门有新城县大尹陈君亮,水部郎陈和卿,南安司理兄仔安,知名庠士如兄子厚辈若干人),娶叔祖母高氏,无子,以余父达所公为嗣,则实余本宗嗣祖父母也。

翁长庸的曾祖父邹可学,为省祭,属于维护地方治安、处理民间纠纷的差使。高祖父邹复(字东阳,号山泉),邑庠生,去世后御史陈察为其撰墓志铭,可见也是地方名流。陈察(1472—1554),字原习,号虞山,常熟人,弘治十五年(1502)进士,授南昌推官。擢南京御史。嘉靖初巡抚四川,累迁山西左布政使,入为光禄卿。嘉靖十二年

---

① 据《海虞翁氏族谱》:翁庆贻,翁心存兄,"早卒,诰赠荣禄大夫、陕西巡抚,葬陈家山门邹氏祖茔下,未娶无子,以先公三子同爵为后";翁音保,翁同龢兄,"嘉庆壬申生,早卒,葬陈家山门邹氏祖茔下,以仲公次子曾荣为后"。

（1533）以佥都御史巡抚南赣，乞休。卒年八十四。《明史》卷二〇三有传。

翁长庸的嗣祖父继山公邹泮推为乡祭酒。乡祭酒，一般由德高望重的乡绅担任。① 翁长庸在《蓼野年谱》中言继山公邹泮"方巾阔服，言动不苟，忠厚醇谨，为时训读良师"，是一位名闻遐迩的塾师，士大夫争相上门延聘，而且教出了很多知名学生，可谓名儒峰山公邹泉之传人。翁长庸的亲生父亲邹达所也子承父业，以教书为生。从上述史料来看，东始庄邹氏，儒学世家，有读书人的遗传基因。

《蓼野年谱》载，翁长庸11岁时嗣父病逝，嘱房屋田产子婿各半。然翁氏族人以子婿"皆附枝骈指"外姓人，"父暴尸不顾"，"惟睥睨田庐是急"，后来孤儿寡母只分得部分遗产。宋琬《翁芳庵封君墓表》表述更详细：

> 天启丙寅，芳庵公捐馆舍，翁君年十有一龄矣。族人汹汹持异议者两月。安人以公遗命哭于庙曰："先君以是子也材，俾承宗祀，诸伯叔奈何弃之？且众口纷纭，以有不腴之庐在也。未亡人将避而听命，不则愿以死当之。"于是族人之议解，皆再拜曰："如先君之约。"然卒取公田产中分之，安人所有者五之一耳。孙生绳百公之赘婿，其妇乃媵出也。析箸之日，安人复剖其半畀之，家益困，督课翁君乃益急。绩麻纫丝，购书以资省览。翁君每从师友讲论，安人从屏间听之，稍进为一加匕箸，否则危词诮让，母子抱杖而泣。阅十年，翁君补博士弟子员，安人蹶然色喜曰："嗟乎！吾乃可下

---

① （清）赵翼：《陔余丛考》卷二十六"祭酒"条："祭酒本非官名，古时凡同辈之长者皆曰祭酒，盖饮食聚会，必推长者先祭。胡广释曰：'古礼，宾客得主人馔，则老者一人举酒以祭，示有先也。'"见《陔余丛考》第426页，凤凰出版社2018年11月版。

见吾姊（妹）及汝父矣。"①

嗣父去世，"族人汹汹持异议者两月"，不得安葬。族人欺子婿是外姓人，王安人只分得家产的五分之一。王安人又遵丈夫遗嘱，女婿又分去一半，家境益发贫困。《蓼野年谱》载，少年翁长庸与嗣母王氏相依为命，"风晨雨夕，惟闻机杼轧轧有声""晨鸡夜火，母织子读，无少间也"。翁长庸的本宗嗣祖父邹继山对幼失怙恃的孙子怜爱有加，去世前将馆授所得，分出二十余金赠予出嗣外姓的孙子，接济生活。②成年后，翁长庸的家境越发困难，外姓出嗣，备受族人欺侮。"先后四五年间，夏恒无缣，冬恒无絮，瓶无储粟，几不举火，常颗颔以自伤"，而刻苦攻读之心坚定不移。直到三十二岁考中进士，家境才逐渐改变。《海虞翁氏族谱》言翁长庸"幼孤，奉母至孝"。嗣母逝世后，与嗣父一起合葬于湖桥茔昭穴，翁长庸不仅请同年宋琬作《翁芳庵封君墓表》，还请大名家钱谦益作《翁芳庵合葬墓志铭》。钱谦益在其中写道：

年家子翁君子虚，以尚书户部郎榷关芜湖，竣事还里，奉其母王安人柩，合葬芳庵府君兆域。手疏事状，踵门肃拜，泣而请铭。余读之，泪涔淫渍纸，弗忍竟，辄乙之。读且乙者数，然后竟。乃为撮而叙焉。……子虚状其妣曰："安人王氏，长洲荻扁甲族。府君娶于庞，早夭。继室以吾母。母贤明贞顺，仪法凤夜，相府君三十年犹一昔也。朝斋暮盐，焚膏宿火，相府君以学。补衣粝食，

---

① （清）宋琬：《安雅堂文》卷十一，《安雅堂全集》第513—515页，上海古籍出版社2007年8月版。
② 据《蓼野年谱》："先是五六年前父有房数楹，厅事庭院规制略备，价值一百五十金""其售房价以三十金丧事"。由此看来，二十余金也是不小金额。

◎（清）钱谦益：《翁芳庵合葬墓志铭》（一），《牧斋外集》（清抄本），国家图书馆藏

◎（清）钱谦益：《翁芳庵合葬墓志铭》（二），《牧斋外集》（清抄本），国家图书馆藏

度身量腹，相府君以家。亲宰割，躬畚锸，相府君以丧以葬。縢酒浆，异粻肉，莳花药，治庭馆，相府君以给宾筵，娱莫齿。事外王父母，抚前母之女甥，待姒娌，御姬媵，孝而能敬，恩而有礼。"[1]

王安人为了儿子、为了这个家庭呕心沥血，嗣母与翁长庸母子情深。钱谦益《翁芳庵合葬墓志铭》亦有描述：

府君没，家产益落，丹铅膏火，自母十指中出。机杼轧轧然，与雒诵声相上下也。丙子岁，隽鬯宫。吾母闻之狂喜，已而曰："得

---

[1] （清）钱谦益：《牧斋杂著》第775—777页，上海古籍出版社2007年6月版。

毋诳我耶？"以一子衿惊疑若是，其穷可知也。[1]

待翁长庸中举之后，王安人积久的苦难、付出才换来笑颜，儿子出息了，终于可以告慰地下的妹妹和自己的丈夫了。

翁长庸出仕后，曾有归宗邹氏的想法。《蓼野年谱》载，他先申请将夫妇封诰转赠亲生父母，吏部复以"两姓移赠无例"，不仅不准还罚俸6个月。翁长庸表示："余惟为先人封诰重典，虽至罢官削秩，固无足惜。若哀哀父母生我劬劳，曾弗获一命之荣，是余生不如死。"因本生父母不得赠，翁长庸就上疏自愿放弃他们夫妇的封赠。吏部的好友竭力劝阻他，上疏"必触上怒""将有不测之祸"。翁长庸悲痛不已："盖螟蠃似我，恩深罔极，复姓归宗，义所不敢出也""余不诚千古之大罪人乎，腼颜斯世，抱痛终天，余独非人，所为仰天椎心而泣血也"。[2] 邹氏五世祖元德公之墓旁葬着翁长庸的子孙，传递的正是邹、翁两家的这种血脉深情。

作为邹氏血脉的翁长庸，对翁氏他房后辈也很关心。据《海虞翁氏族谱》，翁叔元"原名旂，字宝林，号铁庵。由永平籍中康熙壬子举子丙辰进士……公幼孤贫坎坷，赖山愚府君周恤之，因改今名，以识德"。翁叔元像《儒林外史》中的周进一样，由堂叔翁长庸捐纳二百两银子，"纳监进场"的。《蓼野年谱》载：康熙十五年（1676），"朝廷以兵饷匮乏，许今贡监俊秀纳银二百入闱，遂有丁巳一科之说。儿嗣麟觅馆京师，宝林侄拮据代纳，改名大中，遂以九月入场屋，得

---

[1] （清）钱谦益：《牧斋杂著》第775—777页，上海古籍出版社2007年6月版。
[2] 以外姓为嗣，史有载。《新唐书·司空图传》："朱全忠已篡，召为礼部尚书，不起。哀帝弑，图闻，不食而卒，年七十二。图无子，以甥为嗣，尝为御史所劾，昭宗不责也。"貤赠本身父母诰命，也有成功者。如康熙三十八年（1699）总兵王化行疏请复姓，且言受王氏恩重，乞无夺其所赠官，而移本身及妻诰命貤赠父母，得旨允行。

中第十一名，冬十月初闻报，余稍破涕为欢，宝林侄之惠我苦心多矣"。①是堂叔翁长庸改变了人生，翁宝林甚至改名为"叔元"，以示感恩。

常熟"乐志堂"翁氏与邹氏一直有交往。同治八年（1869）常熟城西陈埭桥国学生邹珏逝世，时任礼部侍郎的翁同龢为其墓志铭书丹。②光绪二十七年（1901），翁同龢《题邹芷汀文沆遗照》共写了三首诗，感慨世事沧桑，追溯翁、邹世谊。并有题记："辛丑六月，大雨屋漏，检书箧忽见芷汀邹君遗照卷子……俯仰前事，渺如隔世，以缀数诗付其哲嗣虎生世兄藏之。"③光绪二十九年（1903），翁同龢还到邹巷探访过，有"路人指点邹家屋，开遍荒园野菜花"诗句。④

翁同龢因支持维新变法，被慈禧太后罢官，病危时口占一诀："六十年中事，伤心到盖棺。不将两行泪，轻向汝曹弹。"⑤其后，翁氏后人也为谋求翁同龢开复一事奔走，未如愿。1914年3月24日，前清外务部尚书邹嘉来等，呈请逊清内务府代奏，为翁同龢加恩赐谥。逊帝溥仪下"谕旨"："翁同龢前在弘德殿、毓庆宫行走有年，曾著劳绩，著加恩予谥'文恭'，以示笃念儒臣之至意。"翁同龢冤案死后十年得以昭雪。⑥邹嘉来（1853—1921），字孟方，号紫东，吴县（今苏州市）人，光绪十二年（1886）进士。宣统三年（1911）任奕劻内

---

① "叔元少贫困，补诸生，以例除名，连蹇不得志，屡濒于死。族叔长庸，延之中州官舍，始理旧业。年及艾，乃登第，十余年致位正卿。"（《重修常昭合志》第1085页，凤凰出版社2021年12月版）
② 参见王国平、唐力行主编：《明清以来苏州社会史料碑刻集》第223页，苏州大学出版社1998年1月版。
③ （清）翁同龢：《翁同龢诗集》第263页，上海古籍出版社2012年12月版。
④ （清）翁同龢：《邹巷古藤花》，《瓶庐诗稿》卷八，谢俊美编：《翁同龢集》第902页，中华书局2005年7月版。
⑤ （清）翁同龢：《瓶庐诗稿》卷八，谢俊美编：《翁同龢集》第924页，中华书局2005年7月版。
⑥ 秦国经：《逊清皇室轶事》第51—52页，紫禁城出版社1985年8月版。

◎ 朱谕开缺翁同龢

阁外务部左侍郎，旋擢吏部尚书，继任外务部会办大臣兼尚书。据《清代朱卷集成》"邹嘉来"条自述家族履历：一世祖邹实，六世祖邹浩，"常州、无锡、苏州均建专祠，春、秋致祭"。原来邹嘉来也是北宋邹浩的后人，其十六世祖迁居苏州城内岳桥，属邹氏苏州岳桥支。为翁同龢平反昭雪的，正是"同出忠公之后"的邹家人，邹、翁两家血脉相连、世代通好，成就了一段感人佳话。

原载《东吴学术》2019年第3期

常熟出土二方明代邹氏墓志铭释读

　　近读常熟市博物馆老馆长周公太先生《瓦砾斋笔记》，第325则载：2004年4月21日至29日，常熟博物馆考古部抢救性发掘了虞山北麓桃源涧左侧常熟市社会福利院老年公寓基建工地，发掘明代墓葬7座，根据墓志铭文，系明代弘治年间（1488—1505）进士、山东参政邹韶和弟浔州知府邹武家族墓。笔者联系周公太先生，周先生提供了虞山北麓桃源涧和虞山东麓体育场山麓出土的二方明代邹氏墓志铭图片和志文。笔者对照墓志铭，对志文重新释读、标点，发现墓主是常熟邹氏家族重要人物，根据掌握的传世文献相互比较，订正讹误，弥补缺漏，既能补充常熟邹氏、翁氏家族史料，也能展示明代士人交往、家庭婚姻关系以及日常生活细节。

　　一、《明故梦椿邹君墓志铭》〔正德二年（1507）十二月二十二日葬，志长41厘米、宽40厘米、厚6厘米。志文27行，满行23字，正书，青石质。1958年12月常熟虞山山麓（虞山镇北门大街人民体育场）出土〕

◎《明故梦椿邹君墓志铭》

[志文]明故梦椿邹君墓志铭

赐进士承直郎处州府通判前刑部主事昆山陶缵撰文

赐进士中顺大夫知宁波府事前刑部郎中邑人褚圻书篆

弘治乙丑六月六日,梦椿邹君卒于家。临终语子复曰:"陶公尝知我、爱我,我铭是愿。"越三年,正德丁卯十二月廿二日,复乃举柩葬城北祝家山新阡。先期,持庠友张君士祥状来乞铭,遵治□也。以余平时所知见,质诸状皆不诬。遂按:君姓邹,讳祯,字元德,别号梦椿,世居常熟邑城里。曾大父商。大父仲谦,尝婿于任君,初亦系任姓,久乃还于邹。父明善,母徐氏。君生而识敏,暨(既)长,能敦孝义。年十六,父明善殁,明年祖复殁。君匍匐两丧,丰俭惟中。祖母任悲恸成疾,君必□进汤药,任后得以终余年。时二弟祚、祀尚幼,君抚育□诲,务观其成。次第冠婚,曾无靳费,悉推遗业让之。二弟今克树立,君之力也。其教子严而有法,自文艺外,一言一行,动以规矩相绳,肆□彬彬,望之自别。君初尝业儒,因家就(贫)弃去,熟观世故,益以练达,凡事后成败,皆能意料不谬。故乡人有疑事必质于君,是非纷委,君以一言折之,众服其断。至其晚年,厌弃事累,每风晨月夕,偕一二朋辈壶觞自怡,不醉不止。有复以事问者,辄不应,君子谓知退云。疾革,谆谆以老母在堂不及终养嘱其子复。□死不忘亲,兹亦人所难也。溯生景泰癸酉九月初四日,享年五十有四。配秦氏。子男四:长泰,娶王,先卒。次鼎,赘徐。次复,邑庠生,即乞铭者,娶钱。次坤,娶顾。孙男二:天与,娶屈。天锡,聘曹。女三,一诺张文章□相。呜呼!君之为人也有足铭,余之于君也不可不铭。于是乎铭曰:

天可必乎,而无遐寿。不可必乎,而则有后。我思邹君,殆不可复。虞山峩峩,终古常秀。

撰文者陶缵，字述之，昆山人，生于天顺三年（1459）五月十三日，成化二十三年（1487）进士。曾任刑部主事，处州通判。①

书篆者褚圻，字弘望，常熟人，父褚玘，南京国子监博士。生于天顺二年（1458）十二月二十六日。弘治六年（1493）进士，广东乡试第一名。授刑部主事、迁员外郎。慎于听狱，有冤滥必申之，不以成案为难。湖广参将赵晟杀指挥某，其家诉于朝，圻往鞫之。圻知晟力能移狱，兼程以至，按论晟死。擢知宁波府，举荒政、修废堰、建小学。刘瑾②索货外郡，圻拒之。迁广西按察副使，寻致仕。

邹祯，字元德，别号梦椿，笔者曾看到过其人的相关文献。2000年嘉德公司拍卖的翁氏收藏典籍中，有翁长庸的《蓼野年谱》，最后由翁万戈售予上海图书馆。翁长庸（1616—1683），字玉宇，号山愚，翁同龢上溯七世祖。顺治丙戌（1646）举人、丁亥（1647）进士，户部山东司主事、奉敕督榷芜湖钞关，出为山东滨乐分司运同，充山东乡试同考官，迁长芦转运使司运使，擢河南布政使参政，分守河南道。翁长庸本姓邹，乃东始庄塾师邹达所次子，过继给翁万春，为常熟乐志堂翁氏的开创者。《蓼野年谱》载：

> 余本邹姓，先世汴人，宋忠公官龙图阁待制，讳浩字志完之裔也。浩子柄为御史，与弟招扈南渡时，占籍海虞之东始庄。五传至宗瑞，

---

① 龚延明主编：《天一阁藏明代科举录选刊·登科录》（点校本·上）第591页，宁波出版社2016年5月版。
② 刘瑾（？—1510），兴平（今属陕西）人。本姓谈，依刘姓作宦官，遂冒姓刘，侍武宗于东宫。武宗立，掌钟鼓司，为"八虎"之一。瑾狡狠，渐受帝宠信，升内官监，总督团营。侵民田，置皇庄至三百余所。引聚私党，斥逐大臣。掌管东厂、西厂，屡兴大狱，冤声遍道。擅权天下，公侯勋戚以下，皆称刘太监而不名。后被张永告发，图谋反叛，伏诛。

元平江路总管。又四传讳立大，读书好古，号瓮天居士。瓮天居士有子曰九思，讳立诚，入明，洪武二年庚戌登贤书，三年辛亥成进士，仕陕西金州守。九思公生士坚，讳贞，以人才荐任山西绛州二守。士坚生商，以字行，为元清。商生仲谦，仲谦生明善。明善初建迎晖楼，里中有楼下之名，生元德。溯九思至元德数世皆单传。元德资禀勤敏，达世故，凡怀疑者就正，多中肯綮，人重之，号梦椿。生子四：泰、鼎、复、坤。复字东阳，邑庠生，习毛诗，号山泉，配钱氏，生子四：可大、可久、可学、可立。弟坤未有子，命子可学嗣之。年六十有二卒，葬虞山东麓元德墓次，都御史陈察为作墓志铭。是为余高祖父母。①

对照《明故梦椿邹君墓志铭》（以下简称《邹君墓志铭》）和《蓼野年谱》，可以得出以下五点结论：

1. 几代世系明确。邹祯，字元德，号梦椿，曾祖父商，祖父仲谦，父明善，生泰、鼎、复、坤四子，两文一一可对应。《蓼野年谱》称"溯九思至元德数世皆单传"。墓志载，元德公邹祯有二弟：祚、祀，二弟尚幼，元德公抚育教诲，培养成人，并为二弟成家立业。按照常惯，应以当时或最早的记载为准，从《邹君墓志铭》说。

2. 元德是一位德高望重的乡绅，擅长替乡人排忧解难。墓志云："熟观世故，益以练达，凡事后成败，皆能意料不谬。故乡人有疑事必质于君，是非纷委，君以一言折之，众服其断。"《蓼野年谱》称："元德资禀勤敏，达世故，凡怀疑者就正，多中肯綮，人重之，号梦椿。"两文可相互印证。

3. 元德次子邹复，是个有影响的读书人。墓志云："次复，邑庠

---

① （清）翁长庸：《蓼野年谱》，上海图书馆藏。

生，即乞铭者，娶钱。"《蓼野年谱》称："复字东阳，邑庠生，习毛诗，号山泉，配钱氏。"邹复是元德四个儿子中读书出色，较有影响的。元德病重时，临终嘱咐的是邹复，并由他出面请曾任刑部主事、处州府通判的陶缵为其父作墓志铭，而他本人去世后由都御史陈察作墓志铭。邹复是翁长庸的高祖父。

4. 墓葬地在虞山东麓。墓葬出土地原体育场，在今虞山东麓虞山公园。而《蓼野年谱》称邹复"葬虞山东麓元德墓次"，明确元德墓在虞山东麓，两者亦一致。

5. 与陶缵交好，志趣相投。《邹君墓志铭》载，元德临终语其子邹复，要由陶缵撰墓志，因为"陶公尝知我、爱我，我铭是愿"。陶缵为昆山陶岘后裔，陶岘乃陶渊明第九世孙，唐开元间从江西九江迁昆山。明代方鹏撰《昆山人物志》言陶岘：逢佳山水，必穷其境，逢奇遇兴，则穷其景物，兴尽而行，吴越之士号为"水仙"。陶缵本人仕途坎坷，如《明孝宗实录》卷六十九就记录一次追责事件：弘治五年（1492），刑部郎中车霆等、员外郎蔡相等、主事陶缵等均受到处罚。陶缵或有其祖陶岘寄情山水遗风。《邹君墓志铭》载元德"至其晚年，厌弃事累，每风晨月夕，偕一二朋辈壶觞自怡，不醉不止"。可证元德与陶缵或情趣相投，成为知心好友。

翁同龢将邹元德作为家族历史上的重要人物，曾撰《邹元德公墓表》：

> 呜呼，此我山愚公本宗五世祖邹元德公之墓。子东阳公附焉，其昭穆皆邹氏冢也。山愚府君承姓翁氏，其曾孙同赠光禄文安公寄葬东偏最南一穴，西偏迤南则公之曾孙子司，其下手处东则赠荣禄庆贻公，西则赠奉政音保公，其余累累者皆翁氏之殇也。呜呼，文安公之殁也，未娶，家贫不能具礼，故偶葬于邹氏之兆域，然系

姓虽别，精气实通，褒赠有加，百世式仰，子孙其敬念之哉！同治十二年十二月己丑，同龢敬述并书。①

邹元德死后所葬陈家山门，遂成邹氏的家族墓地，子孙殁则环墓而葬。东阳公邹复附葬在侧，翁长庸的不少后人也葬入该墓地，成为邹、翁两家血脉相依的见证。据《海虞翁氏族谱》：翁庆贻，翁心存兄，"早卒，诰赠荣禄大夫、陕西巡抚，葬陈家山门邹氏祖茔下，未娶无子，以先公三子同爵为后"；翁音保，翁同龢兄，"嘉庆壬申生，早卒，葬陈家山门邹氏祖茔下，以仲公次子曾荣为后"。②虞山公园在虞山东麓，正门临北门大街，为旧时半巢居及陈家山门处。虞山东麓原常熟市中医院后山，亦名祝家山，陈家山门是一条沿原常熟市中医院南侧上山的小路，在今言子墓北侧山麓，到20世纪80年代还存在。邹氏祖坟地陈家山门，正是现在墓志铭的出土地。

二、《明诰封南京吏部郎中邹公暨宜人钱氏墓志铭》〔正德五年（1510）十二月二十日葬。志、盖均长59厘米、宽61厘米、厚11.5厘米。盖文3行，满行6字。篆书。志文32行，满行33字，正书，青石质。2004年4月21日虞山北麓桃源涧市老年公寓出土〕

[盖文] 诰封南京吏部郎中邹公暨配宜人钱氏之墓

[志文] □□□□□□□□邹公暨宜人钱氏墓志铭

□□□□□□仕邹君性之暨其弟乡贡进士复之衰经踵门，奉所

---

① （清）翁同龢：《瓶庐丛稿》卷六，谢俊美编：《翁同龢集》第972页，中华书局2005年7月版。
② （清）翁心存辑，（清）翁同龢等补：《海虞翁氏族谱》，同治十三年（1874）刊，常熟图书馆藏。

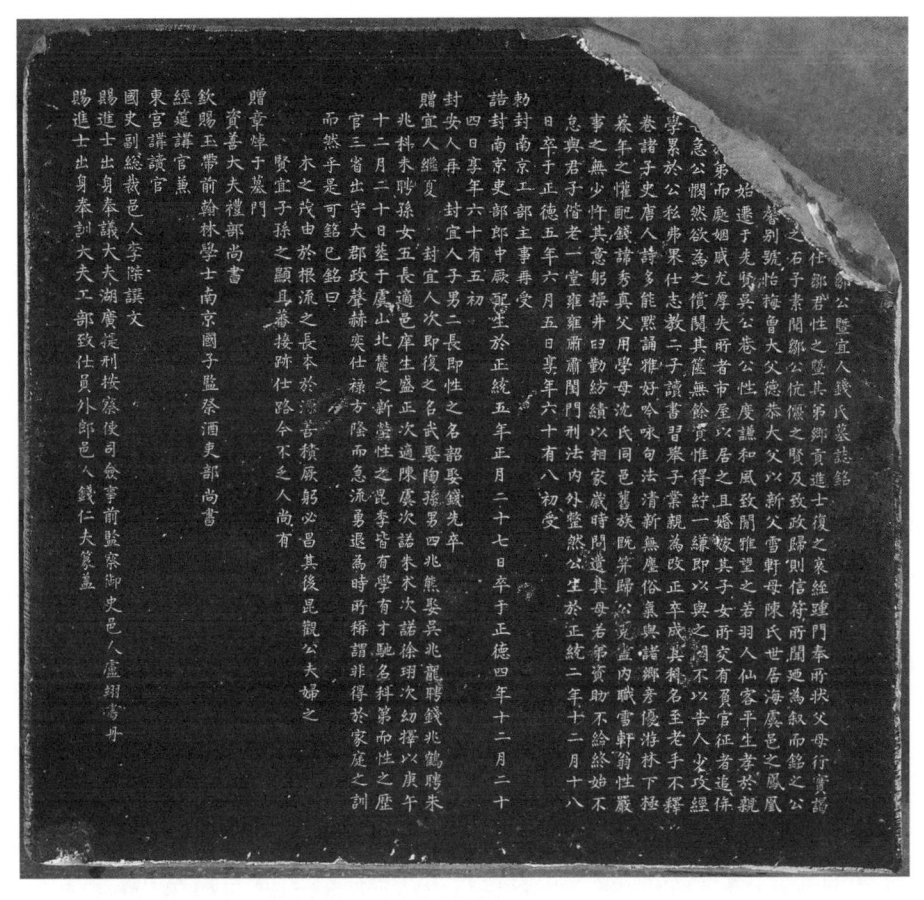

◎《诰封南京吏部郎中邹公暨配宜人钱氏墓志铭》

状父母行实，谒□□□□□之石。予素闻邹公伉俪之贤，及致政归，则信符所闻。乃为叙而铭之：公□□，□□馨，别号怡梅。曾大父德恭，大父以新，父雪轩，母陈氏。世居海虞邑之凤凰□，□□始迁于先贤吴公巷。公性度谦和，风致闲雅，望之若羽人仙客。平生孝于亲、□于弟，而处姻戚尤厚。失所者，市屋以居之，且婚嫁其子女。所交有负官征者，追并□急，公悯然，欲为之偿，阅其箧无余资，惟得纻一缣，即以与之，闭（秘）不以告人。少攻经学，累于公私，弗果仕志。教二子读书，习举子业，亲为改正，卒成其科名。至老手不释卷，诸子史、唐人诗多能默诵。雅好吟咏，句法清新，无尘俗气。与诸乡彦优游林下，极暮年之欢。配钱，讳秀真，父用学，母沈氏，同邑旧族。既笄归公，克尽内职，雪轩翁性严，事之无少忤其意。躬操井臼，勤纺绩以相家。岁时问遗其母若弟，资助不给，终始不怠。与君子偕老一堂，雍雍肃肃，闺门刑法，内外整然。公生于正统二年十二月十八日，卒于正德五年六月五日，享年六十有八。初受敕封南京工部主事，再受诰封南京吏部郎中。厥配生于正统五年正月二十七日，卒于正德四年十二月二十四日，享年六十有五。初封安人，再封宜人。子男二：长即性之，名韶，娶钱，先卒，赠宜人，继夏，封宜人；次即复之，名武，娶陶。孙男四：兆熊，娶吴；兆龙，聘钱；兆鹤，聘朱；兆科，未聘。孙女五：长适邑庠生盛正、次适陈虞、次诺朱术、次诺徐珝、次幼。择以庚午十二月二十日，葬于虞山北麓之新茔。性之昆季皆有学有才，驰名科第。而性之历官三省，出守大郡，政声赫奕，仕禄方隆，而急流勇退，为时所称。谓非得于家庭之训而然乎？是可铭已。铭曰：

木之茂由于根，流之长本于源。善积厥躬，必昌其后昆。观公夫妇之贤，宜子孙之显且蕃，接迹仕路，今不乏人。尚有赠章，焯于墓门。

资善大夫礼部尚书钦赐玉带前翰林学士南京国子监祭酒吏部尚书经筵讲官兼东宫讲读官国史副总裁邑人李杰撰文

赐进士出身奉议大夫湖广提刑按察使司佥事前监察御史邑人卢翊书丹

赐进士出身奉训大夫工部致仕员外郎邑人钱仁夫篆盖

《明诰封南京吏部郎中邹公暨宜人钱氏墓志铭》（以下简称《邹公暨宜人钱氏墓志铭》）撰文者李杰（1443—1517），字世贤，号石城雪樵，常熟人。明成化二年（1466）进士，改庶吉士，授编修，历南京国子监祭酒。正德二年（1507），官至礼部尚书，忤刘瑾，致仕。善画。

书丹者卢翊，字凤翀，常熟人。弘治三年（1490）进士，以御史出按四川，兼视水利，修都江堰。进按察副使，分守松潘，修铁索桥及栈阁。迁云南布政使参政，亦重兴修水利，以解苦旱。官至广西布政使。

篆盖者钱仁夫，字士弘，号东湖，常熟人。弘治十二年（1499）进士，历官工部员外郎。刘瑾专政，引疾归。后瑾诬逮有清望者，人始服其明决。幼嗜性理，好著书，学者称"东湖先生"。画山水竹石有逸致，字四体皆善。能为诗，有《归闲文纂》《水部诗历》。

原常熟县国立图书馆藏彭汝球、彭汝琎和彭邦俊于光绪十七年（1891）增修《虞山邹氏世谱》。该谱记载彭汝球祖上原姓邹氏，为明代进士邹韶后裔。乾隆年间，因入赘彭氏，改为彭姓。彭汝球乃清

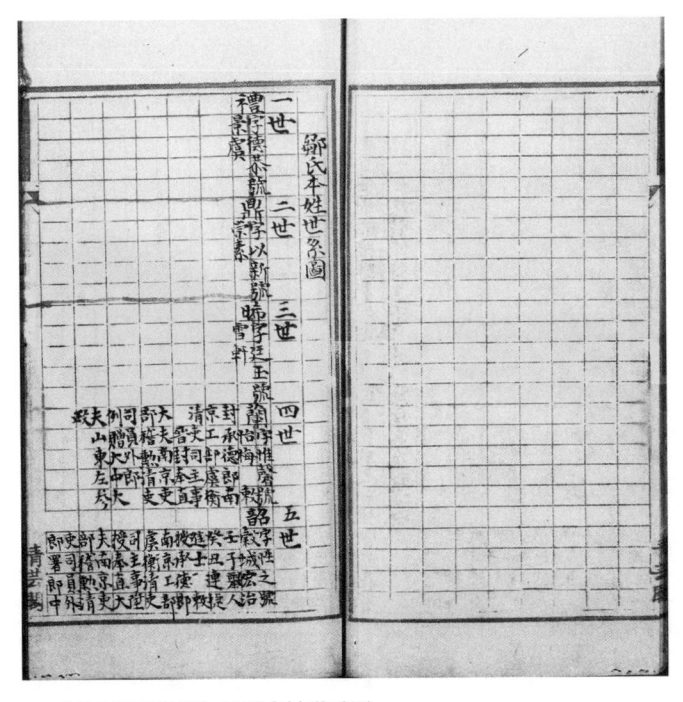

◎《虞山邹氏世谱》邹氏本姓世系图

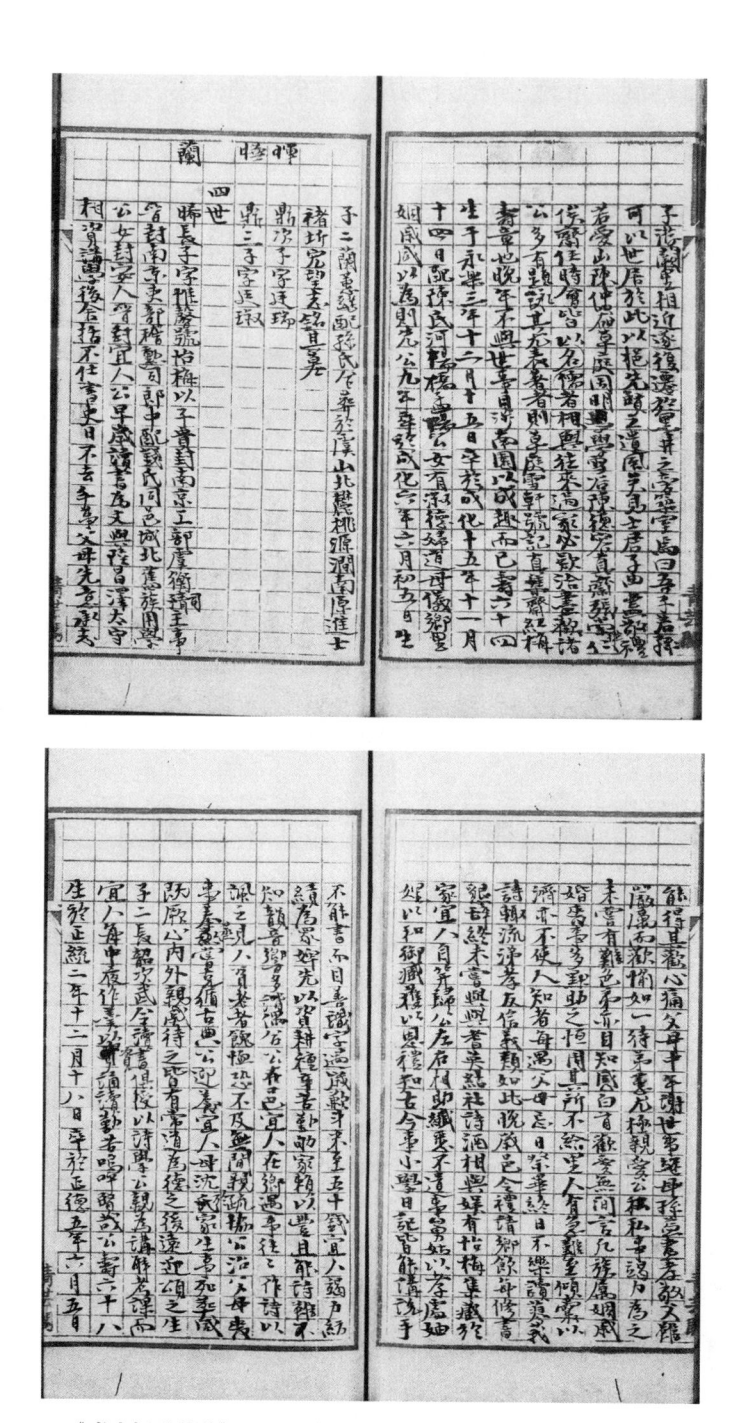

◎《虞山邹氏世谱》四世兰（一）

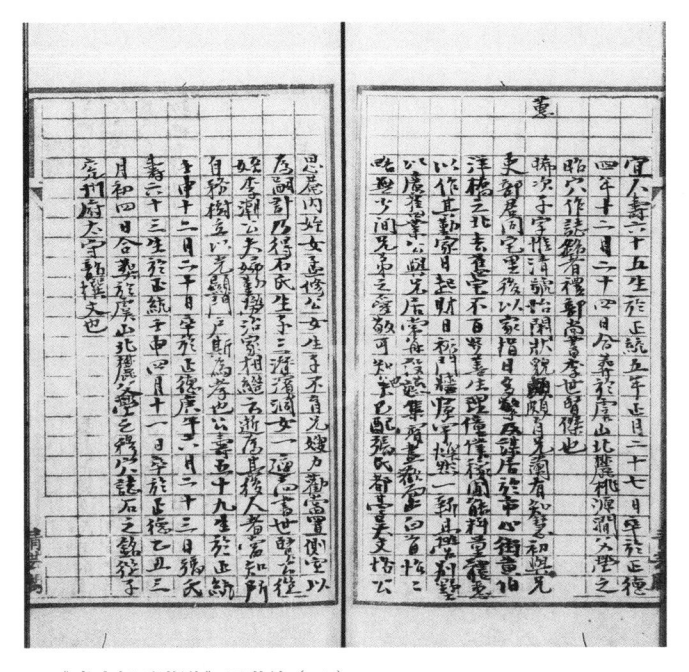

◎《虞山邹氏世谱》四世兰（二）

代虞山画派画家、晚清县丞。据李猷《近代诗介》："彭汝球，字叔才，邑诸生，翁氏彩衣堂之西席。"该谱前录邹韶《虞山邹氏家谱序》、邹武《虞山邹氏家谱图传序》，称"宋元兵兴，谱牒遗失"，以邹韶兄弟的高祖邹礼为始祖。

该谱第四世"兰"，字惟馨，号怡梅。《世谱》有怡梅公家传：

> 兰，晞长子，字惟馨，号怡梅，以子贵封南京工部虞衡司主事，晋封南京吏部稽勋司郎中，配钱氏，同邑城北旧族，用学公女，封安人，晋封宜人。公早岁读书为文，兴隆昌泽，太守相资讲学，后舍括不仕，书史日不去手。事父母先意承志，能得其欢心。痛父母中年谢世，事继母孙益尽孝敬。父虽严厉而欢愉如一，待弟蕙尤极亲爱。公私事，竭力为之，未尝有难色，弟亦自知感，白首欢爱无

间言。凡族属姻戚婚丧事，多默助之，恒周其所不给。里人有急难，至倾囊以济，亦不使人知者。每遇父母忌日，祭毕终日不乐，读《蓼莪》诗辄流涕，孝友信义类如此。晚岁邑令礼请乡饮，每修书恳辞，终未尝与。与耆英结社，诗酒相与娱，有《怡梅集》藏于家。宜人自笄归公，左右相助，纤悉不遗，事舅姑以孝，处姒娌以和，御臧获以恩礼。知古今事，小学、日记皆能讲说，手不能书而目善识字。遇岁歉，斗米至五十钱，宜人竭力纺绩为众婢先，以资耕种，辛苦勤劭，家赖以丰。且能诗，虽不知韵，音响多谐偶合。公在邑，宜人在乡，遇事往往作诗以讽之。见人贫老者，馈恤恐不及，无间亲疏。协公治父母丧事，奉蒸尝，克循古典。公迎养宜人母沈于家，生事死葬咸既厥心，内外亲戚待之皆有常道，为德之后，远近颂之。生子二，长韶，次武，令读书，俱授以诗，学公亲为讲解考课，而宜人每中夜作羹以资诵读勤苦，呜呼贤哉。公寿六十八，生于正统二年十二月十八日，卒于正德五年六月五日。宜人寿六十五，生于正统五年正月二十七日，卒于正德四年十二月二十四日，合葬于虞山北麓桃源涧父茔之昭穴。作志铭者礼部尚书李世贤杰也。①

对照《邹公暨宜人钱氏墓志铭》与《虞山邹氏世谱》家传，有八点结论：

1.家族世系明确。墓主怡梅公，谱名兰，字惟馨，号怡梅；父晞，字廷玉，号雪轩；祖父鼎，字以新，号崇素；曾祖父礼，字德恭，号景虞。《虞山邹氏世谱》与《邹公暨宜人钱氏墓志铭》记载完全一致。又参弘治六年（1493）进士登科录，"邹韶，贯直隶苏州府常熟县，

---

① （清）彭汝球、彭汝琔和彭邦俊增修：《虞山邹氏世谱》，光绪十七年（1891）钞本，原常熟县国立图书馆藏。

军籍，县学生，治《诗经》。字性之，行一，年二十九，八月十四日生。曾祖以新，祖廷玉，父兰，母钱氏。具庆下。弟武。娶钱氏。应天府乡试第三十名，会试第一百二十九名"①，亦吻合。

2.《邹公暨宜人钱氏墓志铭》与《虞山邹氏世谱》均涉及怡梅公及钱宜人事略。前者为诰封南京吏部郎中邹公（怡梅）暨宜人钱氏墓志铭，后者传主虽为邹兰，文中叙钱宜人事迹甚多，实为合传。

3. 怡梅公及钱宜人生卒年月明确。怡梅公寿六十八，生于正统二年（1437）十二月十八日，卒于正德五年（1510）六月五日。宜人钱氏寿六十五，生于正统五年（1440）正月二十七日，卒于正德四年（1509）十二月二十四日。《虞山邹氏世谱》与墓志完全一致。

4. 作墓志铭者为李杰。《虞山邹氏世谱》称"作志铭有礼部尚书李世贤杰也"，与《邹公暨宜人钱氏墓志铭》"资善大夫礼部尚书钦赐玉带前翰林学士南京国子监祭酒吏部尚书经筵讲官兼东宫讲读官国史副总裁邑人李杰撰文"吻合。

5. 墓葬地确凿。《虞山邹氏世谱》称怡梅公及钱宜人合葬于虞山北麓桃源涧，《邹公暨宜人钱氏墓志铭》在虞山北麓桃源涧常熟市老年公寓出土，《虞山邹氏世谱》记载为确。

6. 怡梅公及钱宜人培养了两个优秀的儿子邹韶、邹武。邹韶（1465—1522），字性之，字毂城，弘治六年（1493）进士。授南京工部主事，革芦钞弊，历迁刑部员外郎、吏部郎中，出为兖州知府。正德五年（1510）忤刘瑾被谴致仕。嘉靖元年（1522）擢山东左参政，未及任卒，陈寰志墓。弟邹武（1469—1539），字靖之，号近斋，弘治甲子（1504）举人，浔州知府，亦以廉静称，列祀乡贤，陈察志墓。

---

① 龚延明主编：《天一阁藏明代科举录选刊·登科录》（点校本·中）第90页，宁波出版社2016年5月版。

根据计宗道撰《虞山雅集记》和沈周绘《虞山雅集亭图》，邹韶、邹武兄弟与沈周、文徵明、陆润等都有交往。明代陈绳武编《二陈先生全集》(《陈琴溪文集》《陈虞山文集》)被黄山书社列入《明别集丛刊》第六辑第 27 册、第 28 册出版。《二陈先生全集》收入陈寰撰《例授中大夫山东左参政毂城公墓志铭》，陈察撰《中顺大夫浔州府太守近斋邹公墓志铭》，可对照参阅。

7. 徙居地可考。《邹公暨宜人钱氏墓志铭》称"世居海虞邑之凤凰□，□□始迁于先贤吴公巷"，陈察撰《中顺大夫浔州府太守近斋邹公墓志铭》言"公姓邹讳武，字靖之，别号近斋。其先曾大父以新而上，世居常熟凤凰山下，大父廷玉徙居邑城之子游巷"，据《虞山邹氏世谱》载，怡梅公之父廷玉公邹晞，中年时"以家旧与言子游阙里相近，遂复迁于墨井之旁筑室焉，曰吾子若孙可以世居于此，挹先贤之遗风矣"。言偃(前506—前443)，字子游，常熟人。"孔门十哲"之一，为年龄最小者。擅长文学，提倡以礼乐为教、弦歌之声，为南方儒学的开创者。享受儒家祭祀，历代追封丹公、吴公、吴国公。吴公巷即为子游巷。

8. 常熟邹氏发达与常熟城北钱氏联姻有一定关系。邹韶、邹武之母钱氏，在操持家业、助推家族发达上起到了重要作用。《虞山邹氏世谱》云："配钱氏，同邑城北旧族，用学公女，封安人，晋封宜人。"《邹公暨宜人钱氏墓志铭》言："配钱，讳秀真，父用学，母沈氏，同邑旧族。既笄归公，克尽内职，雪轩翁性严，事之无少忤其意。躬操井臼，勤纺绩以相家。岁时问遗其母若弟，资助不给，终始不怠。与君子偕老一堂，雍雍肃肃，闺门刑法，内外整然。"《虞山邹氏世谱》载："宜人自笄归公，左右相助，纤悉不遗，事舅姑以孝，处妯娌以和，御臧获以恩礼。"钱秀真治家有方、待人有度。钱氏尊老爱幼，恭敬贤良，勤俭持家，相夫教子。公公雪轩翁脾气不好，钱氏不卑不亢、进退有度，

◎ "孔门十贤"之一言偃像

尽量让老人高兴。钱秀真特别之处，还在于断文识字，且会作诗。《虞山邹氏世谱》载："公在邑，宜人在乡，遇事往往作诗以讽之。"钱秀真是有个性、有情趣的女子。正因为有此文学素养，钱秀真可以协助其父用学公教导邹韶、邹武走上科举仕途。《虞山邹氏世谱》载："生子二，长韶，次武，令读书，俱授以诗，学公亲为讲解考课，而宜人每中夜作羹以资诵读勤苦，呜呼贤哉。"《邹公暨宜人钱氏墓志铭》则从怡梅公角度叙述："少攻经学，累于公私，弗果仕志。教二子读书，习举子业，亲为改正，卒成其科名。"钱秀真之父钱用学当为饱学之士，辅导邹韶、邹武中举，起了关键作用。邹韶后来娶妻钱氏，其子兆龙也娶钱氏，三代与钱氏联姻。常熟城北钱氏，即钱谦益家族，为世家大族。廷玉从凤凰山下徙居邑城之子游巷，怡梅娶贤妻钱氏，是家族立基之本。怡梅与秀真夫妇共同培育二子，凭子贵，遂成官宦人家。

2023年2月5日

原载《东吴学术》2023年第3期

常熟子游巷邹氏与小山邹氏世系同源考述

一、虞山北麓子游巷邹氏

光绪十七年（1891），常熟翁氏彩衣堂之西席彭汝球与兄弟彭汝珊、彭邦俊增修《虞山邹氏世谱》。彭汝球祖上原姓邹氏，为明代进士邹韶后裔。该谱前录邹韶、邹武序。

正德十四年（1519）春二月朔邹武作《虞山邹氏家谱图传序》云：

> 武闻之先君子吏部怡梅府君，曰吾家先扬之通州人，宋元居常熟州治之西北，与言子游阙里相近，至我朝徙居河阳[①]，大父雪轩府君始迁于子游西巷，今家焉。上世谱散逸莫存，自其所可知者四世而已。武佩服惟敬谨，尝见欧阳文忠公谱法断其所知，苏老泉先生族谱断自高祖讳釿为始，其言曰高祖之上不可详矣。盖谱所以序世次、辨昭穆、正伦理、笃恩义。有而失书谓之忽，无而冒书谓之诬，忽与诬不孝均也。故今为谱自我高祖景虞府君以下，立图立例立传，以次条列，以示子孙，俾嗣书者从此而益广之，可以至于无穷然。非徒为观美具也。文忠谱序：传于家者，子孙以忠事君、以孝事亲、

---

① 据《皇明常熟文献志》："河阳山在县西北四十五里，旧名凤凰山。"

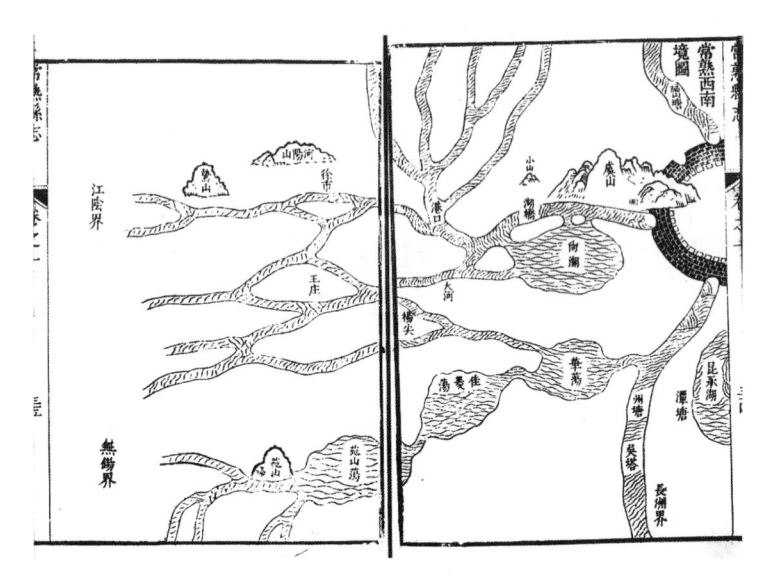

◎《康熙常熟县志》卷之一《常熟西南境图》，虞山之西有小山、河阳山

以廉为仕、以学立身。老泉谱记曰：观吾谱者孝弟之心油然而生。观二先生之言，可以知作谱之意矣。若夫宋愍公之后，正考父食邑于邹，此则得姓之始矣。噫！修谱易，修身难，吾固从此自勉，而为后者其谨慎之毋忽，庶足以昭既往而续方来，为吾宗克肖子孙也可不勉哉！

是年五月二十四日，邹韶作《虞山邹氏家谱序》云："吾家世以清白相承，元宋兵兴，谱牒遗失，先吏部府君语及辄怃然，以为缺典。"邹武序中的"吏部怡梅府君"、邹韶序中的"先吏部府君"均指兄弟俩之父邹兰。据《虞山邹氏世谱》，四世兰，"字惟馨，号怡梅，以子贵封南京工部虞衡司主事，晋封南京吏部稽勋司郎中"。怡梅公生于正统二年（1437）十二月十八日，到正德十四年（1519）其子修谱时，离元末明初景虞公时代已过去了150余年。他告诉两个儿子，祖上是"扬之通州人，宋元居常熟州治之西北"。"扬之通州"，即是

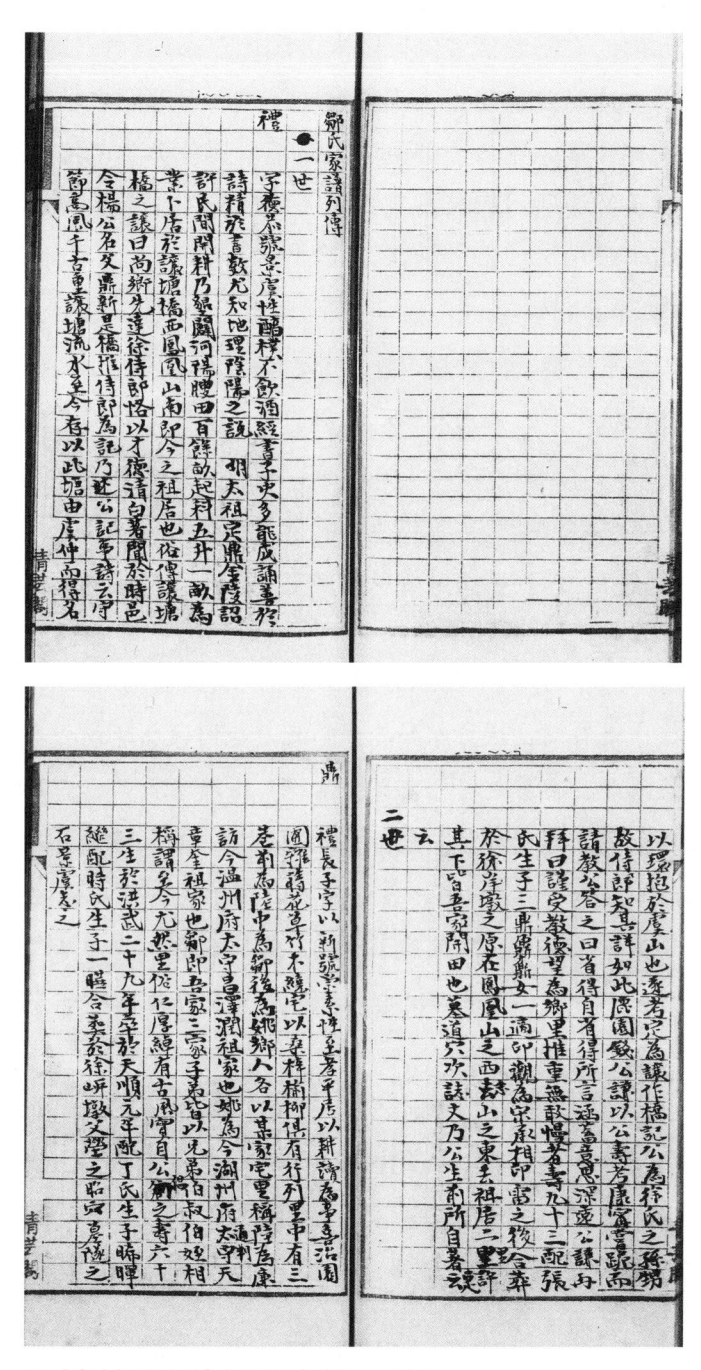

◎《虞山鄒氏世譜》鄒氏家譜列傳·一世禮

今天的江苏南通。陈寰撰《例授中大夫山东左参政縠城公墓志铭》中亦称"邹氏世为扬之通州，入宋时来居常熟"。邹韶之子邹兆龙持状请陈寰为其父作墓志铭，这种说法应该是怡梅公邹兰口传下来的。邹兰对家族源头的说法可靠吗？我们来一一分析。

先查阅《虞山邹氏世谱》所录"邹氏家谱列传·一世礼"。

礼，字德恭，号景虞，性淳朴，不饮酒，经书子史多能成诵，善于诗，精于书、数，尤知地理阴阳之说。明太祖定鼎金陵，诏许民间开耕，乃垦辟河阳瘦田百余亩，起科五升一亩为业。卜居于让塘桥西凤凰山南，即今之祖居也。俗传让塘桥之"让"曰"尚"，乡先达徐侍郎恪，以才德清白著闻于时，邑令杨公名父鼎新是桥，推侍郎为记，乃述公记事诗云："守节高风千古重，让塘流水至今存。"以此塘由虞仲而得名，以环抱于虞山也，遂考定为"让"，作桥记。公为徐氏之孙甥，故侍郎知其详如此。鹿园钱公谦以公寿考康宁，尝跪而请教，公答之曰"省得自省得"，所言含蓄，意思深远。公谦再拜，曰"谨受教"。德望为乡里推重，无敢慢者。寿九十三，配张氏，生子三：鼎、鼐、鼒；女一，适印观，为宋丞相印雷之后。合葬于徐岸墩之原，在凤凰山之西、志山之东，去祖居二里许，其下皆吾家开田也。墓道穴次志文，乃公生前所自著定云。

文中提到"乡先达徐侍郎恪"。查《重修常昭合志》所引旧志，徐恪，字公肃，一字主一，成化丙戌（1466）进士，南京工部右侍郎。其先祖珵，仕元为龙虎上将军、海道都漕运府万户。曾祖恢祖，字春轩，工书，至正（1341—1368）末，尝集乡兵捍闾里，里人赖之。祖德贤，字孟明，通《春秋》，避乱，客苏城；父殁，犹行丧礼以励俗；张士诚据吴，欲官之，不往。父讷，字敏叔，号南溪，读书有高行，累世聚居，辑古今同居者为一编，仿浦江郑氏遗范为家规。岁歉必发粟赈贫，乡党称其笃行。"让塘桥"，旧名"尚塘桥"，徐恪有记，易名"让塘桥"。

徐恪，祖上即显，本人进士出身，为工部右侍郎。《让塘桥记》为徐恪所著，今查阅不到。邹武（1469—1539）与徐恪（1431—1503）年代相距不远，邹武比徐恪小38岁，邹武称《让塘桥记》引其高祖景虞公"守节高风千古重，让塘流水至今存"诗，诗中称"让塘桥"。此塘因虞仲而得名，虞仲与其兄泰伯把王位继承权主动让给弟弟季历，让国南奔，落脚于无锡、常熟一带。徐恪认同景虞公的观点，遂考定乡人所称的"尚塘桥"应为"让塘桥"[1]。邹武在这里试图表明，其高祖是一个读书人。邹武创谱，从高祖始，并云："有而失书谓之忽，无而冒书谓之诬，忽与诬不孝均也。"对上几代的行状，所载当为事实。下几代简略摘于此。

> 二世鼎，礼长子，字以新，号崇素，性至孝。平居以耕读为事，喜治园圃，杂莳花草竹木绕宅，以桑梓榆柳俱有行列。……寿六十三，生于洪武二十九年，卒于天顺元年。配丁氏，生子晞、晖，继配时氏，生子一晔，合葬于徐岸墩父茔之昭穴，墓隧之石景虞志之。
>
> 二世鼐，礼次子，字以大，以英彦通达为巡抚周文襄公所知。时召访问本邑粮额，悉次清查札付总理其事。公以从子晞有智略，利弊因革相与谋议，审定而后呈文，襄公多叹赏，采行在他府州县粮例。……寿三十八，有功于邹氏者。配何氏，合葬于徐岸墩父茔之穆。生女三，吴暕戈、廷辉、张耀其婿也。廷辉早亡，公女守节

---

[1] 《康熙常熟县志》卷之五桥梁："让塘桥，旧名尚塘桥，邑士邹礼辨'尚'为'让'。"（《中国地方志集成·江苏府县志辑㉑》第92页，江苏古籍出版社1991年6月版。）

操履贞白,载于邑志。

二世嘉,礼之三子,字以洁。

三世晞,鼐长子,字廷玉,号雪轩,修仪貌美,髭髯毫生两耳,幼尝读书作字,虽不习书法,笔力遒劲,自成一家。……寿六十四,生于永乐三年十二月十五日,卒于成化十五年十一月十四日。配陈氏,河杨桥孟阳公女,有淑德,妇道母仪乡里姻戚咸以为则。先公九年卒于成化六年六月初五日,生子二:兰、蕙。继配孙氏。合葬于虞山北麓桃源涧南原。进士褚圻宏望志铭其墓。

三世晖,鼐次子,字廷瑞。

三世晔,鼐三子,字廷琡。

《虞山邹氏世谱》有《附传》一则,抄录者注明是近斋公邹武所记。

邑城之西有邹伯年者,古貌文谈,衣冠修整,服制虽远而实则同宗,喜庆吊问在所必赴,吾辈称之为太叔公。旧见家有州帖,西门山场三百亩是出一族也。伯年寿七十三,配何氏,生二子即锡与钦也。(似是小山头邹巷邹氏。)[1]

查地方志,不见邹伯年。《重修常昭合志》引刘仁本《羽庭集·隐斋记》有邹伯祥,其人有故事:伯祥居常熟之花林,至正乙未(1355),张士诚陷常熟,游兵掠其乡,邹之族众聚义,伯祥躬擐甲胄,率领土马,屡进屡捷,寇为之却;后以御寇功授宁国通判,未久,即营别室于其乡,匾曰"隐斋"。《重修常昭合志》记载了邹巷一个传奇人物

---

[1] (清)彭汝球、彭汝琏和彭邦俊增修:《虞山邹氏世谱》,光绪十七年(1891)钞本,原常熟县图书馆藏。

邹小山，引自家述：

> 邹小山，邑西邹巷人。父一山，为豪家子所陷，毙于狱。小山年甫十四，誓死复仇，遍控大吏。大吏袒豪家，冤不白。越三年，巡抚某至，以刚鲠闻。小山冒死往诉，收豪家子，亦毙于狱，父冤始雪。小山性豪迈，遇乡里困乏，必赒恤之，县令给"乐善好施"匾额。万历中，举乡饮宾。①

邹伯年和邹小山都有一种阳刚之气，他们的故事激起了笔者对常熟小山邹氏的浓厚兴趣。

二、虞山西麓小山邹氏

乾隆四十五年（1780）仲春，小山邹氏在始迁祖福二公之墓地附近立了块碑，称为大方山碑，《大方山碑记》云：

> 虞山西麓有吾邹氏祖茔两所：一座白云栖之南山坡，迁虞始祖福二公之墓也；一座白云栖之北山坡媲文公之墓也。元末时，始迁祖福二公为避红巾乱，偕弟福三公自无锡来徙于此，相土宜喜得山水之胜，因家焉。洪武三年，严核民间版籍。我邹无籍，罪充南都旗守卫军。公当行，福三公以兄年高，挺身代往，公乃得老于斯，遂葬于斯地。接小山人遂呼为小山邹氏。自公葬后，二世祖以远公祔葬于墓之昭穴，三世祖廷瑜、廷珍两公祔葬于墓之次昭、次穆穴，至四世祖媲文公，始卜葬于白云栖之北山坡（即小方山）。数百年来，

---

① 《重修常昭合志》第1159页，凤凰出版社2021年12月版。

大方山碑記

虞山西麓有吾鄒氏祖塋兩所一座白雲樓之南山坡遷虞始祖福二公之墓也一座白雲樓之北山坡媲文公之墓也元末時始遷祖福二公爲避紅巾亂偕弟福三公自無錫來徙於此相土宜喜得山水之勝馬家洪武三年嚴核民間版籍我鄒無籍罪充南都旂守衛軍公當行福三公以兒年高挺身代往公乃得老於斯遂葬於小山人遂呼爲小山鄒氏自公始葬後二世祖以遠公始卜葬於白雲樓之北山坡郎小山三世祖媲延瑜廷珍兩公祔葬之次昭次穆穴至四世祖媲文公始卜葬於南方山數百年來子孫之祔葬於南北兩墓者壤已不

塋纍纍吾十五世之祖皆在也誰得起九原而問之鳴呼傷哉千餘年之血脉一旦而消亂也使吾宗族支庶不可辨行輩長幼無所徵上者猶能言吾祖吾宗下者僅知其乃祖乃父之名而已雖欲修而輯也其能之乎秀懼閱歲傳後不可考乃就我子孫之莫得而知也故權就所知詳細編次俟後之修譜者得所考證焉

光緒元年歲次乙亥季春月 三十二世孫鍾秀謹識

可勝數而樹木無存樵木無忌皆子孫不能保守之葸也其罪莫辭乾隆四十四年墓下十三世孫名寰十四世孫純孝等憋然不安不能坐視會族公議徧樹小松千百株責令原管坟丁周六大小心看守繼以叩請給示事呈稟邑令常公蟹署任麻公旋准出示諭禁嗣後無論外人外姓再敢樵牧侵損悉聽墓下孫一體究治凡吾子孫務宜協力同心嚴爲防範得保無虞庶將來世世勿失噫水源木本之思人孰無知封植保無成也笈泐諸石并載明因墓建祠祠建坊亦可相繼以有成也笈泐諸石并載明墓四址以昭示後人凜之勿怠

大清乾隆四十五年歲次庚子仲春 穀旦
墓下十一世孫紹渭十二世孫春谷十三世孫名寰十四世孫純孝十五世孫進海等敬立

南墓四址
自南至西七十八丈三尺自東至北七十四丈九
北墓四址丈尺
自南至西二十丈三尺自東至北十九丈八尺出路長十二丈六尺上闊一丈八尺下闊一丈九尺

◎《常熟小山鄒氏支譜》之《大方山碑記》

子孙之祔葬于南北两墓者，冢已不可胜数，而树木无存，樵木无忌，皆子孙不能保守之故也，其罪莫辞。乾隆四十四年，墓下十三世孙名寰、十四世孙纯孝等憝然不安，不能坐视，会族公议，遍树小松千百株，责令原管坟丁周六大小心看守，继以叩请给示事呈禀邑令常公暨署任麻公旋准出示谕禁。嗣后无论外人外姓再敢樵牧侵损，悉听墓下孙一体究治。凡吾子孙，务宜协力同心，严为防范，永昭禁令，世世勿失。噫！水源木本之思，人孰无知，封植得保无虞，庶将来因墓建祠，因祠建坊，亦可相继以有成也。爰泐诸石并载明两墓四址，以昭示后人凛之勿怠。

大清乾隆四十五年岁次庚子仲春，榖旦

墓下十一世孙绍渭、十二世孙春谷、十三世孙名寰、十四世孙纯孝、十五世孙进海等敬立。

乾隆年间立的《大方山碑记》，记载了一个感人故事。始迁祖福二在元末农民起义乱世时，带着弟弟福三从无锡逃难到常熟虞山西麓，定居于此。《明史》卷一二二《韩林儿传》，至正十一年（1351），韩山童、刘福通在颍州颍县，"乃杀白马黑牛，誓告天地，谋起兵，以红巾为号"。江苏一带主要是张士诚的势力。至正十五年（1355）由通州（今江苏南通）渡江，克常熟。至正十六年（1356）二月定都平江（今江苏苏州），至正二十三年（1363）九月称吴王，与朱元璋战，屡败，至正二十七年（1367）九月，平江城破，被俘死于应天。朱元璋建立明朝后，洪武三年（1370），严核民间版籍，因为小山邹氏无籍，要罪充南都旗守卫军。福三因福二年高，挺身代往，让福二及其后代能生存下来。二世祖以远公，三世祖廷瑜、廷珍两公。从"字"行看，小山邹氏与子游巷邹氏世系如此一致。

光绪三十四年（1908）刻印《常熟邹氏小山支谱》留存于世。光绪元年（1875）邹氏三十二世钟秀作谱序云：

  我邹氏之可考者为一世祖诚明公，讳实。始传十六世为福二公，公仲氏，伯曰福大公，叔曰福三公。元季乱，兄弟散走，福二公由无锡来虞，即卜居于虞山西麓，为迁虞始祖，兆亦在焉。其后世世居之，生则聚族而居，殁则环墓而葬，亦间有他徙者，子孙之繁盛，至数百户。向有家乘，自福二公之前为大通宗谱，近代无锡小山公讳一桂各分支系而修刊之，吾福二公为龙泾支。由福二公至秀之大父辈为后十五世，谱修而未刊，家钞一编焉。上下千余年间，支流宗派无不脉络分明，了如指掌。咸丰庚申发逆陷常熟，户口流离，家乘亦俱散佚，贼平后遍求不得，即劫余族苟亦无能举祖父子孙原原本本殚述而无遗者。祖茔累累，吾十五世之祖皆在也，谁得起九原而问之？呜呼伤哉！千余年之血脉一旦而淆乱之，使吾宗族支庶不可辨，行辈长幼无所征，上者犹能言吾祖吾宗，下者仅知乃祖乃父之名而已。虽欲修而辑也，其能之乎？秀惧阅数传后并秀之所知者，我子孙亦莫得而知也。故权就所知，详细编次，俟后之修谱者得所考证焉。

邹钟秀的谱序告知以下信息：

一、与《大方山碑记》所载一致的始迁祖史。小山邹氏因遭元季寇难，兄弟散走，福二公由无锡来虞，即卜居于虞山西麓，为迁虞始祖。另一篇由三十一世孙邹冠瀛于光绪三十一年所作谱序云："小山邹氏自十六世祖来虞，公遭元季寇难，由无锡避地常熟，见虞山西麓山水清幽，遂家焉。其后聚族而居，渐成村落，乡人名其地为邹巷。巷西数十武有阜隆然，名曰小山，由是遂称小山邹氏。"福二公坟墓在，福三公代兄从军，不知下落。福大去了哪儿？

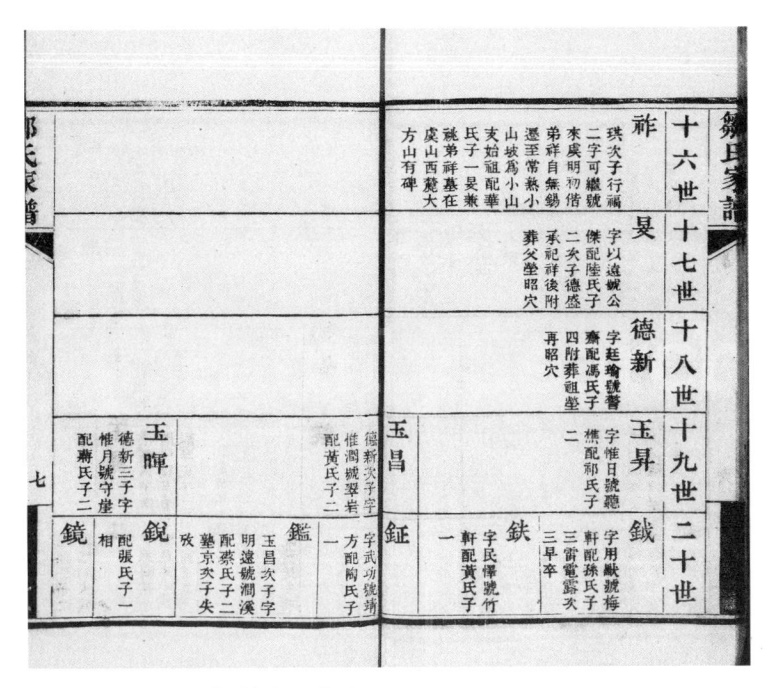

◎《常熟小山邹氏支谱》福二支系

二、福二公之前是有大通宗谱的。乾隆年间，小山公邹一桂修通谱时将福二公这一派定为龙泾支。常熟小山邹氏出自无锡邹氏，脉络清楚。

三、始迁的时代为元末明初。元季红巾军起义，张士诚据常熟、苏州，加上朱元璋与张士诚的混战，导致邹氏流离失所，逃难虞山西麓。邹伯祥居常熟花林（今常熟练市一带），率族与乱兵战，保卫家园。花林邹氏应是早徙居者。福二直到洪武三年（1370）还立足未稳，因户籍问题，被人逼迫。幸有福三舍身而代，才让小山邹氏血脉延续下来。

《常熟小山邹氏支谱》世系如下：

（十六世）一世祖　祚，琪次子，行福二，字可继，号来虞。

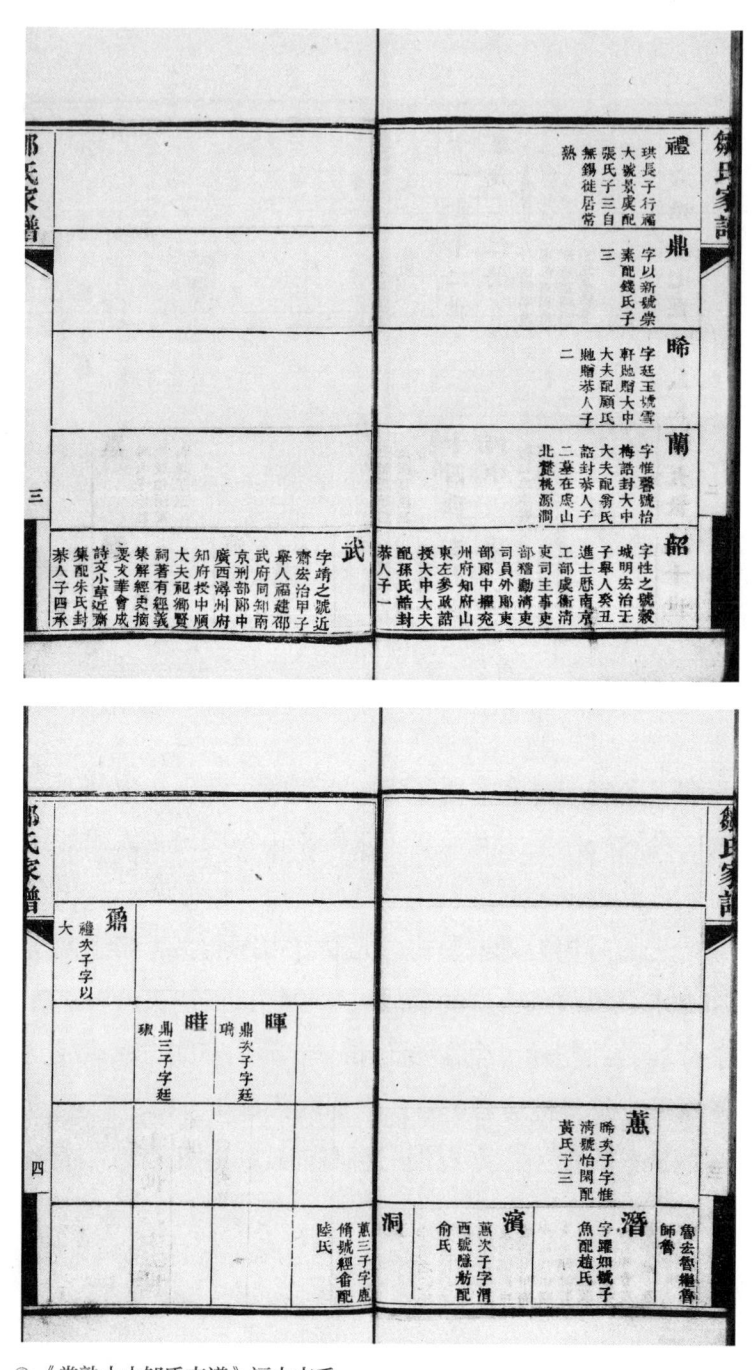

◎《常熟小山邹氏支谱》福大支系

明初偕弟祥自无锡迁至常熟小山坡，为小山支始祖。配华氏，子一旻，兼祧弟祥，墓在虞山西麓，大方山有碑。

（十七世）二世祖　旻，字以远，号公杰。配陆氏，子二，次子德盛承祀祥后，附葬父茔昭穴。

（十八世）三世祖　德新，字廷瑜，号警斋。配冯氏，子四，附葬祖茔再昭穴。

（十九世）四世祖　德新长子　玉昇，字惟日，号听樵。配祁氏，子二：钺、铁。

德新次子　玉昌，字惟润，号翠岩。配黄氏，子二：钲、鑑。

德新三子　玉晖，字惟月，号守崖。配蒋氏，子二：锐、镜。

德新四子　玉晟，字惟明，号芳溪。配李氏，子二：锦、钿。

对照《虞山邹氏世谱》，各世可一一对应，"字"行完全一致。而《常熟邹氏小山支谱》将游巷邹氏世系完整地收入其中，与《虞山邹氏世谱》世系、名讳一一对应无误。

一世祖礼，珙长子，行福大，号景虞，配张氏，子三，自无锡徒居常熟。《常熟小山邹氏支谱》将虞山北麓子游巷邹氏的始祖邹礼认作小山邹氏福二公走散的大哥福大公，福大名"礼"，福二名"祚"，福三名"祥"，均为"礻"旁。二世祖字中有"以"，三世祖字中有"廷"，四世祖字中有"惟"。《常熟小山邹氏支谱》将邹礼认作"自无锡徒居常熟"，并非邹武的父亲怡梅公邹兰所说的"扬之通州人"。迁徙时间为元末明初，并非宋元之际或入宋之后。

三、无锡龙泾支邹氏

《虞山邹氏世谱》虽是清光绪十七年（1891）钞本，但钞自明正德十四年（1519）邹武创修的家谱，从邹氏家谱列传可知，从一世祖

◎（明）陈察撰：《中顺大夫浔州府太守近斋邹公墓志铭》

邹礼至四世祖邹兰、邹蕙，列传的文字水平很高，撰写者绝非庸手。2004年4月，虞山北麓桃源涧出土《明诰封南京吏部郎中邹公暨宜人钱氏墓志铭》，为翰林学士、南京国子监祭酒、东宫讲读官、国史副总裁李杰撰文，参看邹氏家谱列传怡梅公，水平并不逊于名家李杰。彭汝球、彭汝琏和彭邦俊增修《虞山邹氏世谱》，注明"以上俱五世孙武讳近斋公修"，当为事实。兄邹韶为进士，邹武是举人。陈察《中顺大夫浔州府太守近斋邹公墓志铭》讲述了邹武的一次科场失误。邹武自幼颖敏，督学山阴王仲时、令尹慈溪杨明父都很欣赏他。弘治甲子（1504）应天乡试中举，有一次会试已中式，却因误遗墨卷而取消。宗伯毛宪清叹息道："名登春榜，珠遗沧海。"邹武任浔州知府，以廉静称，列祀乡贤。兄邹韶早卒，58岁就去世了。邹武挑起家族事务重任。邹武生于成化己丑（1469）八月二十七日，嘉靖己亥（1539）十月二日卒，寿71岁。

子游巷邹氏正德十四年（1519）修谱时已不知道的历史，乾隆年间小山邹氏却知道，为何？"向有家乘，自福二公之前为大通宗谱，近代无锡小山公讳一桂各分支系而修刊之，吾福二公为龙泾支。"主要是小山邹氏有大通宗谱。乾隆二十四年（1759）无锡邹一桂修成《龙泾支谱》，远族之在乡邑者，亦各叙其宗支，以求合订，3年之后，通谱告成。邹一桂修通谱时，已将小山支与源头龙泾支联上了，所以小山邹氏一直知道自己的源头。明代子游巷邹氏在"谱牒遗失"之后创修新谱，对祖先之来历，只能凭老一辈的记忆或口传，而这种记忆，五代之内尚可为信史，再往上就难为真了。至正十五年（1355），张士诚率部由通州（今江苏南通）渡江克常熟，这一重大历史事件源头是"通州"，这个地名或许让老一辈常熟人记忆深刻，怡梅公邹兰误以为家族从通州迁来。

洪武三年（1370），明朝政府推行户帖制度，命户部"籍天下户，置户籍户帖"，规定"各书户之乡贯、丁口、名、岁，以字号编为勘合，用半印钤记""籍藏于部，帖给之民。仍令有司岁计其登耗以闻"。[1]这一制度，最早是宁国知府陈灌在当地施行的，后来朱元璋把它推向全国。为了保证户帖制度顺利推行，政府采取严厉措施："令有司各户比对，不合者遣戍，隐匿者斩。"[2]可见《大方山碑记》记洪武三年（1370）福三公顶罪充军，实有史据。

洪武三年（1370），明朝政府还下令，凡有力量开垦荒地的，不限顷亩，皆免3年租税。这些荒地，或为逃亡地主家的，或为抛荒之

---

[1] 《续文献通考》卷十三《户口考》。
[2] 《明会典》卷六十九《户部》。

地。明朝政府规定："各处人民先因兵燹遗田土，他人开垦成熟者，听为己业。业主已还，有司于附近荒田拨补。"①原先张士诚颁发《平周榜》"旧有田产房舍，仍前为主"，而今打消了开荒的顾虑。元末农民起义造成社会经济凋敝、人口锐减、土地荒芜，明朝初期的奖励垦荒，促进了社会经济的恢复和稳定。②

一世景虞公邹礼的故事，与史料相证，便是明初景象。"明太祖定鼎金陵，诏许民间开耕，乃垦辟河阳瘦田百余亩，起科五升一亩为业。卜居于让塘桥西凤凰山南，即今之祖居也。""合葬于徐岸墩之原，在凤凰山之西、志山之东，去祖居二里许，其下皆吾家开田也。"上述史实充分说明，邹礼才是创业始迁祖，在洪武三年（1370）前后，与小山邹氏福三顶罪充军年份相近。邹武在《邹礼列传》中说"公为徐氏之孙甥，故侍郎知其详如此"，这恐怕是猜测。常熟徐氏一族上几代即为官宦之家，称两家有姻亲，实为美化家族的地位。福大与福二、福三从无锡逃避战乱，分别逃至虞山北麓和西麓，开垦荒地定居下来。

我们再从无锡《邹氏家乘》来查看福大邹礼、福二邹祚、福三邹祥的祖上。

光绪二十九年（1903）邹仁溥纂修的无锡《邹氏家乘》卷六载：

十二世仁荣，行寿四，字达甫。配周氏，子二：德懋、德载。自华庄龙泾创二宅以居，子姓附葬父茔。

十三世德懋，行益一，字君赏。配姚氏，子七：师遵、师中、师谦、师浩、师明、师恭、师敬。

---

① 《明会典》卷十七《户部·田土》。
② 参见南炳文、汤纲：《明史》第112页，上海人民出版社2014年12月版。

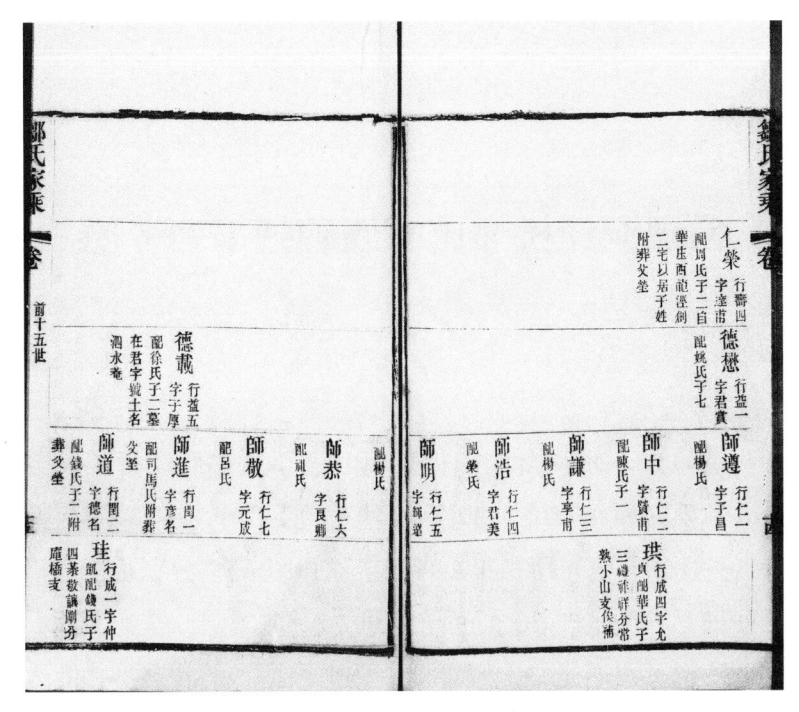

◎（清）邹仁溥纂修：《邹氏家乘》卷六 前十五世

十四世师中，行仁二，字贤甫。配陈氏，子一：珙。

十五世珙，行成四，字允贞。配华氏，子三：礼、祚、祥。分常熟小山支，俟补。

常熟虞山北麓子游巷邹氏与西麓小山邹氏始迁祖礼、祚、祥三兄弟为十五世珙之子，其曾祖父为无锡华庄龙泾十二世仁荣，属无锡邹氏龙泾支。

2023年2月19日

常熟洞泾桥邹氏家族碑刻系列考述

《明清以来苏州社会史碑刻集》收录了常熟洞泾桥（又名陈隶桥，在今常熟张桥镇东北）邹氏 10 块碑刻文字，成碑时间为道光年间（1821—1850）至光绪二年（1876）。10 块碑刻分别是李兆洛撰、董国华书丹《华西邹君记》（道光年间），邹鸣鹤撰、王芝林书丹《常熟邹氏义田记》（道光二十四年），林则徐撰、杨泗书丹《邹太学家传》（道光二十七年撰、同治十一年书丹上石），李葆祯撰并书丹《恩旌孝妇邹母朱太儒人传》（同治十一年），邹文瀚撰并书丹《问樵公暨德配陆儒人传》（同治十年），邹文瀚撰、吴念椿书丹《经理义庄公产述祖德以训子孙篇》（同治十年），林天龄撰并书丹《邹孝子昆季合传》（光绪元年），庞钟璐撰、翁同龢书丹《皇清旌表孝行例授修职郎候选监县主事国学生邹君墓志铭》（光绪元年），邹文瀚撰《华西公小像》（光绪二年），邹珏撰《常熟邹氏隆志堂义庄规条》（道光、咸丰年间）。①

这 10 块碑的内容，有学者用来解读明清以来江南的社会史、经济史、人口史。笔者认为，洞泾桥邹氏这些碑刻，历经百年沧桑，传

---

① 王国平、唐力行主编：《明清以来苏州社会史碑刻集》第 217—235 页，苏州大学出版社 1998 年 8 月版。

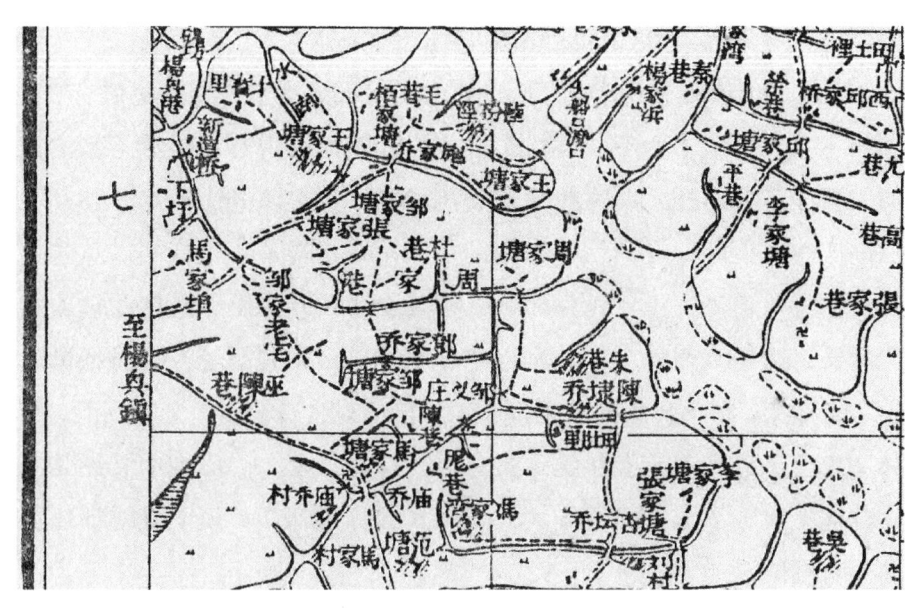

◎ 民国《常熟城图》（局部）之邹家老宅、邹义庄、陈埭桥

之后世，是邹氏家族史的重要实物资料。一个耕读世家，在儒家文化的影响下，经过四代人的努力，置义田、立义庄、建家祠，奉祭祀、赡孤贫、兴教育，敬宗收族，强化宗族观念，凝聚宗族人心，促进宗族的发展壮大。

一、10块碑的撰文者

李兆洛（1769—1841），字申耆，一字绅琦，晚号养一老人，江苏阳湖（今常州）人。嘉庆十年（1805）进士，授翰林院庶吉士，官安徽凤台县知县兼理寿州事。在任7年，卓有政绩，以父忧辞官。好读书，藏书逾5万卷，皆手加丹黄。工诗古文，专注于考据训诂，又致力于史地之学。主讲江阴暨阳书院20年间，文人学者辈出。历时数年编成《历代地理志韵编今释》（20卷）、《骈体文钞》，为阳湖派代表作家。李兆洛曾编刊《道乡先生年谱》，为武进邹氏家谱作序，与苏锡常邹氏有很深的渊源。

　　林则徐（1785—1850），字元抚，又字少穆，号俟村，福建侯官（今福州）人。嘉庆十六年（1811）进士。任东河河道总督时尽力修治黄河。后任江苏巡抚，又兴修白茆、浏河等水利。道光十八年（1838）任湖广总督期间，受命钦差大臣前往广东查禁鸦片。曾任两广总督、云贵总督。道光三十年（1850），再度受命钦差大臣，赴广西镇压农民起义，途经潮州病卒。林则徐早年与龚自珍、魏源等人提倡经世之学，能诗文，精书，法宗欧阳询，工小楷。《邹太学传》文后有记"此林文忠公于道光二十七年任云贵总督时作以见贻"。而文中又述其做江苏巡抚时，欲求乡之贤士大夫，里人皆称道邹珏，说明其对邹珏贤名早有耳闻。

　　邹鸣鹤（1793—1853），字仲泉，号松友，江苏无锡人。道光二年（1822）进士，历任河南知县、兰仪厅河工同知，因治河有功，擢卫辉知府，继为陈州、开封知府。道光二十一年（1841），祥符黄河缺口，尽力防堵，嗣又奉命治理中牟黄河缺口。咸丰年间官至广西巡抚，太平军攻全州，援不及，落职。寻赴江宁襄办军务，城破而死。谥号壮节。有《桂林守城日记》《道齐正规》等。据光绪五年（1879）薛福成撰《赠资政大夫前兵部侍郎广西巡抚壮节公行状》，道光二十三年（1843）鸣鹤丁生母忧，还乡守节。此文作于道光二十四年（1844）十月，当在鸣鹤丁忧还乡期间。

　　林天龄（1831—1878），字受恒，又字锡三，福建长乐人。咸丰九年（1859）举人，咸丰十年（1860）进士。清同治、光绪年间翰林院侍读学士，同治帝师之一，曾任国子监祭酒、江苏学政。光绪二年（1876），学政报满，奉命留任。光绪四年（1878）卒于江苏学政任上，谥文恭。俞樾为其撰写墓志。《邹孝子昆季合传》一文撰于光绪元年（1875），正是天龄任江苏学政期间。

常熟洞泾桥邹氏家族碑刻系列考述 | 197

◎ 1909年时的苏州文庙，德国建筑师恩斯特·伯施曼（Ernst Boerschmann）摄。

庞钟璐（1822—1876），字蕴山，又字华玉，号宝生，江苏常熟人。道光二十七年（1847）一甲三名进士，授编修。咸丰二年（1852）迁侍讲学士、国子监祭酒、侍读学士，次年（1853）升光禄寺卿，咸丰八年（1858）迁内阁学士、工部侍郎。旋因父丧归里守制。咸丰十年（1860），李秀成率太平军东进苏常，钟璐以在籍侍郎督为江南团练，率团勇抵抗。同治元年（1862）任礼部侍郎，历署工部、吏部、户部、兵部侍郎。同治九年（1870），擢左都御史，署工部尚书。同治十年（1871），授刑部尚书。丁母忧，归。光绪二年（1876），卒，谥文恪。有《文庙祀典考》《琴均轩诗赋稿》。《皇清旌表孝行例授修职郎候选监县主事国学生邹君墓志铭》一文作于光绪元年（1875），当为钟璐丁母忧还乡之时。

李葆桢，碑文署同邑，为清代常熟人。《重修常昭合志》作李葆真，字养初，同治十一年（1872）恩贡生。《重修常昭合志》记载邑人邹文瀚、李葆真等建崇善堂："崇善堂在慧日寺后街。清同治八年，邑人童葆澄、邹文瀚、李葆真、屈垚墀等，呈县开办清查无主荒冢，立碣保护，勒石西北两门，严禁山民平掘盗卖。光绪七年，集资建堂，并经屈承干、庞钟瑚、屈垚墀、李葆真捐助，众姓捐资，购置田共二百数十亩，作为经费。"李葆桢应为邹文瀚好友，所以为其母朱氏作传。

◎（清）殷用霖题额《圣贤神像》

◎（清）邹文瀚立《文庙圣贤神像图》孔子、颜回、曾参、孔伋绘像

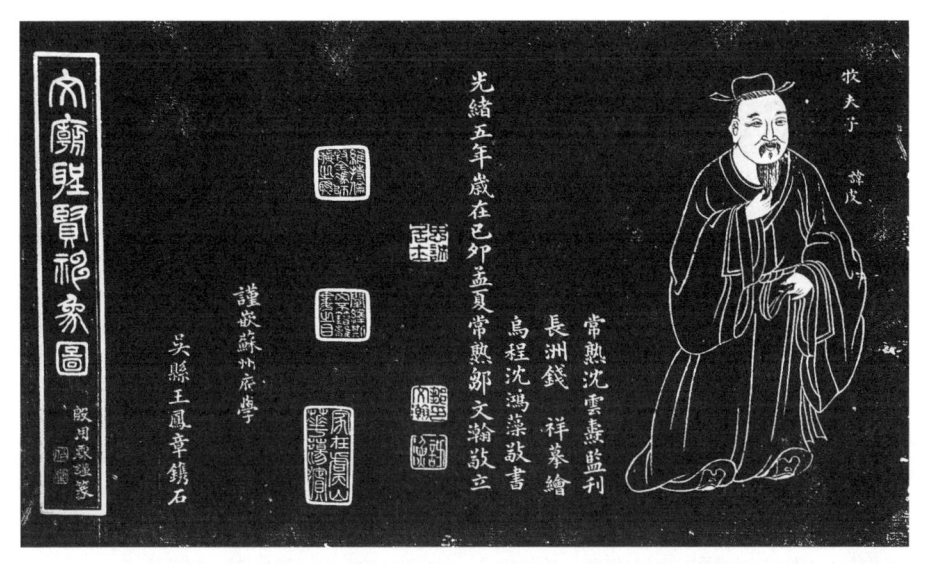

◎（清）邹文瀚立《文庙圣贤神像图》末尾，有"光绪五年岁在己卯孟夏常熟邹文瀚敬立"字样

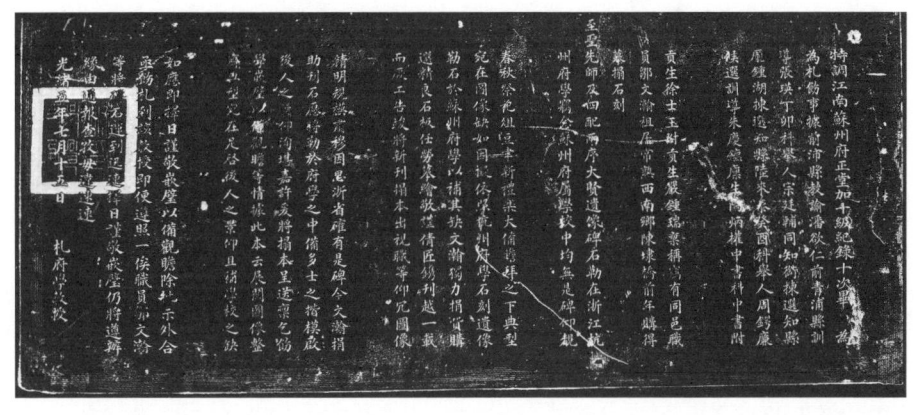

◎《文庙圣贤神像图》题跋，有"同邑职员邹文瀚，祖居常熟西南乡陈埭桥，前年购得摹拓石刻"字样

  邹文瀚（1821—1894），字访渔，恩赏议叙八品衔。苏州碑刻博物馆大成殿孔子文化陈列，其中有《文庙圣贤神像图》，为光绪五年（1879）常熟邹文瀚根据杭州府学内宋代原刻藏碑所刻。林天龄在《邹孝子昆季合传》载"琢亭子文瀚，乐善不倦。今夏谨以圣贤像摹绘勒

石,来请于余饬府学嵌入墉垣,以志景仰,因得接见其人。恂恂儒雅,善气迎人,知家学之涵濡有素也"。北宋名臣范仲淹出任苏州知府次年,即景佑二年(1035),在家宅南园地基上设学立庙,成为东南学宫之最。邹文瀚捐立圣贤像勒石,基于对儒学和先贤范仲淹的景仰。道光二十三年(1843)在陈埭桥北隅,助父邹珏督工营造义庄、家祠。咸丰十年(1860),经太平天国战乱,义庄厅堂一半毁于战火,邹文瀚与族人于同治三年(1864)重建庄祠厅堂。同治十年(1871)撰《经理义庄公产述祖德以训子孙篇》,重述祖宗开创之苦心。邹文瀚承先祖之志,于光绪元年(1875)在虞山北麓普福寺南营作家族新阡。新阡遥接子游墓,接通先贤文脉。邹文瀚还为早逝的兄长文灏及嫂陆氏作传,兄弟情深。可以说,邹文瀚为家族作出了重要贡献。

二、常熟洞泾桥邹氏世系

道光二十四年(1844)十月邹鸣鹤《常熟邹氏义田记》云:

> 吾邹氏由常郡迁无锡,始居南乡。自乡徙城,为余六世祖让初公,繁衍昌大,科第最盛。其自乡徙常熟者为耀卿公,与锡城一支尚未疏远音问,盖时接焉。耀卿公曾孙名振远者,余之侄行也,性仁孝,能惠乡邑。欲立义田而未逮,嘱其嗣华西曰:"此事未为,毕生抱疚,尔其必成之。"①

光绪二年(1876)七月,邹文瀚自述家世:

---

① (清)邹鸣鹤:《常熟邹氏义田记》,见王国平、唐力行主编:《明清以来苏州社会史碑刻集》第217页,苏州大学出版社1998年8月版。

我家世居常郡锡邑后宅，继迁五龙桥。七世祖耀卿公避渠区水匪，始来虞。结庐于洞泾桥东，遂家焉。耀卿公生公玠公，公玠公生子三，长即我高祖辅侯公也。[①]

光绪元年（1875）十一月，邹文瀚葬父邹珏于虞山北麓上三图普福寺之南新阡，乞铭于庞钟璐。庞钟璐作《皇清旌表孝行例授修职郎候选监县主事国学生邹君墓志铭》，其中写道：

君生于嘉庆二年闰六月十三日，殁于同治八年三月二十六日，春秋七十有三。国学生，候选监县主事，旌表孝行。曾祖廷佐，国学生，赠奉直大夫。祖鹏翔，国学生，赠奉直大夫，旌表孝义。父沛霖，邑庠生，布政司经历加二级阶奉直大夫，旌表孝义。妣氏胡，继氏季，皆赠宜人。配朱氏，恩旌孝妇，赠孺人。子二：长文灏，早世；次文瀚，恩赏议叙八品衔。孙三。曾孙三。[②]

根据碑文，邹氏始迁祖为耀卿公，耀卿生子公玠。公玠生子三，长为辅侯，字廷佐。辅侯生子二，长为鹏翔，字振远。鹏翔生子沛霖，字华西。沛霖生子四：珏（竹亭）、珍（荻芗）、球（玉韶）、琛（采轩）。长子珏生子二：文灏、文瀚。又据《常熟邹氏隆志堂义庄规条》，"我邹氏全六支始自十五世祖叔瑜公，数百年来族姓蕃衍"，耀卿公为无锡后宅全六支叔瑜公的后代。

---

① （清）邹文瀚：《华西公小像》，见王国平、唐力行主编：《明清以来苏州社会史碑刻集》第228页，苏州大学出版社1998年8月版。
② （清）庞钟璐：《皇清旌表孝行例授修职郎候选监县主事国学生邹君墓志铭》，见王国平、唐力行主编：《明清以来苏州社会史碑刻集》第223页，苏州大学出版社1998年8月版。

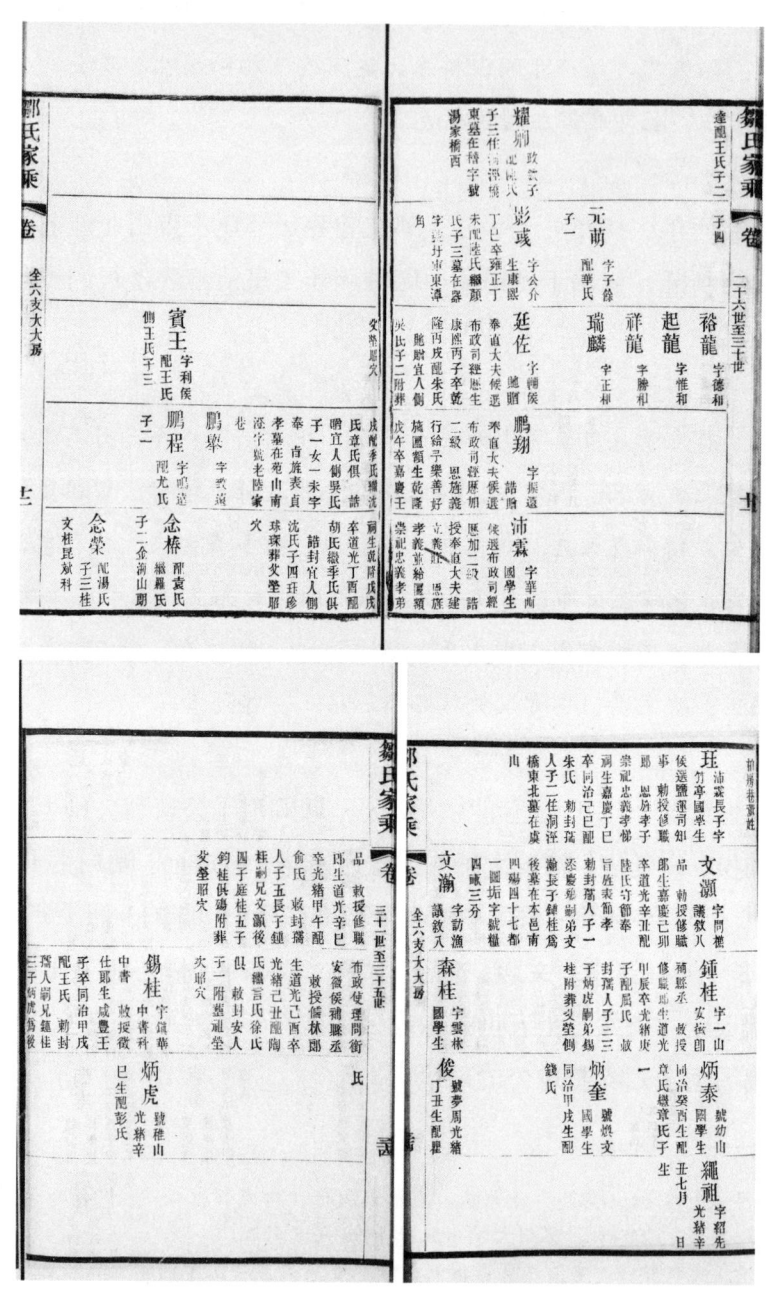

◎《邹氏家乘》耀卿公世系

查光绪二十九年（1903）邹仁溥纂修《邹氏家乘》卷二十一，全六支大大房有耀卿公世系：

（二十六世）耀卿，政钦子。配陈氏，子三，住洞泾桥东。墓在稽字号汤家桥西。

（二十七世）彭彧，字公介（玠）。生康熙丁巳，卒雍正丁未。配陆氏，继颜氏，子三。墓在器字号圩厍东潭角。

（二十八世）廷佐，字辅侯，貤赠奉直大夫，候选布政司经历。生康熙丙子，卒乾隆丙戌。配朱氏，貤赠宜人，侧吴氏，子二。附葬父茔昭穴。

（二十九世）鹏翔，字振远，诰赠奉直大夫，候选布政司经历加二级，恩旌义行，给予乐善好施匾额。生乾隆戊午，卒嘉庆壬戌。配季氏，继沈氏、章氏，俱诰赠宜人，侧吴氏，子一女一，未字，奉旨旌表贞孝。墓在苑山南澄字号老陆家巷。

（三十世）沛霖，字华西，国学生，候选布政司经历加二级，诰授奉直大夫，建立义庄。恩旌孝义，并给匾额，崇祀忠义孝弟祠。生乾隆戊戌，卒道光丁酉。配胡氏，继季氏，俱诰封宜人，侧沈氏，子四：珏、珍、球、琛。葬父茔昭穴。

（三十一世）珏，沛霖长子，字竹亭，国学生，候选盐运司知事，敕授修职郎，恩旌孝子，崇祀忠义孝悌祠。生嘉庆丁巳，卒同治己巳。配朱氏，敕封孺人，子二，住洞泾桥东北。墓在虞山。

（三十二世）文灏，字问樵，议叙八品，敕授修职郎。生嘉庆己卯，卒道光辛丑。配陆氏，守节，奉旨旌表节孝，敕封孺人；子一，添庆，殇；嗣弟文瀚长子钟桂为后。墓在本邑南四殇四十七都一图垢字号粮四亩三分。

（三十二世）文瀚，字访渔，议叙八品，敕授修职郎。生道光辛巳，卒光绪甲午。配俞氏，敕封孺人，子五，长子钟桂嗣兄文灏后，四子庭桂、五子钧桂俱殇。附葬父茔昭穴。

无锡《邹氏家乘》与洞泾桥邹氏家族碑刻世系完全吻合，可相互补充、印证。

三、接续几代建义田赡族

常熟洞泾桥邹氏建义田赡族的故事，已成为江南血缘群体培本敦族的典型案例。常熟洞泾桥邹氏10块碑刻，成碑时间从道光年间（1821—1850）至光绪二年（1876），历时30多年，正处于清代内忧外患、社会动荡之际。邹氏家族却在乱世中，持之以恒、接续努力，置义田、修家祠，振兴宗族血缘圈。10块碑刻清晰地串起了家族七代人的奋斗史。

根据邹鸣鹤《常熟邹氏义田记》和邹文瀚《华西公小像》所述，洞泾桥邹氏家族祖上居无锡后宅，属无锡邹氏全六支，先迁苏州五龙桥。五龙桥在苏州城南，跨西塘河。因在五水合流湍急处，故名五龙桥。西塘河连通太湖，太湖水匪容易到达，安全不能保障。邹氏又从五龙桥迁至洞泾桥东，这才定居下来。耀卿生公玠，公玠建七间三进的凝秀堂。此时，邹氏一族还处于初创家业期。公玠生子三，长子辅侯，在凝秀堂东建七间四进的履和堂。到辅侯之子振远，耀卿的曾孙，迁洞泾桥的第四代，首倡建义田。

振远是邹鸣鹤的侄子辈，性仁孝，能惠乡里。邹鸣鹤《常熟邹氏义田记》称他"欲立义田而未逮，嘱其嗣华西曰：'此事未为，毕生抱疚，尔其必成之。'"据《邹氏家乘》，"鹏翔，字振远，诰赠奉直大夫，候选布政司，经历加二级，恩旌义行，给予'乐善好施'匾额"，子"沛霖，字华西，国学生，候选布政司经历加二级，诰授奉直大夫，建立义庄。恩旌孝义，并给匾额，崇祀忠义孝弟祠"。《常熟邹氏义田记》云："时华西甫弱冠，外侮纷起，跋前疐后者十余年，壮岁后乃得经始是事。殚精竭虑，减膳节衣，历数十年，积义田一千零七十余亩，又书田二百亩。手定义庄规条一册。方欲呈请当路，华西遽遘风疾不起。病中顾诸子珏、珍、球、琛，谆谆以义庄未成为言。"

据李光洛《华西邹君记》载：沛霖，字云会，华西其号。弱冠游庠，未获进取。事继母沈氏至孝，乐善好施。浚茅江，修虞城，踊跃争先，以为之倡。大吏请其事于朝，得邀旌赏。扩先人遗业，积良田七千余亩，四子各授田千亩。生四子：长子珏，字竹亭；次子珍，字荻芗；三子球，字玉韶；四子琛，字采轩。余田悉归义、祭、书公田，设庄建祠，未竟而殁。嘱长子珏曰："余平生好善，而志未逮，汝其率诸弟成余志，则余无憾矣。"道光二十四年（1844）春，奉上谕，授"乐善好施"额。同年夏，建坊于庄前。

光绪二年（1876），邹文瀚在《华西公小像》中记录了祖父沛霖的嘱托：

> 道光丙申夏，先大父闲居，四子及诸孙侍坐，诏之曰："汝曹得以席丰履厚者，莫非祖若宗修德勤业之所遗乎？我家虽未贵显，而读书明理，历数传于兹矣。汝曹当谨守之。毋以奢侈越礼法，毋以放荡败家声。余分授汝曹田产各千亩，足以自给。余田三千亩，概归义庄，每岁出息，约计若干。汝曹宜善体余心。凡遇祭义书公事，须实心奉行，不得丝毫染指。凡我子孙，继继承承，永保守之，俾勿坏余所厚望也。"[①]

---

① （清）邹文瀚：《华西公小像》，见王国平、唐力行主编：《明清以来苏州社会史碑刻集》第227页，苏州大学出版社1998年8月版。

同治十年（1871），邹文瀚撰《经理义庄公产述祖德以训子孙篇》云：

吾家自康熙间七世祖耀卿公来虞，耕读传家，迨我祖华西公，积产置田百有余顷。我祖乃喟然叹曰："积金遗子孙，何如积善遗子孙。"遂有建义庄以赡宗族，设公产义塾以仁邻里之志。孟子所谓"亲亲而仁民，仁民而爱物"，我祖举念间殆深契之。惜限以年，赍志未竟。我父恪遵遗命，继志述事，卒成其业。[①]

接续完成邹氏义田、义庄的是邹珏。林则徐《邹太学家传》："曩予巡抚是邦，尝行部至之，欲求乡之贤士大夫，及有道隐君子，与夫里之所称善人，以致其式闾之敬。而人辄称'邹君！邹君！'云。邹君者，名珏，世居陈埭桥，以力耕自给。"庞钟璐《皇清旌表孝行例授修职郎候选监县主事国学生邹君墓志铭》述其立义庄、置义田事：

君讳珏，常熟县人，世居陈埭桥。至其父华西，以忠厚起家，积田七千余亩。生丈夫子四。将殁，召诸子，各授以田千亩，余以付长子珏曰："余生平好善，而有志未逮，汝其率诸弟成余志，则余无憾矣。"君涕泣受命。丧既毕，列祖籍，与诸弟约曰："向受先人遗训，当亟成之。从某至某得田若干亩为祭田，以供春秋祀事，凡本支子弟之束脩资之。从某至某得田若干亩为书田，凡族人省郡县试之费，及设塾以课贫家子弟资之。从某至某得田若干亩为公田，岁储其羡，以备缓急，及里之梁径当治者。复规陈埭桥，立义庄，置义田若干亩，凡族之贫者月廪之。婚嫁丧葬，悉资焉。其余如立

[①] （清）邹文瀚：《经理义庄公产述祖德以训子孙篇》，见王国平、唐力行主编：《明清以来苏州社会史碑刻集》第226页，苏州大学出版社1998年8月版。

义冢、施棉衣、施医药诸善举，无不备。日如是庶可慰先人于九原矣。"①

邹文瀚在《华西公小像》碑刻中，记叙其父邹珏营造庄祠的艰辛：

先君承先大父遗命，懔懔在心。道光二十三年卜地于陈埭桥北隅，刻日鸠工，营造庄祠。冬裘夏葛，往来督察。夕每泊舟独宿其间。时司役工匠日恒百数十人，无敢不力。三易寒暑，始观厥成。瀚念先大父诒谋之善，先君述事之勤，谨勒斯图，昭示来许。②

邹珏的三个弟弟、其子文瀚等亲友也参与了制订义田规则和建造庄祠。李兆洛《华西邹君记》有亲历记述：

余旋里后，秉铎暨阳，适道经陈埭桥。时晚，泊舟登其岸，见百工鸠集，询之，曰："建庄创祠宇也。"督其事者为谁？竹亭也。劝其事者为谁？荻芗也。能属文以预订其规约者，采轩与其姊丈兰村陆子也。庀材而量工者，竹亭之子访渔也。玉韶委其任于兄，时往来其间，与钱子彩亭，叶子廷选，瞿子映波，属高子炳乾，皆分司而效职焉。③

---

① （清）庞钟璐：《皇清旌表孝行例授修职郎候选监县主事国学生邹君墓志铭》，见王国平、唐力行主编：《明清以来苏州社会史碑刻集》第222—223页，苏州大学出版社1998年8月版。
② （清）邹文瀚：《华西公小像》，见王国平、唐力行主编：《明清以来苏州社会史碑刻集》第227页，苏州大学出版社1998年8月版。
③ （清）李兆洛：《华西邹君记》，见王国平、唐力行主编：《明清以来苏州社会史碑刻集》第219页，苏州大学出版社1998年8月版。

关于邹珏的三个弟弟对庄祠建设的贡献，还有一些史料。林天龄《邹孝子昆季合传》写老二邹珍（荻芗）颇详，称性善临书、专宗颜鲁公；尤精鉴定和收藏书画，考据精详，如老吏断狱，历年蓄积二十余箱，以宋元明人作品居多，不幸在庚申太平天国战乱中，家宅被毁，收藏悉化劫灰。邹珍全家栖息于船上，不以自家宅府为念，见陈埭桥义庄为太平军所毁，泣下沾襟，曰"我父兄两世精力，半竭于是，奈何不能保耶？"太平军一退，即鸠工购材，"独汲汲焉以恢复义庄为己任"。邹文瀚《经理义庄公产述祖德以训子孙篇》述及咸丰庚申之变，义庄厅堂半毁于兵火，同治甲子兵退，三叔父邹球（玉韶）轮管，"它务弗遑，重建庄祠堂为亟。是时岁歉，入不敷出，兼杂营造诸费，势难支持。然数年来居然次第修复旧规。呜呼，守成者三叔父，其殆于无愧于祖宗者乎！"邹琛（采轩）是四兄弟中文才最好的，著述有《环翠轩诗钞》《奇石山房遗稿》，义塾由他主持，宗族涉及文字工作一般由他起草。《常昭合志稿》卷三十一人物十载："邹琛，字采轩，常熟人，例授詹事府主簿。父沛霖，好善乐施，置义田以赡族。琛性孝友，慷慨周急如其父，遇凶岁捐资赈饥无吝色，立义塾以教里中子弟好读书。工诗及书法，日坐一室手不释卷，其斋曰酣古。卒年三十八。"邹琛在常熟读书人中有声望，常熟张定鋆《补拙山房诗钞》收入《邹采轩挽词》二首，有"世味都空道未全，垒石种花构精舍"之句，夹注言邹琛"议叙京职未赴选""新构奇石山房甚精雅"。兄弟连心，其利断金。邹氏义庄绵延发展，与家族后代的合力同心，竭力维持密切相关。

邹珏拟立《常熟邹氏隆志堂义庄规条》造册呈候宪鉴，须至注册者。计开：

捐置赡族义田，共一千零三十亩八分八厘八毫二丝五忽，坐落常熟县南乡各图不等字号斗则，共岁收租米一千零五十六石九合五勺，照规赡族。

捐设义庄，房屋一所，坐落南四场四十九都三图祥字号，二斗三升粮基地一十二亩三分。庄祠塾在内。

捐设祭田二十八亩八分，坐落南四场四十七都一图轳特骸垢等号，三斗二升粮田，共岁收租米二十八石八升正。

捐设族墓地一亩，坐落南四场四十九都二图五字号，地名沙湍湾，听无力人就葬。

捐设义墓地二亩一分，坐落南四场四十九都二图五十字号，地名沙湍湾，听无力附近里人就葬。以上共捐田地一千零七十五亩八厘八毫二丝五忽。又庄房一所。其契俱已税过。凡田屋、区图、字号、斗则、契价、额租，另造细册，兹不复载。①

邹氏义庄的财产由族人捐置，田产和房产等财产分"义田""义庄""祭田""族墓地""义墓地"等五类，需要族人向府县衙申请审核通过方有效。得到官府的许可，可以保证义庄的合法性。邹氏家族深受儒家文化影响：邹氏自第三世辅侯公至第七世文灏、文瀚都是读书人，大多是国学生，虽没取得科举功名，但通过捐赠获得品级，从赠奉直大夫、候选布政司经历，到议叙八品、敕授修职郎；女眷敕封孺人、宜人，文灏妻还旌表节孝。正如《常熟邹氏义田记》所表述的："夫百行先孝，孝者必念念不忘祖宗，祖宗非人之本根乎？孝者必仁，仁者必敦其宗族，宗族非人之枝叶乎？何以培而溉之？善夫！宋范文正公之义田赡族也。文正创于苏郡，自宋迄今，效法文正踵而

---

① （清）邹珏：《常熟邹氏隆志堂义庄规条》，见王国平、唐力行主编：《明清以来苏州社会史碑刻集》第230页，苏州大学出版社，1998年8月版。

◎ 邹家塘古宅原貌图

为之者数十家矣。"邹氏在常熟历经200余年，经四代人努力，建成义田培本敦族，效法范仲淹开创的义庄之举。

义田的分配也按儒家的血缘伦理来展开。一是以血缘的亲疏发放。赡族的范围从邹氏全六支叔瑜公支始，鳏寡孤独之苦贫无依者，照规给发。耀卿公分支除鳏寡孤独外，贫不能自给者，五口以上每年给白米八石，五口以下五石，三口以下三石，分四季支领。重点资助血缘近的耀卿公分支。二是以邹姓为主干。收养异姓子女，将亲生子女出继外姓者及已嫁女，不给。三是给守节者加分。寡妇守节至50岁，除应给米者外，每日加给薪水银1分；守寡不终出姓者，不给。四是重视教育和科举。无力读书者，自膳至塾就读。应童子试、县试、府试、院试都有银补贴。参加乡试10两、中式加给20两；会试给银40两，中式再加30两。五是强调祭祀。迁虞历祖春秋两季祭扫、义庄内正

常熟洞泾桥邹氏家族碑刻系列考述 | 211

◎ 永兴桥,俗称"西桥"。系三节平板桥,始建年份不详,于康熙四十四年(1705)重修

◎ 桥西石板镌刻带圈阴刻"建造永兴桥"额。西侧桥墩荷叶框内镌刻有:(左墩)南无阿弥陀佛;(右墩)康熙肆拾肆年叁月仲春。乾隆年间重修时在桥墩上补刻了"履庆堂邹辅侯重建,乾隆念五年季春月穀旦"。履庆堂邹辅侯为洞泾桥邹氏三世长房,讳廷佐,公玠子,曾利用凝秀堂东边隙地,建履庆堂七间四进。

楹设龛奉祀创始义庄和承建义庄之人,两世创承经营集事,重报功也;后楹奉设沛霖曾祖考妣三代神位,重报本也。六是惩罚违规之人。不孝不悌、赌博、健讼、酗酒、无赖并僧道、屠户、壮年游惰、荡费祖基及为不可言事、自取困穷者,概不准给。

义庄建立之时正值社会动荡之际。"时华西甫弱冠,外侮纷起,跋前疐后者十余年",义庄建成后,"义庄厅堂半毁于兵火,所积余资米谷及器皿什物,荡然无存"。越是社会动荡之际,越需依靠宗族的力量,越要凝聚血缘关系。获义田资助的是邹氏全六支,主要是耀卿公分支,为洞泾桥邹氏血缘圈提供了厚实的物质基础。祭祀先人、救济族人,可以让宗族建立稳固的血缘伦理关系,增进族人的情感联系,有利于宗族的兴旺发达。邹鸣鹤赞叹道:"而竹亭能成其祖若父之志,以族人之饥寒为急务,以族人之读书为本图,是真能培本根而溉其枝叶者也。是真仁人也,孝子也。可以劝吾族,可以型吾乡,即可以风斯世,余何能嘿然?"[①]

而林则徐、李兆洛、林天龄、庞钟璐、翁同龢等达官贵人的赞赏加持,为邹氏大宗族的形成和发展提供了政治环境保障。林则徐在《邹太学家传》中提到,当时乡人还讥笑建义田,"而世多有笑之者。嗟夫,士之强立特行,卓然不囿于流俗者,其不为众人所笑者也,几希矣"。但林则徐为邹氏的善行义举正名,并予以赞扬:"余所闻如是,心窃喜其人有合乎向所求里人之所称善人者,故为之传,以贻之,且为有力者讽焉。"[②]

《礼记·大传》曰:"尊祖故敬宗,敬宗故收族。"在"家国同构"

---

① (清)邹鸣鹤:《常熟邹氏义田记》,见王国平、唐力行主编:《明清以来苏州社会史碑刻集》第217页,苏州大学出版社1998年8月版。
② (清)林则徐:《邹太学家传》,见王国平、唐力行主编:《明清以来苏州社会史碑刻集》第222页,苏州大学出版社1998年8月版。

的传统社会，家族是家庭的扩大，国家则是家族的扩大和延伸，"事亲孝，故忠可移于君"。清政府推行"以孝治天下"政策，雍正在《圣谕广训》里提倡"立家庙以荐蒸尝，设家塾以课子弟，置义庄以赡贫乏，修族谱以联疏远"[1]建祠堂、设族学、置义田、修家谱这四项宗族建设，政府给予了合法性，并加以倡导。

《重修常昭合志》卷八善举志："邹氏义庄在陈埭桥。里人邹沛霖创，子珏、琛等成之。田一千七十余亩，分赡贫族，道光二十三年题旌。附设祭田、书田二千亩有奇，杨沂孙撰记。"[2]《重修常昭合志》卷十一祠祀志："邹氏家祠，在练塘桥，祀始迁祖以下。清道光间，裔孙沛霖同子珏等建。王宪成撰记。"[3]邹氏义庄在今常熟张桥镇张家桥村陈埭桥西隅的庙泾河畔。义庄房舍坐西朝东，亭台楼阁齐全，大小厅堂厢房百余间，其中一厅为祠堂，设邹家列祖列宗长生牌位，每年都举行祭祖仪式。北靠放家塘河有花园一座，有假山、荷花池，还有一个高土墩，登高可望见南湖荡内芦滩及湖上的行船。邹氏义庄门前有两棵大香樟树，古木参天。

据《重修常昭合志》卷二疆域志，"附近小村庄曰陈埭桥，亦称湖荡滩，曰庙桥"。[4]陈埭桥靠近南湖荡，故称湖荡滩。《邹氏家乘》卷五收入《常熟湖荡滩书塾考费合同议单》，湖荡滩即为陈埭桥。合同议单涉及竹亭（邹珏）采轩（邹琛）昆仲根据邹氏义庄规条给居住在锡城全六支学子参加科举考试提供盘费事项。苏州一带义庄普遍重视教育，自办庄塾，助束脩之资，对求学应考者提供资助和奖励。至清末废科举后，义庄接受新学制，改为新式学堂，从科举仕进转向国

---

[1] 《圣谕广训》，天津津河堂宣统元年（1909）刊本。
[2] 《重修常昭合志》第291页，凤凰出版社2021年12月版。
[3] 《重修常昭合志》第377页，凤凰出版社2021年12月版。
[4] 《重修常昭合志》第35页，凤凰出版社2021年12月版。

民教育。邹氏义庄也迎合潮流,开办新式学堂。据《重修常昭合志》卷九学校志:"谊育小学,在陈埭桥邹氏义庄。宣统元年正月,庄裔邹鲁望创办,经费由义庄书田租息内分拨。"① 邹鲁望,字士希。陈埭桥康熙年间始建,光绪年间邹鲁望重建。他在家乡修桥补路、建小学,做了不少善事。1911年11月7日,常熟、昭文两县宣布光复,合并为常熟县,邹鲁望被推为军事长,可见他是清末民初常熟有地位的人。

民国期间,有"海虞二徐"之称的徐天啸(1886—1941)、徐枕亚(1889—1937)兄弟,均为南社社员。兄徐天啸在练塘乡谊育小学任教,弟徐枕亚为"鸳鸯蝴蝶派"开山祖,创作的言情小说《玉梨魂》一时"洛阳纸贵",他在探望兄长时曾代课一个月。谊育小学就设在邹氏义庄,徐天啸称"距虞城之西南十余里,有地名湖上,山明水秀之乡也"。徐天啸《湖上百日记》对小学所在的义庄作了描绘:

> 校舍为邹氏旧居,课室极明敞。室外有园,园之中有亭、有台、有楼阁、有池塘、有奇葩瑶草,乃一绝妙之校园也。老天如梦,大地回春,一夜东风,万花齐放,园之中如山茶、如杜鹃、如牡丹,嫣红姹紫、斗媚争妍。予素具爱花癖,今居此寂寞乡,却对此妩媚花亦意外。②

中华人民共和国成立初期,邹氏义庄成为平墅乡③政府所在地,

---

① 《重修常昭合志》第323页,凤凰出版社2021年12月版。
② 《天啸残墨》卷三《湖上百日记》,广益书局民国23年4月版。
③ 据《琴川志》载,平墅属常熟县归政乡四十八都。中华人民共和国成立初期属练塘区平墅乡。1956年,撤平墅乡并入杨园乡。1957年划入张桥乡。1983年建平墅村。1989年与东古村合并为东平村。2002年,东平、中安两村合并为平墅村。

◎ 邹氏义庄原址，今天已挖成鱼塘

◎ 南湖荡，今为南湖湿地公园。当年在邹氏义庄高土墩可望见南湖荡内芦滩及行船点点

后为张桥粮管所仓库。1967年，那是个"以粮为纲"的年代，为建造张桥粮站，当地政府将邹氏义庄所有房屋全部拆除，所有砖木建筑用料移作建粮站。张桥粮站位于今辛庄镇张桥嘉菱村，建在望虞河①边，便于集散粮食，有大型水码头和众多粮囤，1968年建成。2023年春天，笔者曾去实地寻访。时过境迁，粮站早已夷为平地，现为一片高爽的农田；边上望虞河水面较宽，不时有运输船驶过，汽笛声声，仿佛在诉说历史。邹氏义庄遗址，在陈棣桥西北，义庄原有池塘，如今义庄主要遗址被挖成一个大鱼塘。遗址离南湖荡五六百米，可以想象，当年站在义庄高土墩，应该能清楚看到湖面景象。陈棣桥北面是大片农田，当年或是义田，纵横阡陌，河渠众多，陈棣桥就建在通往南湖荡的主要河道上。南湖湿地公园，芦苇湖草丛生，野鸟出没，乱花渐欲迷人眼，正是徐天啸《湖上百日记》描绘的乡村清幽、姹紫嫣红景象。

四、邹氏家族建房史

邹氏10块石刻资料，多年来被学者用作"大家族—小家庭"的血缘群体个案，也被用作解读江南人口和住房关系的案例。资料的依据是光绪二年（1876）七月邹文瀚的一段题识刻石。

> 我家世居常郡锡邑后宅，继迁五龙桥。七世祖耀卿公避渠区水匪，始来虞。结庐于洞泾桥东，遂家焉。耀卿公生公玠公，公玠公生子三，长即我高祖辅侯公也。公玠公建凝秀堂七间三进，以东半授辅侯公，西半授次房，傍屋隙地，各自执管，三房授始迁老屋。

---

① 望虞河起于太湖沙墩口，经望亭、鹅真荡，在杨园湘庄入常熟境，过虞山西麓，在王市花庄入长江，全长60.2千米，常熟境内长35.6千米。望虞河因流经苏州望亭和常熟虞山而得名，是太湖主要泄水河道之一。

辅侯公于凝秀堂东建履庆堂七间四进。乾嘉间，先大父华西公于履庆堂东建履和堂五间四进，并得东首隙地，直至谢家滨止。道光八年，二房将凝秀堂西半房屋及隙地并归先大父，因扩充而建履厚堂七间四进，傍西建履福堂五间四进。四进分授：先君履庆堂，先叔荻芗履福堂，玉韶履和堂，采轩履厚堂。又得环秀弄寓处一所，小河下、东仓街店面栈房两所。道光二十三年先君遵先大父命，建义庄、家祠于陈肆桥北隅。又自置河北仓房一所。荻芗先叔自置仓房一所于履福堂之西。综计四房整齐屋宇合庄祠约有四百余间，膏腴田亩合庄祠约有九十余顷。念我先人经营累世，始克致此基业。箕裘之绍，敢弗勉旃。爰勒斯图，昭示来许。①

耀卿为邹文瀚上溯七世祖，亦为始迁一世祖，耕读传家，艰苦创业，在迁居地洞泾桥安居下来是第一位的，因而只建了一座老屋，家境尚属贫寒。耀卿生一子公玠。二世公玠生三子，因为人口增加，建造凝秀堂七间三进，物质条件已有起色。按照"哥东弟西"的分房常惯，以东半授长子辅侯（廷佐），西半授次房。傍屋隙地，各自执管。三房授始迁老屋。以东为上、长幼有序的礼仪文化在分房中得到体现。三世长房辅侯有二子，长子鹏翔（振远）、次子鹏举（致远）。辅侯利用凝秀堂东边隙地，建履庆堂七间四进，比原屋多了一进。四世鹏翔生一子一女，子即沛霖（华西），因为独子，鹏翔并没有新建屋。到这一代，还只是富裕的农民。

邹氏家族大房，到了五世沛霖（华西）时代，才发家致富。沛霖生四子：珏（竹亭）、珍（荻芗）、球（玉韶）、琛（采轩）。男

---

① （清）邹文瀚：《华西公小像》，见王国平、唐力行主编：《明清以来苏州社会史碑刻集》第228—229页，苏州大学出版社，1998年8月版。

丁大增导致住房再次紧张。沛霖在履庆堂的基础上再往东发展，建履和堂五间四进，并且得到东首隙地，直至谢家滨，傍河而居，解决了生活用水和生产、卫生用水。《邹氏家乘》记载，二房鹏举一支没有后代，沛霖取得了凝秀堂西半房屋及隙地，又扩充而建履厚堂七间四进，傍西建履福堂五间四进。扩建履厚堂加一进，是为了与其余几座房一致，都为四进截齐，便于四子分家。这样四个儿子四座房：长子珏（竹亭）得履庆堂，次子珍（荻芗）得履福堂，三子球（玉韶）得履和堂，幼子琛（采轩）得履厚堂。华西甫弱冠即丧父，家产应不算厚实。但他精明能干，殚精竭虑，减膳节衣，历数十年，积田七千余亩，"以赀雄于其乡"，积累了雄厚的财力，才可大规模建房。四子四座房共二十四间，长子、幼子得七间，次子、三子得五间。四子并排居住，二十四间四进房相连，气势夺人，财力已显。

　　沛霖治家有方，四个儿子都很优秀。"公之治家也，内外严肃，择能而使。长子竹亭，谙练世务，处事属之。次子荻芗，笃信谨守，内事属之。三玉韶，四采轩，年尚幼，令与孙辈就傅读书。"① "公生丈夫子四，长即钦旌孝子琢亭参军也。参军讳珏，敦古道，崇实行。……其次讳珍者，荻芗赞府也。赞府方稚笃实，举动必准乎礼，取与必权于义。苟非其人，不肯少假以辞色。里中无赖皆惮之，相戒敛迹，多改行为善者。……其次讳球者，玉韶光署也。光署平居不立崖岸，不露圭角，即有待以横逆，亦顺受之而不校。……其季不幸早世者，采轩詹簿也，讳琛。博览群书，跌宕自喜，视富贵功名如敝屣。"② 沛霖四子或世事洞悉，或刚梗不俗，或平和佛系，或读书自娱。志趣

---

① （清）李兆洛：《华西邹君记》，见王国平、唐力行主编：《明清以来苏州社会史碑刻集》第218页，苏州大学出版社1998年8月版。
② （清）林天龄：《邹孝子昆季合传》，见王国平、唐力行主编：《明清以来苏州社会史碑刻集》第219—220页，苏州大学出版社1998年8月版。

不同，取舍互异，英英济济，萃于一门，这是沛霖一房家业振兴的人才基础。

沛霖又得环秀弄寓处一所，小河下、东仓街店面栈房两所，已向城镇发展，亦农亦商了。邹珏于道光二十三年（1843）又自置河北仓房一所，邹珍自置仓房一所于履福堂之西，已具备进一步扩大生产经营的条件。邹氏家族总计四房整齐屋宇合庄祠有四百余间，膏腴田亩合庄祠，有九十余顷，已成为乡镇级地方巨富。

邹氏家族从始迁祖耀卿扎根洞泾桥，到五世沛霖"扩先人遗业，共积良田七千余亩"，确立了雄厚的经济地位；又经六世邹珏四兄弟广置义田、设立义庄、建造宗族祠堂，参与公益事务，与达官贵人交往。这些达官贵人为邹家撰书题碑，提高了家族声誉，确立了其在地方上的政治地位。七世文瀚绘圣贤像勒石送府学，撰家传、述祖德、训子孙，在虞山北麓子游墓附近建家族新阡，崇敬先贤，传承邹氏崇儒向善、培根溉枝的精神。常熟洞泾桥邹氏家族10块碑刻，见证了邹氏家族200余年的奋斗史。

2023年3月18日

宋代邹氏先祖诗训及后代的精神传承

《孟子·离娄章句下》曰"君子之泽,五世而斩",兴衰的宿命,是中国世家大族最大的忧患。一个品德高尚的君子留给后代的恩惠福禄,经历五代就消耗殆尽了。在朝代更换、社会动荡的年代,世家大族的延续遇到的变数更大,需要几代人的修养和文化积累才能修复。为了保持家族的繁盛兴旺,家族的长辈通过言传身教,将自己的价值观念、人生经验传递给后代,这就是家训。

家训之传世,先秦即有,大多出于王室。至南朝颜之推,先世历永嘉之乱,本人又"三为亡国之人",命运多舛,兴衰荣辱备尝,在隋初著《颜氏家训》,"古今家训,以此为祖"[①]。唐代政治的基础是门阀统治,经唐末农民起义的社会动荡和五代十国的军阀混战,逐渐式微。宋朝的立国之君立了"以儒立国""重文轻武"的国策,重视对子孙的教诲,文人官僚家族成为"世家大族"。唐宋转变的关键是人们越来越不能倚仗门第来要求特权,文人官僚成为宋朝的社会政治精英。宋代科举制度和门荫制度成为通向仕途的阶梯,"取士不问

---

① (宋)陈振孙:《直斋书录解题》卷十第295页,《丛书集成初编》,商务印书馆1937年12月版。

家世"，社会流动性空前加速，从门阀社会向科举社会转型。①一个家族要代代入仕，必须培养有才华的子孙，家训便大行于世。

宋代许多名公巨卿、宿学硕儒都曾以家训垂范后人，如范质、范仲淹、苏洵、司马光、陆游、朱熹、吕祖谦等。其中范质的《范鲁公戒从子诗》为 800 字的长诗，《宋史》范质本传称"时人传诵，以为劝戒"，为诗训之范。本文通过钩沉一幅失传已久的七律诗训及名贤题跋长轴，阐述江南士大夫家族如何通过精神的传承，来抵抗"五世而斩"兴衰的宿命，让家族历经几百年，依然世泽流衍。

一、常州无锡邹氏：治取苍生阴骘归

南宋官员、诗人王实斋为诗训作跋，云：

> 右邹舍人所作，其子都官赴筠州推官，诗传之，道乡先生崇论闳议，可以为邹氏之宝，可以为毗陵之瑞。世徒恨浙西难得好官人，世俗难得自立者，观于此岂不可畏也哉！元符变后一事，其与元祐之事一耳，使无不汗即死之念，何以报之？其轴有道乡跋语，苏魏公、陈了翁、李忠定、杨龟山、周益公终焉。可以为世大宝，读之感叹。今岁二月，太守命拜扫，尊德敬贤，永为故事，因题其后。②

道乡即邹浩（1060—1111），苏魏公即苏颂（1021—1101），陈了翁即陈瓘（1057—1124），李忠定即李纲（1083—1140），杨龟山

---

① "据统计，在新旧《唐书》所载 830 名进士中，出身望族和公卿子弟者最多，高达 71%。而在《宋史》有传的北宋 1533 人中，布衣入仕者占比 55.12%；一至三品官中，来自布衣者约占 53.67%，且自宋初后逐渐上升，至北宋末已达 64.44%。"李贵：《两宋时期何以"寒门多出贵子"》，《解放日报》2019 年 5 月 14 日。
② （元）谢应芳：《思贤录》卷之一，光绪甲申重刊，上海玑衡堂藏本，上海图书馆藏。

◎《王实斋跋诗训》，（元）谢应芳：《思贤录》卷一，《四库全书存目丛书》影印道光二十九年（1849）咏梅轩刻本

即杨时（1054—1135），周益公即周必大（1126—1204）。根据王实斋的说法，右邹舍人有诗训传世，装裱成轴，邹浩及两宋诸名家在诗训后都有题跋，成为"世大宝"。这个诗文组成的家训轴纸，今已不存，但我们可以按王实斋的提供的线索查找文字内容。

邹培耕主修《毗陵邹氏宗谱》载有邹元庆《舍人府君诗训》[①]，全文如下：

> 幸得文明天子选，何忧羽翮不高飞。
> 但将冰蘖坚清政，莫忘轩墀脱白时。
> 初宦已登莲幕帜，为儒最是桂枝辉。
> 二亲执手丁宁道，治取苍生阴骘归。

---

① 光绪元年（1875）邹敬忠主修：《毗陵邹氏宗谱》（11卷）更早收入，题为《进发公训子诗》，文字完全一样。

宋代邹氏先祖诗训及后代的精神传承 | 223

◎《舍人府君诗训》，民国37年（1948）邹培耕主修：《毗陵邹氏宗谱》

◎《忠公府君跋》，民国37年（1948）邹培耕主修：《毗陵邹氏宗谱》

这首诗教导子孙，为官要廉洁奉公、正直清白，以苍生为念，多积阴德，才可荣归故里。《易经》云"积善之家必有余庆"，《汉书·丙吉传》有"宦闻有阴德者，必飨其乐以及子孙"。

邹浩《道乡集》中收入《曾祖诗训后语》，说明了这首诗训的来龙去脉，以及对于家族的重要性。邹浩为北宋著名谏臣。据《清代朱卷集成》"邹嘉来"条，叙先祖世系："六世祖浩，字道乡，宋龙图阁待制加赠宝文阁直学士，谥忠。著有《道乡集》，常州、无锡、苏州均建专祠，春、秋致祭。"至今无锡锡惠公园内还有"邹忠公祠"。邹浩云：

> 此诗乃曾祖舍人所作，而自书以遗先祖于入仕之初者。先祖以天禧三年，擢进士甲科，至至和元年仕三十六年，年六十三以殁。盖由军事推官积累为都官郎中、郡太守，未尝一日不奉训诲。故所至以官为家，以民为子，惟恐朝廷之恩不下，流而叹息愁恨，有形于声者，阴德及人不已多乎？孟子曰："不得乎亲，不可以为人；不顺乎亲，不可以为子。"先祖于是尽人子之道矣！先考都曹尝语浩曰："吾将以诗本刻石传示子孙，世世奉承，此心弗坠，庶几稍称前人所以垂裕之意，有一违叛，是辱其先，是大不孝也，非吾子孙也。"呜呼！音犹在耳，而先考奄弃诸孤，凡是生平一言一事，苟可追念者，莫不心铭焉！而况此其大者。顾浩不肖，不足以仰对遗训，尚赖祖考之泽，未即陨灭，敢不迨成先志而刻诸石。先祖有兄弟九人，其后散居四方者多矣，亦将以此示之。盖曾祖之意，无所不至，不直为先祖发也。绍圣三年八月一日浩谨书。[①]

[①] 此文常州、无锡谱亦有载，文字略有不同，现据《道乡先生邹忠公文集》卷三十一录入，明成化六年（1470）刻本，国家图书馆藏。

◎ 民国37年（1948）邹培耕主修：《毗陵邹氏宗谱》邹忠公像

　　据邹浩在《道乡集》中的陈述，天禧三年（1019）邹浩的祖父邹霖中进士，曾祖父邹元庆以诗训诫子。邹元庆（932—1036），字进发，宋真宗时为东头供奉官、阁门祗候。[①]宋景德元年（1004）九月，契丹侵宋，元庆随真宗至澶州御敌，因内镇有功，真宗嘉之，卒葬荆门（今湖北），追赠左屯卫大将军。[②]邹霖，字仲说，为浙江钱塘迁居常州的始祖，天禧三年（1019）27岁登进士，历任筠州推官，尚书都官，涪州、鼎州知州，63岁卒。据邹鸣鹤《仲说公传》："间读员外方公蒙墓志，知公任二州刺史时，上欲授以使节，公虑按吏或差，辞不受，

---

① 阁门祗候，唐制，宋初沿置。在阁门供职，分佐阁门通事（宣赞）舍人传宣、赞谒及掌侍卫班列，武臣外任许带行。如"擢（王）日用为左班殿直、阁门祗候、本州兵马都监"。（龚延明编著：《宋代官制辞典》第424页，中华书局1997年4月版）
② 左屯卫大将军，环卫官名，宋代为正四品，系进身阶秩或武臣之加官、赠官。（龚延明编著：《宋代官制辞典》第434页，中华书局1997年4月版）

盖公之谨慎,奉亲训有不以宠禄为荣者。"邹霖谨记父训,历仕36年,以官为家,以民为子,为官清正。在筠州任知州,多有政绩,后代筠州缙绅士庶表扬功德,请祀公名宦祠。邹霖皇祐元年(1049)任涪州知州,今白鹤梁题刻仍留有遗迹,在《刘忠顺等唱和诗》刻石题款"圣宋皇祐元年正月十二日,知涪州军州事邹霖命工刻石"字样[①]。其子邹戬,家谱称"都曹保之公",都官郎中邹霖50岁始有子邹戬,为真州司户、湖州安吉县丞、广济军录事参军、监苏州盐务,赠朝奉郎。听狱务存仁恕,囚感泣无憾;掌库吏,减死者多人。"都曹公仕虽不显,用仁恕活人多矣,宜乎笃生大儒,泽流后裔也。记云先河后海,公实为邹氏之先河,子孙其可忘乎?"[②]"君虽爵齿不隆,然有贤子浩,

◎(清)邹仁溥纂修:《邹氏家乘》
保之公像

---

① 王晓晖:《北宋涪州知州考略》,《长江师范学院学报》2012 年第 9 期。
② 《都曹保之公小传》,(清)邹仁溥纂修:《邹氏家乘》卷四,光绪二十九年(1903)木活字本,上海图书馆藏。

博学慎德……遗泽之萃，其在是乎？"①

邹元庆的《舍人府君诗训》表达了几层教谕：一是读书人要奋发向上，不能碌碌无为；二是做人要艰苦奋斗，正直清白；三是以儒者入世，蟾宫折桂，为国效力；四是登第出仕后，要以苍生为念，建功立业，多积阴德，才可荣归故里。邹元庆的孙子邹戬对其子邹浩说要将诗训刻石传示子孙，并称"有一违叛，是辱其先，是大不孝也，非吾子孙也"，可见要将诗训作为"传家宝"传示后代。诗训刻石不曾传世，诗训的轴纸则传承有序，从杨时、李纲、周必大的文集里，可以辑出跋文。

邹浩好友杨时，即"程门立雪"的龟山先生，在邹浩出示诗训时，《跋邹公送子诗》云："君子之泽，五世而斩。盖人之于亲，四世而缌服穷，六世而亲属竭。服穷而遗泽浸微矣！故五世而斩，此古今人常理也。舍人邹公于其子筮仕之初，以诗贶行，其丁宁训饬，不以宠禄为荣，而以阴骘苍生为念，则其垂裕之意岂浅哉？积至于道乡缌服已穷矣！今其元孙出其诗示余，余得而伏读，观公所以训迪其子孙，与道乡所以奉承之志，则邹氏之流泽岂常理之足云？虽亘百世而益光矣！"②元孙即玄孙，曾孙之子，邹元庆之玄孙应为邹柄、邹栩。邹柄为杨时学生，兄弟俩刊刻其父邹浩著作曾请杨时作序。

至南宋绍兴甲寅（1134）季秋，抗金名臣李纲作《跋邹公诗》："积德钟庆，贻范将来，必有贤子孙继其后；身享重名，膺受福禄，必有贤祖考启于先：此古今之通理也。历考载籍，士大夫家，世济其美，浸以光大，靡不由此。观舍人公丁宁训诲之时，郎中都曹勤恳奉

---

① （宋）方蒙：《宋故广济军录事参军监真州军资库邹君墓志铭》，（元）谢应芳：《思贤录》卷三，光绪甲申重刊，上海玑衡堂藏本，上海图书馆藏。
② （宋）杨时：《龟山集》卷二十六，文渊阁《四库全书》。

承之意，为人父、为人子孙之道尽矣！名誉福禄之报，在其曾孙。侍郎卓然为世伟人。子孙多而贤者，邹氏之门兴未艾也。愿广其传以为士夫之劝。"[1]杨时和李纲都认为，舍人邹公"不以宠禄为荣而以阴骘苍生为念"训迪子孙，让邹氏后人受益。曾孙邹浩为吏部、兵部侍郎，"卓然为世伟人"。《宋史·邹浩传》称其"浩在元符间，任谏争，危言谠论，朝野推仰"，成为邹氏家族气节风范的象征，受后代敬仰。玄孙邹柄，李纲抗金的重要助手，任枢密院编修官、比部员外郎，官至台州知府。宋张嵲《紫微集》卷六《邹德久挽词二首》其一："万里南来日，惟君意最亲。浑如相识旧，殊异白头新。一别遽千古，九衢空万人。道乡虽有子，不使继清尘。"邹柄在南宋中有较大影响。而邹柄之子邹遂，淳熙二年（1175）至四年（1177）为朝奉郎、滁州通判，劝农耕种，爱民如子。

自邹元庆、邹霖、邹戬、邹浩、邹柄至邹燧，邹氏已历经六代，世代为官，历时近200年。邹遂在南宋淳熙年间任滁州通判时，"聪听祖考之彝训"，以高祖父的诗示旧僚，南宋名臣周必大因此而作《跋邹志完曾祖诗》云："诗语忠诚，心画庄厚。天禧、天圣间，气象大率如此，可以尚论其世矣！忠公作跋时，正遭外艰。所谓聪听祖考之彝训，未葬读丧礼，既葬读祭礼者耶！淳熙丁酉四月己卯，六世孙朝奉郎燧以示旧同僚，东里周某敬题其后。"[2]

除了苏颂和陈瓘的跋文没找到，其余的文字均得复原。《舍人府君诗训》成为邹氏的传家宝，是毗陵（常州）邹氏家族的祥瑞，成为邹氏血脉传承中的一种精神力量。

---

[1] （宋）李纲：《梁溪集》卷一六三，文渊阁《四库全书》。
[2] （宋）周必大：《文忠集》卷十七，文渊阁《四库全书》。

◎《皇明常熟文献志》卷五邹察小传

二、常熟东始庄邹氏：无忘民瘼无玷官箴

东始庄邹氏是忠公邹浩的后裔。明弘治《常熟县志》卷一："东始庄在四十四都，宋龙图阁学士邹浩子晌，时任御史，随宋南渡，与弟昭始居其地，故名东始。"明嘉靖年间，瞿景淳（1507—1569）在《明封奉直大夫信阳州知州一林邹公墓志铭》[①]曾叙述东始庄进士邹察之父的家世。据《皇明常熟文献志》："邹察，字明卿，号廉渠，癸丑进士。有国初进士邹立诚者，其族也。祖居东始庄，至公父龄始僦居郡城，由长洲籍中式。初任信阳州知州，升工部员外，晋郎中，迁知府。性至孝，兢兢持身，志向明远，惜未竟其蕴，卒。"瞿景淳

---

① （明）瞿景淳：《瞿文懿公集》卷十，明万历年间瞿汝稷刻本。

所撰《一林邹公墓志铭》云："一林邹公者，今工部郎中察之父也。……按状公邹姓，讳龄，字延年，其先汴人，宋名臣浩之后也。浩之子柄为御史，与弟招扈宋南渡，占籍海虞之东始庄。"明万历三十三年（1605）管一德纂修的《皇明常熟文献志》涉及东始庄邹氏科举人物，多处提到"宋邹浩之裔"。

东始庄邹氏重视家族建设，注重家教、家风，史有典范。元季有邹君玉者，读书敦行，其治家严而有法，自旌德宦游归理故园，恐后子孙有不率教者，著家训一篇勒诸先祠以致警，并请元末"文章巨公"杨维桢作序①。杨维桢《邹氏遗训序》云："盖创者劳，而守者安；创者俭，而守者奢；创者畏，而守者骄也。……君玉氏之遗训，著于金石，非竹帛盘盂之意乎？为其子者幸得诸耳提面诲，子子孙孙又幸得诸示无穷者，则邹氏后人续初继业，虽百世而可也。"②

瞿景淳《一林邹公墓志铭》载邹察中进士、选知州时，其父邹龄谆谆教诲："岁丙午，子察举于应天，登癸丑进士，选知州。公戒之曰'州县官最称亲民，汝慎为之，无忘民瘼，无玷官箴'。察奉公教，在州三年，州人大和。既晋工部员外郎，犹立石诵德。"汉代刘向《说苑·政理》云："善为国者，爱民如父母之爱子，兄之爱弟，闻其饥寒为之哀，见其劳苦为之悲。"心系黎民，是邹氏家族先祖的清风遗训，从宋代到明代，代代相传。明万历《皇明常熟文献志》涉及东始庄人物，就有邹立诚、邹贞、邹胤、邹泉、邹龄、邹察等。东始庄邹氏多出闻人，读书敦行，簪缨不绝，名儒辈出，有诗书忠厚传家的渊源。

---

① （清）郑钟祥等纂修：《常昭合志稿》卷二十三《人物·耆旧》，光绪三十年（1904）活字本。
② （元）杨维桢：《东维子集》卷一，文渊阁《四库全书》。

◎（清）顾沅辑刻：《吴郡名贤图传赞》邹泉像

三、常熟"乐志堂"翁氏：家风清白守仪型

常熟翁氏是近代中国的达官显贵，而居于常熟城内的"乐志堂"翁氏，乃常熟莫城东始庄邹达所的次子，过继给常熟璇州里翁万春，为常熟"乐志堂"翁氏的开创者。翁同龢在《二邹先生画跋》中云：

> 同龢七世祖山愚府君系海虞东始庄邹氏幼孤，出继翁后，既贵而邹氏无人，尝欲追赠本生父母，不可得，终身饮憾。海虞与锡山履贯各殊，而同出忠公之后，吾子孙不可不知也。①

翁长庸（1616—1683），字玉宇，号山愚，顺治丙戌（1646）举人、丁亥（1647）进士，户部山东司主事，奉敕督榷芜湖钞关，出为

---

① （清）翁同龢：《瓶庐丛稿》卷四，谢俊美编：《翁同龢集》第 1012 页，中华书局 2005 年 7 月版。

山东滨乐分司运同，充山东乡试同考官，迁长芦转运使司运使，擢河南布政使参政，分守河南道。翁长庸为官清正，"处脂不润，宦囊萧然"。在芜湖负责收关税，盈利积银四万，如数归公；监司河南，匪患民穷，视民如子，"民间有翁佛子之称，至今中州人犹能道之"。之前的老大房皆无缘功名，翁长庸中进士、出任官职，才让老大房成为官宦人家。翁长庸创建了"乐志堂"，堂名取自《战国策·赵策二》"非以养欲而乐志也，欲以论德而要功也"，勉励子孙建功立业。堂号是家族门户的代称，是同一支族人的共同徽号，可以弘扬祖德、规范宗族伦理、垂戒后人。翁长庸长子九世翁大中（1638—1706），字林一，号静庵，康熙丁巳（1677）举人、丁丑（1697）进士，授内阁中书、福建上杭知县、福建乡试同考官。德政洋溢，入祀名宦。二代进士，翁氏老大房"乐志堂"门楣大放光芒。翁心存曾云："吾家自太常公起家进士，有声谏垣，埙篪竞爽，簪缨赫奕，遂为南沙著姓。而余之先独潜德弗耀，处之泊如也。及参政公始占巍科，遂历朊仕，始榷鸠兹。"翁大中任上杭知县，除加派，实谷仓，立义学，禁溺女，德政洋溢，上杭县百姓请入祀名宦。正是参政公父子的"清宦"榜样，才有老大房一支的"不绝如发"。

翁长庸的五世孙翁咸封从小读书，夙明大义，常年"讽咏不绝于口，丹黄不辍于手"，至六世孙翁心存"事君则忠，事亲则孝，身居宰辅，刻苦甚于儒生"，翁心存获知子同龢状元及第后赋诗勉励要继承家风：

<blockquote>
三秋鹗荐抽身避，万户鸿嗷掩泪听。
为语汝曹须自立，家风清白守仪型。[1]
</blockquote>

---

[1] 张剑辑校：《翁心存诗文集》第657页，凤凰出版社2013年12月版。

◎ 翁心存画像

　　翁心存该诗中夹注："先大父任海州学正十二载,赈灾八次,秩满保荐知县,力辞不就。先母却金助廉,以豆粥麦饭糊口。"翁咸封任海州学正,前后八次奉檄赈灾,经手钱粮上万,分毫不沾,宁可豆粥麦饭糊口。翁心存长子翁同书授安徽巡抚,失守寿州,被弹劾回京,"衣箱无一个,惟襟被一囊,破书数束而已。见者皆谓地方大吏行李未有如此萧条者也"[①]。

　　常熟"彩衣堂"正厅中堂,有翁同龢所书对联:"绵世泽莫如为善,振家声还是读书。"翁心存也有对联:"惜食惜衣皆惜福,修孙修子在修身。"翁心存、翁同龢父子反复强调:"一世显宦,三世僚幕""盖谓大官子弟不能安贫,或藉秩自效,甚或走四方以谋衣食,

---

① （清）翁心存：《翁心存日记》,同治元年（1862）正月十六日,国家图书馆藏。

◎ 翁同龢中状元的《大金榜》

求为农夫布衣寒素之士而不得也""夫富贵不足保，而诗书忠厚之泽可及于无穷"①。忠厚为善、读书传家才是让家族世泽绵延的根源。翁心存将自己的书斋取名为"知止斋"，取"禄厚贵知足，位高贵知止"之意，告诫后人要知足、知止，这一点上与邹元庆诗训"但将冰蘖坚清政，莫忘轩墀脱白时"一脉相承。

潘光旦在《明清两代嘉兴的望族》一书中指出："祖宗，尤其是中国的祖宗，代表两种力量：一是遗传，二是教育。祖宗贤明端正，能行善事，表示他自己就有一个比较健全的生理与心理组织，这种组织是他的遗传的一部分，很可以往下代传递的。他这种长处也往往给子孙以一些很好的榜样，一些力图上进的刺激。……好祖宗就直接成为好子孙所由产生的一个理由，直接成为世家大族所由兴起与所以维持的一种动力。"②

心系黎民，是邹浩家族先祖的清风遗训，"子孙多而贤者，邹氏之门兴未艾也"。正是邹元庆的诗训，给邹氏家族注入了精神力量、价值导向，成为邹氏家族所由兴起与所以维持的一种动力，成为"文化密码"，就像基因一样，泽流后裔。由邹元庆开邹氏之先河，至曾孙邹浩成为"古今仰之，如泰山北斗"的"忠公"③，家族的标杆性人物出现了。之后常州、无锡邹氏科甲鼎盛，成为世家大族。迁至常熟东始庄一支邹氏，以忠公邹浩后裔为荣。元季有邹君玉者，恐后子孙有不率教者，著家训一篇勒诸先祠以致警。元明两代多出闻人，读书敦行，名儒辈出，诗书忠厚传家。明代邹龄在其子出仕之初，戒之

---

① （清）翁同龢：《族谱后序》，谢俊美编《翁同龢集》第976页，中华书局2005年7月版。
② 潘光旦：《明清两代嘉兴的望族》第380页，商务印书馆2015年12月版。
③ （明）王士禛：《王阮亭道乡集跋》，（明）邹量辑：《续思贤录》卷八，光绪甲申重刊，上海玑衡堂藏本，上海图书馆藏。

蔣公之奇誌其墓

鄒浩字志完晉陵人登元豐五年進士第調揚州潁昌府教授元祐中除太學博士出為襄州教授元符元年名對除右正言時章惇擅權浩疏惇狗情廢法引所私分揭要路沮格正人壅遏忠諫復列惇六罪惇積怒會明年立劉后浩援仁宗廢郭后并逐尚美人故事乞退停冊禮忤上意惇黨因擠之謫新州

謂本官人卓姬生子後殺其母而取之其辭曰殺卓氏而奪其子欺人可也詎可以欺天乎詔暴其事以故再謫浩修潔有志行記鑒該總撰筆數千言嘗授大學於二程先生以行義知名士之及門問道者衆公每曰聖人之道備于六經千門萬戶何從而入大署在中庸一篇其要在謹獨而已教頴昌時守范忠宣命撰樂語浩辭忠宣不悅曰翰林學士亦作浩曰翰語可祭酒司業則不可與陳忠肅為莫逆交天下稱鄒陳自為小官受知

徽宗即位復官除正言遷左司諫起居舍人建中靖國除中書舍人遷禮部侍郎改兵部崇寧初以寶文待制出知江寧府改杭州又改越州未赴謫永州昭州五年許歸常州大觀間復直龍圖閣以終初劉后為賢妃生子緣是得立生子縈三月薨后之立也浩三疏諫削其黨既貶
徽宗初名還朝首喜歎諫立后事詢葦安在浩以既獎之對及蔡京用事素忌浩乃使其黨為僞疏

柄字德全莊重篤學幼負俊聲侍忠公如二水黃山谷一見深加嘆賞呼小友未弱冠棄科舉學從龜山先生游先生期以大器每稱之曰是真有志於學乃盡傳其業龜山門人以柄為稱首陳忠肅公圖閣待制紹興贈寶文閣直學士諡曰忠子柄子辭義若奏議則楊龜山為之序建炎追復龍日道鄉先生平生所著有文集易繫詞論語解孟歸即所居關小園曰懷恩錄領表既於人終身不忘嘗輯薦者詞目曰懷恩錄領表既

◎《咸淳重修毗陵志》卷十 鄒浩小传

曰"州县官最称亲民，汝慎为之，无忘民瘼，无玷官箴"。翁长庸是东始庄邹氏血脉，过继翁家后，不忘祖德，子孙不少葬入邹氏祖坟。至晚清一代帝师翁同龢，还念念不忘"海虞与锡山履贯各殊，而同出忠公之后，吾子孙不可不知也"。邹氏之优良基因，家训家风的传承，何其久矣！父子宰相、四世翰苑背后，是"夫富贵不足保，而诗书忠厚之泽可及于无穷"的谆谆告诫，传承的依然是先祖的精神。对家族兴衰的忧患和对子孙教育的高度重视，让邹氏血脉后人历经几百年，依然世泽流衍，代有名贤。

陆游《跋范巨山〈家训〉》云："人莫不爱其子孙，爱而不知教之，犹弗爱也；人莫不思其父祖，思而不知奉其教，犹弗思也。"① 历代邹氏先辈通过家训家风，形成可持续的美德体系，薪火相传。正如苏轼所言："君子之泽，岂独五世而已，盖得其人，则可至于百传。"② 潘光旦统计嘉兴望族的《世泽流衍图》，世泽最长的血系流衍到21世，540余年。自北宋邹元庆以来，邹氏的血系流衍更历900余年。

原载《浙江方志》2018年第3期

---

① （宋）陆游：《渭南文集》卷二十八，《陆游全集校注》第10册第208页，浙江教育出版社2011年12月版。
② （宋）苏轼：《六一泉铭并序》，王水照、朱刚撰：《苏轼诗词文选评》，上海古籍出版社2011年12月版。

附 录

我的爷爷

祖屋要拆迁了,整理旧物,翻出爷爷的一张二寸照片。我记得,那是我在初二拍毕业照时,爷爷排在学生的队伍中,照相师傅蒙着头用固定的机位拍的。我还见过爷爷的另一张彩色照,站在一家铁匠铺里,系着男子束裙,脚着半筒雨鞋,裤管卷着,一脚高一脚低,雨鞋上泥点斑斑。那是一个香港远亲路过随手拍了,洗出来送给他的。爷

◎ 爷爷邹焕庭像

爷拿到照片时还有些难为情，觉得穿戴不整洁。我很喜欢这张照片。爷爷高高瘦瘦的，一张布满皱纹的古铜色的脸，犹如罗中立的《父亲》，只是门牙掉了两颗，有点漏风。这张彩照，我遍找不着，时常挂念着，总觉得，冷不丁会在哪儿冒出来。

爷爷邹焕庭，生于光绪三十年（甲辰年）八月十八日（1904年9月27日）。我读大三那年（1985）盛夏，奶奶逝世，族里的人都来吊唁，我在本子上记录了爷爷、奶奶的生辰。后来，母亲告诉我"爷爷属龙，奶奶属马"，母亲的记忆很准确。

爷爷去世时我正在读研究生二年级，具体哪一天，我问亲友都说记不清了。母亲跟我讲了当时的情形，我就清楚了。母亲说奶奶去世后，爷爷总感到孤单。两年后的冬天，突然病倒了。爷爷自知不久于人世，对母亲说："桂珍啊！这一次毛病看不好了，要随爱云（我奶奶）去了。"爷爷先让村里小时的伙伴冯永生在老屋里搭床，陪住了

◎ 老屋（前屋建于20世纪初叶，主屋建于1950年）

几天，大概叙旧说些过往的事。母亲觉得这样不是个办法，就在三间新屋的西间，搭了两张铺。爷爷一张铺，我父母亲一张铺，对面陪着。爷爷坚决不让父亲通知还在金华读研究生的我和大学毕业不久在南京工作的表哥。爷爷说：小辈都忙的，不要让他们分心。没见爷爷的最后一面，是我一辈子的遗憾！

爷爷临走那天脑子还是很清楚的。村里有个小孩新生，爷爷说："我是太阳落山了，他是太阳刚升起。"爷爷读书虽不多，却也有庄子"人生天地之间，若白驹之过隙，忽然而已"的感慨和坦然。到了上半夜，昏迷中的爷爷忽然清醒过来，说"今天不能死，要害小辈的"。旁人不知为何，姑父懂婚丧礼俗，一推算"五七"是年初一，不吉利。爷爷硬是熬过12点，在第二天的子时离开人世。我查了万年历，1988年2月18日，是农历戊辰年正月初二，倒推28天（乡俗计第五周的第一天），爷爷的忌日当为农历丁卯年腊月初三（大寒），即1988年1月21日，第四天即农历初七。母亲说："头七撞七"，利小辈。爷爷一辈子都在为后代着想、操劳啊！爷爷享年84岁，在那个年代

◎ 爷爷亲手造的主屋　　　　　　◎ 主屋的门牌和"新风户"牌

已属高寿。写这篇怀念文字时,爷爷已经离开我 30 年了。

爷爷是个泥水匠,我的太爷爷也是泥水匠,父亲 1950 年参加工作前也学过三年泥水匠,泥水匠手艺传家。泥水匠是个苦活。我在读小学时,曾上台"忆苦思甜",诉说泥水匠的苦,那是爷爷讲给我听的:"投么投个苦爷娘,学么学个泥水(读'刷'音)匠;六月头里孵(读'哺'音)太阳,十二月里乘风凉。"泥水匠春夏秋冬,置身户外,爬高走低,跟砖瓦打交道,在尘土中讨生活,确实很辛苦。

爷爷是个工匠,造屋搭房靠的是手艺和经验,爷爷是这一行的高手。在传统建筑营造技艺上,"苏作"大师很有名,被请到紫禁城去造屋的。爷爷精通民居营造,一座建筑屋顶之最高处有屋脊,有的屋脊两端设有鸱吻、哺鸡、元宝、飞燕等图案,只有爷爷这样的老师傅才会做。爷爷也许没读几年书,却善画画。在造好的民居白墙上画画,这是手艺人的看家本领。我亲见爷爷帮人家建完土灶,在灶台上方白墙上画水仙花。母亲说:爷爷会画山水楼台、花鸟虫鱼,还会画人物故事,画得像戏台上的人一样,很像(逼真)呢。我还见过爷爷写的大字,门板上写着"东西南北,上下左右"字样,方便拼合;扁担上

◎ 主屋屋脊的砖雕

◎ 爷爷的墨迹

有"邹焕庭办用""邹焕庭记"字样，作为标记。颜、欧字体，端正庄重，爷爷的毛笔字有良好的基本功。

爷爷是村里的文化人。在外奔波造房子，吃的是"百家饭"，比种田的农民见多识广。记得夏天时节，天气炎热，村口的老樟树下，必有乘风凉的老老少少。上风头，烧起烟堆，可以驱蚊，爷爷会在树下"讲书"。印象最深的是，爷爷讲了全本《白雀寺》，连讲了十来天。说常熟大义镇有座白雀寺，寺庙极为宏大，有5048间房。我查了确有此寺，白雀年间（后秦年号）有白雀群集于古槐之上，以为祥瑞，建起了寺庙，称白雀寺。白雀寺方丈乐善好施，捐资修桥铺路，结交朝中高官，名声显赫。新任县令去寺庙赠匾额表彰时，发现其中隐情。有船家女美貌如花，因进白雀寺烧香被掳，发现白雀寺方丈是个假仁假义的好色敛财之徒，寺内关押众多女子。在寺中受害女子和正义僧人的帮助下，船家女得以逃脱，并向县令告发。新县令不顾前程安危，秉持正义，查清白雀寺方丈的一系列犯罪行为，智擒恶僧，白雀寺重见宝相尊严。爷爷不知从哪儿听来的本子，我查了苏州评弹，无此戏目；最近，宁海平调有《白雀寺》，是个民营剧团排演的，情节有些相似。

爷爷比较宠我。我出生后，爷爷高兴地说"邹家有后了"。我上面有两个姐姐，看来爷爷看重男丁。平时，爷爷跟着两个姐姐称呼我，一口一个"小弟弟"，叫得亲昵。大姐长我7岁，要帮母亲干活。二姐长我6岁，负责照看我，上小学很晚。一个七八岁的小孩，要带两三岁小弟弟，实在是勉为其难。常常是扛着"蜡烛包"里的我，跑得欢，最后发现扛的是空包裹——人早就掉在半路上了。怪不得长大后我的头有些扁，小时候摔的。二姐对我好，夏天炎热，我睡在矮桌子上，二姐睡在桌子底下。二姐上学去，我跟她去，在她桌边放只小凳子坐着听。我六岁就上学了，因为听了两遍，所以读书成绩一直不错。

我小时候特别调皮，是个"闯祸胚"。有一次跟二姐吵嘴，把二姐的书包甩泥田里去了。书包全是泥巴，二姐急得哭了。爷爷看到了，也生了气，顺手拿起一根小笤帚就打。我机灵地躲着，本来打身上的笤帚反打到了脸上。笤帚有小刺，脸上就出血了。我哭了，爷爷吓坏了，急忙帮我止血，想方设法哄我，当然最有效的方法就是买吃的。在那个物质十分贫乏的年代，有好吃的，孩子最开心了。我很快就忘记了痛，倒是爷爷一直疼在心里。几年后，妹妹出生了，妈妈要照顾妹妹，我就跟奶奶一床睡。爷爷奶奶住老屋，有个大大的天窗采光，透过天窗能看到月亮星星。爷爷有时也会跟我讲故事，讲什么，都忘了。爷爷奶奶的钱是分开用的，各用各。奶奶纺线摇棉花，每次完工后，大清早走20里路，到灵岩村、甘露镇去上缴。我特别愿意陪着奶奶去缴纺好的线，因为拿到钱，奶奶会请我吃碗阳春面，那是小时候的美食记忆。爷爷有手艺，钱自然要多一些。他有一个皮制的钱包，挂在腰间，在农村那是个稀罕物。

爷爷一生都抽水烟。水烟壶似乎是黄铜的，托在手中亮铮铮的。壶嘴弯弯长长的，壶身有专门装烟丝的烟盒，折叠盖，方便储存和捻取烟丝。壶的上部呈烟斗状，装实烟丝备吸。爷爷手指夹着还隐隐冒烟的撮纸，用嘴"噢"的一吹，撮纸就旺了，顺势点着了烟丝，然后凑近壶嘴，"噢落落噢落落"，一吸一吐之间，烟雾从水烟管里吸出，空气中弥漫着浓烈的烟味。爷爷不懂吸烟有害健康，他还以为长寿得益于吸烟让人放松舒坦呢。

◎ 水烟壶

爷爷年过七十，干不动匠人活了。吃百家饭的人，待在家里实在无聊。父亲给他买收音机，他说耗电池费钱，不肯用。他时常去石桥小镇上的茶馆店，只去坐坐，听人闲聊，不喝茶。姑父知道了，就去找茶馆店店主，把一年的茶钱先付了，让老泰山天天来茶馆。爷爷平时喜欢吃小鱼，一手指长的穿条鱼加点雪里蕻，确实鲜。小鱼刺多，一碗饭吃半天。有时米粒掉地上，他一定会捡起来吃掉，对我们说，浪费粮食要遭天打的。

爷爷奶奶经常吵嘴。爷爷性格有点硬，脾气急，遇事顶真。奶奶

◎ 爷爷记忆中的上五代祖宗

性格温和，热心帮人，在村里的人缘好。奶奶去世后，爷爷十分伤心，没了老来伴，心境差了很多。奶奶去世后，爷爷整理旧物时把我叫去。爷爷跟我说起老宅基河两岸的邹氏家族，族谱在长房。我特去当过石桥小乡乡长的长房邹爱文家寻访，得知族谱在"文化大革命"期间已毁。爷爷跟我说了他上五代的祖宗名号，让我记在一个小本子上。爷爷口述的家谱是：邹永宁生子宁福；宁福生二子，长子峻山、次子峻德；峻山生二子，长子德风（小名毛官）、次子明德（小名金和尚）；德风生子香全，明德生子小明德。邹香全是我太爷爷，生二子一女，长子焕庭、次子焕章、长女妹郎。爷爷告诉我还有分田分房的契约，交给我父亲了。我在母亲的梳妆盒里找到了：光绪十二年（1886）八月，邹峻山给德风和明德的分田契约；光绪十四年（1888）十一月，邹峻山给毛官和金和尚的分房契约。德风小名毛官，明德小名金和尚，契约上写得很清楚。有文书实物见证，说明爷爷的记忆是可信的。只是契约上的"中人"（中间人、担保人）族长邹尚忠和族人大官、魁官，不知后代是谁了。爷爷跟我说石宅基河两岸的邹氏，都是从无锡

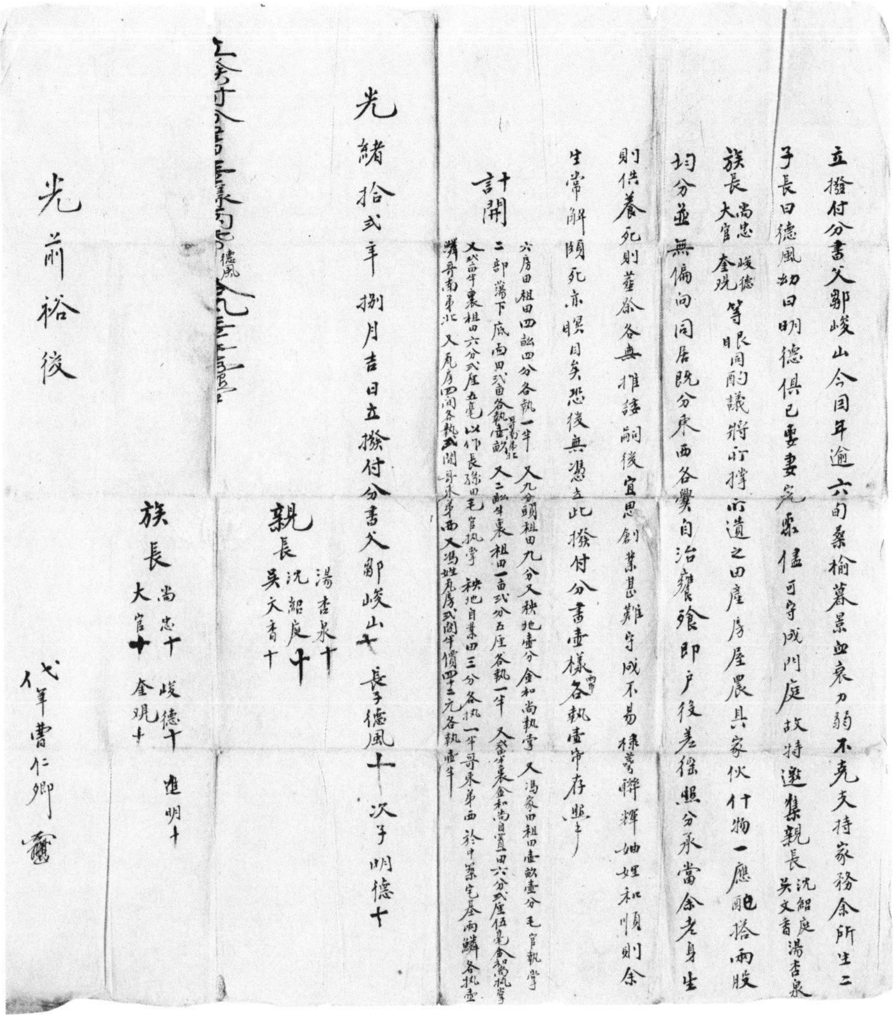
立撥付分書父鄒峻山今因年逾六旬桑榆暮景血衰力弱不克支持家務余所生二
子長曰德風次曰明德俱已娶妻完聚儘可守成門庭故特邀集親長沈紹庭吳文香湯杏泉
族長尚忠大官峻德奎觀等眼同酌議將祖撐所遺之田產房屋農具家伙什物一應配搭兩股
均分並無偏向同居既分東西各爨自治饔飧即户役差徭照分承當余老身生
則供養死則葬祭各無推諉嗣後宜思創業甚難守成不易棣萼聯輝妯娌和順則余
生常解頤死亦瞑目矣恐後無憑立此撥付分書壹樣兩紙各執壹帋存照
計開
光緒拾弍年捌月吉日立撥付分書父鄒峻山十 長子德風十 次子明德十
親長 湯杏泉十 沈紹庭十 吳文香十
族長 尚忠十 大官十 峻德十 奎觀十 進明十
代筆曹仁卿
光前裕後
◎ 光绪十二年（1886）八月，分田契约立合同公議瓦房筆據父峻山所生二子長子毛官次子金和尚聚妻宪聚因為坐落長邑東三都十五萬土字圩內新增祖遺瓦房三間壹廂正尚未攏擬至今考還不定以後倘有兄弟不睦仍恐將來有論故此邀集親族沈紹庭吳文秀湯杏泉鄭尚忠大德郁魁官等眼同酌定將瓦房兩廈不便是日擬定應為各伏自公議之後當日三面言明各自掌管一宅並無懊悔亦無滋紀異言如其潘濃反悔即是不孝此係各房非通志心無遇之此合同公議瓦房筆據為業

計開

老石瓦房三間問正金和尚執管 大南海許君名集烈店兒房三間壹廂正毛官執管又十一醬港地待梁烟開早以貼三間破房三十大是毛官執管弟店者房三間壹廂正毛

光緒十四年十一月初 日立合同公議瓦房筆據父峻山十
                  長子 毛官十
                  次子 金和尚十

                 沈紹庭十
           親族 吳文秀十
                 湯杏忠十
                 郁大德十
                 魁官十

       歲之興旺

       代筆 華桂香

◎ 光緒十四年（1888）十一月，分房契約迁来的，据说是从无锡后宅迁至吴县（今苏州市）的，这也触发了我寻根的想法。近年来，我考证了邹氏钱塘支的祖坟、祖居地、前六世名讳等，考据文章在《寻根》《书城》等刊物上发表了。我查遍了光绪二十九年（1903）邹仁溥主修的三十六卷无锡《邹氏家乘》，其中出现多个邹永宁，但我至今不能认定，哪个是我的先祖，或许只是同名而已。爷爷还在箱子角落里，摸出6块银元，说是留给我玩玩的，2个袁大头、4个鹰洋。爷爷苦笑着拿出一份借据，民国38年（1949）

◎ 无锡邹氏宗祠

二月借出白米三石五斗，讲好利息两分。不料借出后不久，苏州就解放了，人家本都不还了，这对于节俭的爷爷是一桩不小的损失。

爷爷过世后过了一段时间，父亲选了块高爽的自留地，将爷爷、奶奶的骨灰盒并排放在一个现浇的水泥棺椁内入了土，爷爷奶奶又在一起了。姐妹们在坟的四周种着冬青树，中间是一棵万年青，都是常绿植物。周围一大片土地村里租给花木老板了，种上了各种树和花。

每年清明时节，我都会带妻女回苏州祭扫。走进爷爷奶奶坟地，四周是一大片桃花、樱花，开得正艳。坟前一堆一堆银色的灰烬，是烧给爷爷奶奶的"银子"和经卷，有的是姑父姑母祭拜留下的，有的是我姐姐妹妹祭拜后留下的。在石桥村和毛巷村，我和表哥都是村里第一个重点大学本科生，爷爷奶奶为此很骄傲，当地人说祖坟上冒青烟。爷爷奶奶一辈子积善积德，才有小辈的出息啊！可以告慰的是，曾孙、曾外孙辈，都上了大学，有的考上了研究生，各有自己的前程和幸福。爷爷奶奶泉下有知，一定是很高兴的。

2018年6月29日

原载《嘉兴日报》2018年10月5日

记忆中的奶奶

奶奶是在我大三那年过世的,这是我人生中第一次经历亲人的生离死别,因此,深深地印刻在记忆深处。

1985年的7月初,我在上海华东师范大学中文系就读,三年级下学期已结束,学校放假了,系里确定我和另一位同学作为保送研究生,我保送系主任徐中玉先生的硕士研究生。当时研究生非常少,而保送制还刚试行。导师都签字同意了,我俩都以为不用参加考试了。

◎ 奶奶王爱云

7月底才接到学校通知：保送生外语全校统考，专业课免考。奶奶就是在这个时间病倒的。刚开始奶奶不愿去医院看病。父亲和姑父商量后，找医生上门来看。我清楚地记得，请来的是镇江医学专科学校毕业不久的毛忠琦。毛忠琦是表哥的同村人，高我们两级，大家很熟悉。毛医师摸了摸奶奶喊痛的部位，悄悄地跟我父亲说：肿块很大，胃癌已晚期了，买点好吃的吧（意思是治不好了）。此时正逢炎热的盛夏，全家人却如陷入冰窖，顿觉寒气逼人。

癌症是很折磨人的，奶奶整天喊疼。父亲到乡卫生院弄了"杜冷丁"镇痛。农村缺医少药，父亲弄了三五支，维持了两三周。亲友设法买好一点的食物送来。有个亲戚送来两只福橘，奶奶说好吃，这种产于福建的橘子，小镇上买不到，姑父特意到苏州城里再去买；西湖藕粉当地很少见，大姐夫不知从哪里弄来的，奶奶说好吃。后来，姑父寻觅一些补充营养的家禽、河鲜，买来后让姑母烧好送来，奶奶吃两口就吐，根本吃不进了。

奶奶要见一个个小辈。那时正好放暑假，我家姐妹、表兄妹们都在家呢，都轮流来看奶奶。我本要回上海的学校复习外语备考，奶奶一会儿说你走吧，一会又在叫我名字，如此我也不愿离开了。奶奶在病床上叫痛呼号了二十多天，而我一直陪着，有五六天没好好合过眼。所有的小辈都来见过奶奶了，只有怀着二胎、躲避大队抓去流产的二表姐没来。奶奶念念不忘二表姐。

8月的一天，已是后半夜了，姑父替换我，让我睡会儿。我在厢房迷迷糊糊睡着了，恍惚见到奶奶在蚊帐前，轻声说，我走了！此时，正屋里哭声大起。我见姑父、姑母、二表姐等人都在。二表姐踩着清晨的露水，溜进村来见奶奶。奶奶看到二表姐后，说了声"二囡，吃力了，对不住！"（意思是孕妇身子重，累着了），一激动，就走了。母亲说，她正在灶台烧粥，听到声音出来，奶奶已走了。此时为早晨

◎ 姑妈邹瑞英

6点钟光景。奶奶一生都深爱我们这些小辈啊！

  奶奶人缘好，老宅基河两岸的邹氏宗亲、村里的乡邻都来送行。石桥小镇有名的冯家先生送来了长联，夸奖奶奶的德行。父亲担任乡领导，遵守丧事简办原则，最后没有挂出来，灵堂也只做了简单布置。我坚持陪送奶奶到最后一程：是我亲眼看到奶奶被送进炉膛的一刻；是我亲手将奶奶的骨灰包进塑料袋放进骨灰盒；是我含泪将骨灰盒抱回家，安放在主屋二梁上的。20岁的我，第一次经历了亲人的生离死别，知道了人对死亡的恐惧与无奈，体验了失去亲人的悲怆！

  9月2日，我参加了学校的保送生外语测试，结果以2分之差落榜。另一位同学假期去广西黄果树旅游了，也没复习，同样也落榜了。人的一生不可能那么顺顺利利，每次挫折都会让你的阅历变得更为丰富。而那次落榜后，我辗转来到了杭州，杭州钱塘正是无锡邹氏的祖居地，让我重返钱塘，也许是冥冥中的安排。

  奶奶经历了太多的生离死别。奶奶生了9个孩子，最后活下来的只有2个：我姑妈邹瑞英和我父亲，两姐弟。奶奶曾经跟我说起过那些不幸的孩子，大多是出生不久便夭折了。奶奶特别讲到大女儿巧英，

16岁就到上海帮佣，23岁那年急性阑尾炎发作，东家送进医院，出钱做了阑尾切除手术。巧英术后就干活了，因为心里觉得亏欠东家。不料伤口感染，最后不治。还有一个小儿子寿宝，比我父亲小2岁，8岁那年生了脑膜炎，爷爷以为是中暑发热，给他吃发痧药水，火上浇油导致病情加重离世。20世纪三四十年代，贫农家孩子生了病，无钱医治，基本上是自生自灭。

父亲小时候，也曾遭过意外。有一个冬天，我干爷爷（小名"小阿勇"，开过店的小业主）跟他闹着玩，父亲穿的破棉袄露出了棉絮，干爷爷不小心把香烟火掉进了后背的棉絮里，慢慢引燃了。开始是后背冒着烟，父亲还不知道，还在跑着玩；火借风势冒起火了，父亲痛得直叫。村里的长腿伯伯看到了，把他抱住，丢进鱼塘里用水灭火。因为过火面积大，后背重度烫伤。幸亏父亲的私塾老师冯生其先生懂医道，据说是将刚出生的老鼠浸在特制的油里，烂两年后，已臭不可闻，然后将老鼠油反复涂抹烫伤部位，用这土方治好的烫伤。在当时的医疗条件下，父亲可以说是九死一生。

奶奶经历了这么多创痛，依然表现出乐观的生活态度。奶奶热心，喜欢帮人。性格开朗，有些大大咧咧，不记小事情，跟认真严厉的爷爷形成鲜明的反差。妈妈说起奶奶，总有一种亲切温暖的感觉，说明婆媳关系很好。

奶奶叫王爱云，小桥滨人。奶奶有个弟弟叫王根大，我称呼舅公。奶奶的父母早逝，她年长弟弟近20岁；长姐为母，一手将弟弟拉扯大。舅公的儿子王金元，年纪只比我大七八岁，跟我大姐的年龄相仿，但比我高一辈分，我要称呼叔叔。舅公平时挑换糖担为生，类似义乌人的"鸡毛换糖"。舅婆在家里比较强势，她信基督教，最后全家都信了教。这在20世纪70年代，十分罕见，信佛的奶奶很看不惯。奶奶带我去舅公家走亲戚，舅婆拿出隔夜的冷菜招待，我不喜欢吃，就不

◎ 老屋全景

◎ 老屋雪景

◎ 黄屋里，黄砖、黄瓦建的屋

愿去。金元叔叔有一箱子的小人书（连环画），我都是冲着这箱小人书才去的。奶奶去世后，那一路亲戚就不太走动了，而我在外地读书、工作，就断了音讯。

  我妹妹比我小 5 岁，妹妹出生后妈妈要管妹妹，我晚上跟住老屋的爷爷奶奶睡。老屋已建百年，墙是黄砖砌的，没做过粉刷，远近村里人称"黄屋里"。村里孩子叫爷爷奶奶为"黄屋里"爷爷奶奶。老屋有三间，一间为杂物间，一半放杂物，一半留出养猪；一间为正屋，有土灶，放吃饭桌子；还有一间为卧室，爷爷一张床，奶奶一张床。卧室的天窗是屋顶上置一块大玻璃，比较大，采光好，可以省灯油。透过天窗，能望见天空，望见天空中的月亮、星星。我记得，我在小学四五年级时，在老屋的煤油灯下，读完《创业史》《牛虻》《虹南作战史》《三探红鱼洞》等，还半懂不懂地读鲁迅作品的单行本，如《二心集》《三闲集》《且介亭杂文集》，这些都是父亲从公社文化站借回来的。

◎ 已有120余年历史的老屋和大大的天窗

  奶奶的收入，主要来源于纺棉花。那时的农村人一般都是自己种棉花，然后用纺车纺成棉线，再用木制织布机织成白土布，染色后即

◎ 手摇纺车

可做成衣裳。把棉花纺成棉线，是一道必不可少的工序。奶奶先用竹竿像擀面一样，将棉花擀成长条。然后，手摇纺车将长条棉花纺成细线，细线会自动绕到细长的铁轴上。在我记忆中，奶奶用手摇纺车纺线，"嘤嘤嗡嗡"的声音时常要响到晚上十一二点。领棉花和缴棉线的地方很远，在公社最西北的灵岩村和无锡县甘露镇两处，从我们石桥村到那两个地方，步行要两个多小时。这两个多小时路很难走，都是泥泞的小路；有两座小桥，就两根独木拼起来架在两岸，雨天湿滑，要手脚并用着过桥。我喜欢跟奶奶去甘露镇缴棉线。甘露是个古镇，有各种店铺。缴完棉线领了钱，奶奶会带我到点心店吃阳春面，这是我童年的美食记忆。每次出门要起大早，早晨四五点钟，露水很重。早年挑着桅灯照明，后来用装三节电池的手电筒。记得有一次去缴棉线，遇到一位迷路的老太太，天黑眼神又不好，差点走到河里去。我把她领到正道上，同路走到甘露镇。老太太特意买了肉馒头答谢我。刚出笼的肉馒头，光滑洁白，松软香甜，嚼劲十足，让我回味无穷。

五年级刚开学的一个星期天下午，母亲下地劳动，两个姐姐去帮忙。我一个人看家，照看煤炉。那个时候，每家每户都用自制的大煤炉，劣质煤用河泥拌着制成煤饼，烧起来烟很大。煤炉上烧的是一大锅粥。烧好了，我想把锅端下来。人小个矮够不着，用凳子凑高。刚端起锅，脚没踩稳，凳子一歪，一锅粥全打翻在脚上了。两只脚顿时一片红肿，我放声大哭。奶奶闻声赶来，用布将脚上粥水擦掉，又从井里打来一盆冷水，让我把脚浸在冷水中。我半信半疑，只敢伸进一只脚。奶奶说，她在上海帮佣时，烫伤了手，浸冷水后就会好起来。后来，母亲赶回来了，把我背到医院治疗。冷水冰镇过的那只脚果然好很多；另一只脚痊愈后，脚面留下白色疤痕，像一幅中国地图。这段记忆，来自一篇回忆作文，我现在已经遗忘了。这件事说明，当年奶奶农闲时曾在上海帮过佣。苏州到上海距离近，民国时期北桥一带的年轻女子到上海帮佣的很多。如杜月笙的正室沈月英、蒋介石的侧室姚冶诚、黄金荣的总管家张桂英都是北桥人，她们也是帮佣才到上海去的。据姑妈说，我干妈的婆婆当年在张啸林家做过奶娘，我姑妈与我干妈是义结金兰的"闺蜜"，比较了解干妈家中的陈年旧事。

记忆中的奶奶，越来越模糊。我翻看了中学和大学的日记，写到离家去学校，总记着"临行我去爷爷奶奶处告别"。母亲是我的来路，是我的故乡；奶奶是父亲的来路，父亲的故乡。爷爷奶奶离开我30多年了，父亲也过世快5年了。人生苦短，如今我也年过半百。关于爷爷奶奶的过往历史，只有87岁的姑父、86岁的姑妈和83岁的母亲还残留在脑海中；而他们也因年迈，大多遗忘了。写下这篇回忆文章，一是想念我亲爱的奶奶，二是为了留给小一辈，记住善良可亲的老太太。

奶奶王爱云，生于光绪三十二年（丙午）八月十一（1906年10月4日），卒于1985年8月某日，享年80岁。

2018年7月8日

原载《嘉兴日报》2019年3月15日

我的父亲

2013 年深秋，无边的萧萧落叶。

父亲拔掉鼻饲的管子，沙哑含糊地重复着：回家，回家。

父亲患糖尿病并发症，在苏州的几家三甲医院流转。医院为了提高床位周转率，超过一个月就得转院。病情越来越重，插满管子的治疗变成了无尽的折磨。

我焦急地与在医疗系统工作的侯同学商量，父亲在北桥任银行营

◎ 父亲邹寿昌

业所主任、公社党委副书记,前后有 15 年,回到熟悉的环境,也许对他更好。侯同学联系了北桥漕湖人民医院。医院腾出了原来放仪器的套间,一间用作会客,一间放置两张病床,父亲和护工各一张。父亲生命里的最后 3 个月,心情是愉悦、安宁的。护工小王在萧山的一家医院 ICU 做过,跟着儿子到苏州相城打工,第一份工作就是护理我父亲。她与父亲投缘,悉心照顾,从苏州几家医院一路跟随护理,比子女照顾得专业。镇里的老同事、老朋友三天两头来探望;姐妹都住镇上,变着花样烧可口的饭菜送去。父亲心情大好,逐渐能自主进食了。之前因脑梗语言功能障碍,早已不太说话。到了晚上,兄弟姐妹聚在一起说起往事,父亲听着听着冷不丁会接上一句。

天气越来越冷,接近"三九"寒天,父亲的病情忽然加重,直至弥留。家人商量后接回石桥村的老屋,老屋近百年,乃父亲的"血地"。父亲卒于冬至前夜,公历 2013 年 12 月 21 日 20 点 08 分,农历癸巳年(蛇年)十一月十九日戌时。父亲生于民国 24 年农历乙亥(猪年)腊月十七亥时(1936 年 1 月 11 日),享寿 78 周岁(家乡人计虚龄,称 80 岁)。那年的冬天特别寒冷。

父亲过世已经 7 年,在我脑海中的形象逐渐开始模糊。至亲好友说起父亲,印象最深的是一生爱读书,算盘打得精熟,是个"老会计"。我查了父亲的档案:邹寿昌,曾用名邹建萍;"1942 年 1 月至 1947 年 12 月就读于石桥小乡南基村私塾,因家贫无力缴纳学费,后辍学,随父母务农,农闲时随父外出做泥水工";"1951 年 1 月至 12 月,复入石桥中心小学读书,后因父病停学"。父亲自述:"小时候,我在农村私塾读过 5 年书,新中国成立后又补习过一段时间,学历相当于现在的初中,在当年也算半个知识分子。"从履历看,他一共读了 6 年书:5 年私塾,1 年新式学堂。在村里的同道中,最出挑的是大队书记许奎元、银川农药厂工人华祥生(我干爹),都是私塾的同学。

苏州解放1年后，1950年7月，父亲就积极参加"土改"工作，帮助乡政府填写土地证及粮证，后来担任过治安主任、石桥小乡民政委员。据我母亲说，这些都是义务劳动，并没有工资补助。为此，做泥瓦匠的爷爷很不以为然，没收入哪能养家糊口？爷爷让刚结婚不久才16岁的母亲去管他。父亲辩解说，这是在"学本领"。终于机会来了，1954年7月，乡里委派我父亲到黄埭区黄埝里乡信用社学习会计业务。父亲悟性好，只学了2个月，算盘打得飞快，很快出了师，9月就担任石桥小乡信用社主办会计。父亲自述："一踏上工作岗位就担任主办会计，全乡经济大权都交给了我，这是党和人民对我的信任，感到肩上的担子很重，所以一直暗暗地告诫自己：学好真本领，做一个出色的会计员。"1955年至1957年的3年，县支行每年都要举办短期

◎ 父亲1966年在锡山公园

培训班，每次1个月，学习银行会计基础知识和信贷业务，父亲学习十分刻苦，成绩年年在前三名，当时县支行的行长夏发余、笪及人很欣赏他。父亲随后在蠡口银行信用社、北桥银行营业所、黄埭银行营业所不断工作变动，一直担任主办会计和信用社负责人。父亲很会动脑筋的，最出彩的一次是：总行陈希愈行长（1973年至1978年为财政部副部长兼中国人民银行行长）在苏州地区召开座谈会，父亲代表基层营业所发言，交流的经验得到陈希愈行长的当面"点赞"。父亲是1977年7月担任北桥公社革委会副主任、党委副书记的，从县支行调到农村公社，从办公室调到田间地头，选择了更为艰苦的工作。他担任北桥银行营业所主任，常到大队蹲点，利用闲散资金，组织互助储金会，提高资金利用率，在农村财务管理上有先进经验。在"以粮为纲"的年代，或许因有这些成功经验才让他去支农。担任公社领导，主抓春秋两季的分配工作，从全乡400多个生产小队会计培训抓起，父亲集中讲课传授分配规范细则。父亲是农村干部中理论和实践经验都丰富的财务专业人士。

　　父亲一生爱读书。奶奶生育9个子女，只有姑妈和父亲姐弟俩存活下来。姑妈今年89岁，她常跟我说起父亲的往事。她说我父亲小时候很调皮很聪明，帮塾师冯生其先生看宅子，晚上住在先生家。冯先生家藏书多，但书房门总是锁着的。父亲翻过隔墙板壁（江南民居以木板作隔墙，通常不封到顶），到书房里去找书看，一读就是通宵。父亲在煤油灯下看书常入迷，一次油灯打翻了，急忙用手去揩干，顺手又往头上擦，头发变得油光锃亮，只是煤油味熏人，父亲大概觉得煤油味中有书香。姑妈说，父亲不仅爱看书，还能"说大书"。村里冯阿六常打着桅灯请父亲去讲书，有一本《说岳全传》，讲得精彩。姑妈说父亲讲书会"穿插"，就是讲得曲折生动，擅长衬托气氛，讲得村民欲罢不休。20世纪70年代，"批林批孔""儒法斗争"，评《水浒》批宋江，公社建起了文化站。父亲从文化站借来一批图书，有公案侠义小说《三侠五义》《施公案》等，有"三红一创"革命历史小说，还有鲁迅作品的单本集《且介亭杂文集》《二心集》《三闲集》等。父亲看书真是"手不释卷"，他是手持着书，读一页卷一页，卷着看的，这适宜于看线装书。普通横排平装本如果卷着看，书脊会变形，所以父亲看过的书会增厚许多。家里有杂书，我自然也看得多，我语文从小就好，跟广泛阅读有关。有一阵子，父亲从河西岸冯家借来了《千金方》之类的线装医书，学着开起了方子，还好并没有付诸实施，他也成不了中医师。据母亲说父亲还会画画，客厅里曾挂过他画的人物轴子。我知道爷爷是江南民居造屋高手，会在白墙上画戏曲人物和花鸟鱼虫，父亲的画我倒没见过。

父亲爱读书，但对子女升学的事很不在意，这一点让我很是想不通。我家兄弟姐妹4人，姐妹的文化程度都很低。大姐、二姐比我年长六七岁，读书成绩不清楚；而我妹妹成绩优秀，墙上贴满了奖状，竟早早辍学了。表哥家兄弟姐妹6人，基本都上了高中。我大姐与二表姐是同学，大姐小学毕业后辍学；二表姐高中毕业，后任小学老师。我妹妹与表妹同学，妹妹初中毕业后辍学；表妹上了高中，只是没考上大学。论家庭困难，姑父姑母家人口多，更不容易。姑父家祖上是私塾先生，姑父重视教育，让子女得到良好的教育，是姑父一生的信念。表哥长我一岁，小时候得过严重的肾炎，经苏州名中医王一峰治疗得以痊愈，晚一年入学与我同级。我和表哥在石桥中小学校读的初中和高一，这所几个村联合办的学校居然办起了高中，师资力量很弱，物理、化学老师本人学历才高中毕业。我向父亲提出转到公社办北桥中学上学，父亲以"不能特殊"一口回绝。一年后，这所村办高中解散了，我因成绩优异插班到北桥中学的高二理科尖子班，能进这个班的石桥学生只有四五人，表哥分在文科班。父亲下乡蹲点去了，我和

◎ 石桥镇的石家桥和新建的里仁禅院。里仁禅院始建于明代，民国年间曾有16间禅房。抗日战争时期，徐达山创办石桥小学。新中国成立后，为吴县石桥小学，后扩办初级中学。1972年更名为吴县石桥中小学校。我在此读完初中和高一

表哥住在父亲的宿舍里，那是公社办公楼楼梯间七八平方米的一个杂物间。我因高一物理底子没打好，物理成绩开始拖后腿。我石桥中学的语文老师张治栋先生担任文科班班主任，对我的语文欣赏有加，他三次上门劝我父母让我改读文科，父亲都断然回绝，父亲的观点是："学好数理化，走遍天下都不怕。"这也是那个年代人的普遍认识：刚从"文化大革命"走出来，国民心有余悸。残酷的是，高考落榜如期而至，青春期的逆反和对前途的迷惘让我心情郁闷。

我小学三年级就下地帮母亲挣工分了，我们生产小队有80亩水田，只有16户人家，田多人少。平时一放假，我都参加劳动，挣小人工分。落榜后，我做了一个完整的"双抢"（抢收抢种），做过农

村壮男劳力能做的所有"重头生活"。比如：罱泥，用两根长竹竿钳住底部两个竹箕样的罱泥箃，将河底的淤泥夹进罱泥箃内借着水的浮力提到农用船舱，有几十斤重，提上来要用腰力臂力；挖潭沤肥，在田里挖直径五六米深七八米的深坑，一层秸秆、红花草、野草、水浮莲等绿肥，一层河塘泥或人畜粪便等厩肥，河塘泥占总重量七成，加水后掩埋厌氧发酵，半个月后挖出来作为有机肥施到农田里；挑水稻，

◎《新华日报》1982年8月10日江苏省高校录取新生情况报道

雷雨天浸过的一担水稻有180斤左右，踩着泥泞的田埂挑到500米远近的打谷场。最吃力的是交公粮，过磅秤后，自己要扛着盛满稻谷的栲栳踩着长长的跳板倒进粮库高高的筒仓，用的是软硬劲。

　　我小时候，父亲常跟我说，长大去学打铁做铁匠，既能锻炼身体又能养活自己。待我落榜后，父亲忙于工作，并没有真正为我考虑前途。做完"双抢"，大队里造大队部，我爷爷的徒弟在负责，母亲就让我去做小工，为泥瓦工打下手，这倒是"祖传技艺"。已经过了10月中旬了，姑父突然到工地上找我，说"小亮跟我走"。原来，表哥已在吴县浒关中学（原吴县中学）补习，姑父每次看到身体弱小、晒得墨腾黢黑的我就心痛不已，跟我母亲商量让我也去补习。我就这样插班进了浒关中学，先读理科再转文科，1982年总分考了457分，以全县文科前五名的成绩进了华东师范大学中文系。根据1982年8月10日《新华日报》，那年江苏省450分以上的考生只有215人。那年南京大学文科录取分数线430分，按分数，我几乎能进全国所有名

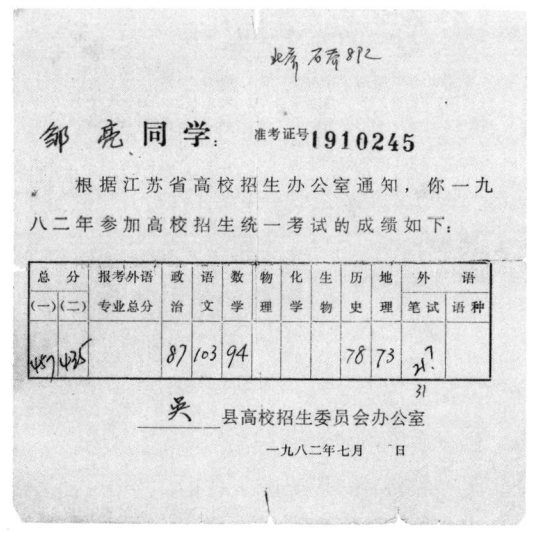

◎ 我的1982年高考成绩单

校。那年江苏省是考完即填志愿，农村孩子都是估分盲填的。

那年我语文考了103分（1982年全国统考，文科语文120分，数学、政治、历史、地理各100分，外语70分），语文分数吴县第一，在江苏省也在前列。当年没有姑父的恻隐之心，我就不会上大学，后来才得知姑父是找我父亲一个教育界朋友帮的忙，我父亲肯定不会主动去找上门的。

张治栋先生要找我父亲"算账"，说读文科早录取了。我想父亲不会认这个错的，他一直认为让子女吃苦、受磨难才是最好的教育方式。他是个那个年代的老党员，公私极为分明，"公"字当先是他的人生原则。最鲜明的例子是，早些年，配来的药有剩余也不给我母亲用，因为他的药是公费的，母亲农村户口，要自费。我出生于1963年12月14日清晨，正逢父亲抓全公社的年终分配最紧张的几天。母亲在家里独自生下我，因为叫不应住在小屋里的爷爷奶奶，只好将两个姐姐踢得哇哇大哭，爷爷奶奶听到哭声才知道生了，赶紧去叫村里会接生的瞿才芬婆婆。瞿婆婆把我包好弄妥，就起身到公社办公地找我父亲报喜信。3天后，我父亲结完分红账才回家见新生儿。办公地点离家也就5公里路，步行1个小时光景，但父亲不办完公家的事是不会来处理自家私事的。事实上，父亲一心一意在工作中，一年中回家次数并不多，有大禹"三过家门而不入"之风。所以，我印象中的父亲，是十分严厉的"公家人"。记得我刚读研的那一年，妹妹在村镇集体办的一家铜棒厂做三班倒的工人，晚上12点要骑自行车到厂里，那是没路灯的石子路，那路段曾出过事。我不放心当晚送妹妹去的。回到学校我就睡不安觉了，为妹妹担心。某种意义上，是妹妹放弃了升学的机会，帮母亲干农活才让我安心上大学。苏州从事公安工作的同学告诉我一条政策，工作满30年后可以让一个子女"农转非"，有一定比例要争取。我听后很兴奋，特意请假回家办理。首先要父亲打申请，父亲一口拒绝，说："我怎么能向党伸手提要求呢？"这些话只有在写英雄模范的文学作品中读到过，让我亲耳听到了。我已经忘了采用什么方法让父亲同意的，申请书肯定是我起草的。妹妹因为只有初中文化，"农转非"后在供销社做服务员，不久就下岗了。妹妹这么聪明，生活艰苦但乐观，她是兄弟姐妹中最孝顺父母的，比我做得好，我经常自感惭愧。幸运的是，妹妹的儿子、我的外甥，继承了妹妹的聪明基因，今年从美国威斯康星大学研究生毕业回国，完成了妹妹读书的愿望。父亲是一个"组织人"，我研究生毕业刚走上工作岗位时，遇到过一些生活挫折，父亲来信时会说："你可以跟组织交交心。"我不知道找谁。我的分管领导和室主任对我倒是十分关心的，好像都不是党员。父亲将近退休那年，开了一次刀，输尿管结石，我请假在苏州护理了十几天。父亲跟我说，退休后国家会管的，不用靠子女。确实，父亲工龄长，退休金不低，但是亲情呢？父亲晚年十分依赖子女，特别希望我回苏州看他。血缘伦理是中国人的"宗教"，有些事过眼云烟，亲情却是永远难以割舍的。

父亲的好友华桥男叔叔，是继许奎元后的石桥大队支部书记，他对父亲的总体评价是"忠厚老实"，突出印象有几点：一是爱看书，二是生活节俭，三是孝敬父母，四是肯帮人。第一点前面已述，孝敬爷爷奶奶这一点我也有同感。奶奶性格随和，不计较，好相处；爷爷性格刚烈，父亲有几分怕的。在那个物质条件艰苦的岁月里，父亲尽他所能对爷爷奶奶好，我能体会到的，主要是我母亲做得好。在待人接物方面，父亲先人后己成了习惯。比如在渭塘税务所任所长兼政治指导员时，他首先放弃县税务局在苏州城里分房的机会，待渭塘税务所自建房分配，父亲年资最长级别最高，先放弃位置好的东边套选择西边套。同事说家里有老人不方便上楼，父亲二话没说又把二楼让给别人，自己选择西边套的顶层。西边套临着苏常公路，顶层又漏水，

◎ 父亲的聘任书

◎ 1987年度优秀党员奖状

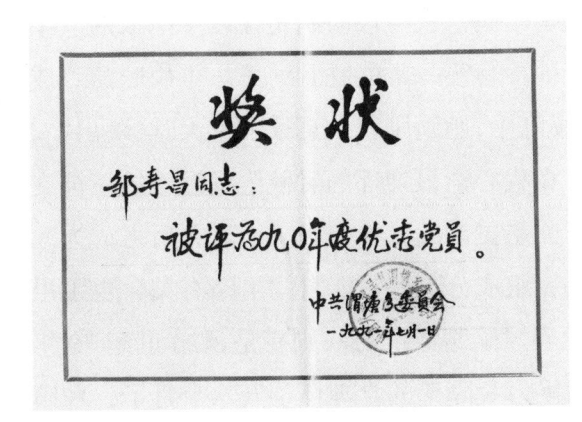

◎ 1990年度优秀党员奖状

可能这套房是整幢楼最差的。父亲这么做没有跟家人商量过，这是他的习惯：比别人住得差，他安心。可是对母亲来说就闹心了：一下雨就漏水，不停请人补漏，还是漏。西晒热，沿马路吵，楼层高上楼不便，母亲都得去克服。父亲退休后不久把房子卖了（仅卖了4万元），回到老宅基的祖屋住，一方面是叶落归根的思想，另一方面渭塘的房子住着不安生也是原因。华桥男叔叔说父亲"对认识的人尽力而为帮忙"，也有人说父亲不肯帮人。我觉得父亲是个坚持原则的人，如果违背原则的事他可能会拒绝。但也有例外，父亲或许侠义小说看多了，性格中有"义"字，有情有义，有性情中人的一面。我出生不久就"寄名"给父亲的同学华祥生，认干爹。我干妈的父亲，是当地有名的地主。干爹的父亲为小业主，颇有地产，为上中农。年轻时的干爹受不了成分歧视和不断"批斗"，出走家乡，后来在宁夏落脚，成为银川农药厂的工人。在那个年代，贫农成分、党员干部身份的父亲与成分不好的人家认干亲是要冒一定政治风险的。或许干爹远离家乡，父亲觉得认干亲两家便于照应。干爷爷将我改名为"家林"，干哥哥叫"川林"，意思是父辈一个在家里一个在银川，儿子成了两兄弟，在农村兄弟多就有实力，不被人欺侮。我母亲与干妈亲如姐妹，有一次，两人在田头劳动，地上有根断了的农用电线，干妈捡起来时触电了，母亲急忙用竹柄铁搭挑开电线，解救了干妈。我有段时间是住在干妈家的。干哥哥是捕鱼捉蟹能手，我帮他拎鱼篓，常能吃到河鲜。干姐聪慧，成绩优异，但因成分不好不能读高中，她勉励我认真读书考大学，跳出"农门"，她是我的启蒙老师，在我心情最抑郁的时候给我温暖的精神支持，那些年我与干姐、干哥关系更亲近。干姐姐、干哥哥后来成为改革开放后最早富起来的一代，跟成分不好只能自闯生路有关，也跟祖上的经商基因有关。父亲顶着风险帮人的另一则事是，20世纪70年代计划生育政策最严厉的时候，我隔壁的堂婶怀孕五六个月了，乡镇干部发现后打上门要拉去流产，因为堂婶已经生了3个女儿。在危急时刻，堂叔跑到乡政府找我父亲。我父亲了解堂叔为了生儿子，已经将第3个女儿送了人，就向乡妇女主任顾宝芳说情。堂叔如愿得子叫邹明。邹明结婚那天有人说我父亲太讲原则不肯帮人，我姑父气愤地反驳：如果没有我这个兄弟（姑父随姑母叫我父亲"兄弟"），哪有邹明的今天？

父亲节俭。他收入低，月工资长期是25元，后来加到30元。我家上有爷爷奶奶，下有姐弟4人，全家8口人。在村里是"缺粮户""倒挂户"，类似高晓声小说中的"漏斗户主"。母亲的工分加上姐弟的小人工分不足以支付全家的口粮费用。家里养猪，一年两头猪；家里养鸡，生了鸡蛋集起来卖；家里种番薯，将番薯蒸熟了上街卖。大姐管钱，到了年底，劳力强、工分多的人家有分红，除了口粮还能分到现金，像我们家这样的"缺粮户"，要拿钱出去换口粮。大姐每次都是哭着交出钱的，因为这些钱是平时一分一分积起来的，其中就有父亲存起来的工资。那个年代吃商品粮的金贵，称"铁饭碗"。父亲算吃商品粮的，可是有一家人需买口粮，只能尽量省钱。父亲从乡政府转到县税务局渭塘税务所工作时，家里经济情况已经略有好转，但依然节俭。他的同事江伟男跟我说，父亲为了省车钱，时常步行，"打车""坐三轮"是绝对舍不得的。要养活一大家子人，父亲身上有责任。

父亲最大的个人开支是抽烟喝酒。那个年代的基层干部大多抽烟。华桥男叔叔对我说："那时社会物资缺乏，地方基层干部与农民没有什么区别。那时候晚上要学习时事政治和党的方针政策，一学就是半夜，白天还要工作，现在想想是不可能的事。""政治挂帅"年代，学习是必不可少的。大集体劳动，听着哨子出工收工，收工后还要评工分。开会是经常的，蹲点的大队要开社员大会，公社开会就在大礼堂了，据说父亲两三个小时讲话基本不用稿子。抽烟是必须的，开个

◎ 父亲和母亲在杭州上天竺

◎ 父亲和我

◎ 爷爷与孙女

会一包烟一派送就没了。一角三分的"勇士牌"太差,"大前门"是好烟,往往在开会时跟别人分享,自己常抽二角二分的"劳动牌"和二角八分的"飞马牌"。直到1997年,我有了女儿,俩老来杭州带小孩。叼着烟抱孙女,烟气呛人。母亲一次次指责他,他听烦了,回到苏州居然戒了。父亲爱喝酒,18岁就开始喝了。早年生活艰苦,饭都吃不上,酒是不常能喝到的。包产到户那些年,家里分了6亩水田,劳力少,农忙时节两个姐夫会来帮忙。父亲让母亲炒几个菜,留下来喝酒。有一年,父亲与两个姐夫喝掉了两瓶"一滴香"(宜宾五粮液厂生产的50度白酒),二姐夫喝醉了,不停地说"一滴香真是香"。父亲酒量很好的,退休后一天喝两餐,一餐半斤。一开始喝两三升装的大瓶白酒,农村土法蒸馏白酒,酒精度数在40度以上。条件好一点时买瓶装酒,也是中低档的。退休后的几年,时常来杭州,一般待十天半个月,喝红星二锅头,来一次酒瓶子墙角就成堆。父亲说吃饭没喝过酒,好像饭没吃过一样。73岁那一年,父亲上街买菜,晕倒在菜场,送到医院检查,血糖高得吓人。母亲就限酒,专门备了个二两半的杯子限量,一杯酒倒满,父亲马上吮一口,然后让母亲再添满,这叫"饶头"。父亲馋酒。

父亲退休后5年,说要叶落归根,回到祖屋居住。一开始在屋前屋后种点花草还新鲜,不久就变成躲在家看书、看电视了。邻居虽然也沾亲带故,但是因为成长经历、生活环境不同,早没啥共同语言。原来在乡镇一起工作过的同事朋友,约他去锻炼身体,比如每天走十几里路,他没兴趣。父亲除了工作、看书,没啥业余爱好。古代乡土中国,乡绅起很大作用,而今的农村,年轻人都向往城市,只剩老人孩子。有条件人家,孩子都到城里去读书了。就人气而言,已没了20世纪七八十年代的兴旺。父亲在祖屋住的几年,反而孤单了,加上饮食习惯不好,喜欢吃肉,几乎不吃蔬菜,又没有新的精神追求,身体就出了问题。首先是心血管问题，脑梗了两次，一次比一次严重。后一次急送到苏州第一人民医院，因为床位紧张，在过道上住了一周。我陪护一周时，他几乎不认识人了，语言受障，走路也困难。出院后在康复中心治疗了一个多月，才有所好转。最后转到刚刚兴起的民营护理院，先在苏州城里的仁家护理院，半年后转到相城区新开的康宁护理院。我给父母亲包住了一个房间，后来与干姐商量着让干妈也住进这家护理院，这样老人就不孤单了。

母亲在康宁护理院住了10年了，每次我去探视，都会说起父亲。屈指一算，父亲已经走了整整7年。有时跟表哥表妹说起父亲，他们对这个舅舅满怀敬意。表哥回忆了一个情景：我父亲在祖屋里边喝酒边教育我俩，用筷子指着饭桌上的木结节说，做人要坚强，要像坚硬的结节那样。我和表哥是所在村里的第一个大学本科生，父亲说的要艰苦锻炼，要自我坚强，我们都经历了，体会了人生的酸甜苦辣。不知不觉，我俩也开始说父辈当年说过的话，而孩子们跟我们当年一样感到厌烦。写下这些，有什么用呢？我们的下一代对这些陈芝麻烂谷子的事或许不感兴趣，并不想听。老一辈的事迹，总是萦绕在我的脑海中，我怕年迈遗忘，就这样流水账般记录下来：一是怀念父亲，一是怀念我的青春岁月。

2020年10月10日

余杭白泥山汪氏家族世系考

我岳父汪尔皋老家旧称浙江省余杭县南乡白泥山杨桥头村。白泥山是朱桥一庄至白云村一带的山垄，聚居着晚清名门望族汪氏家族。我岳父一支汪氏祖坟在邵尖山大弯里南坡，一代一代井然有序。第一

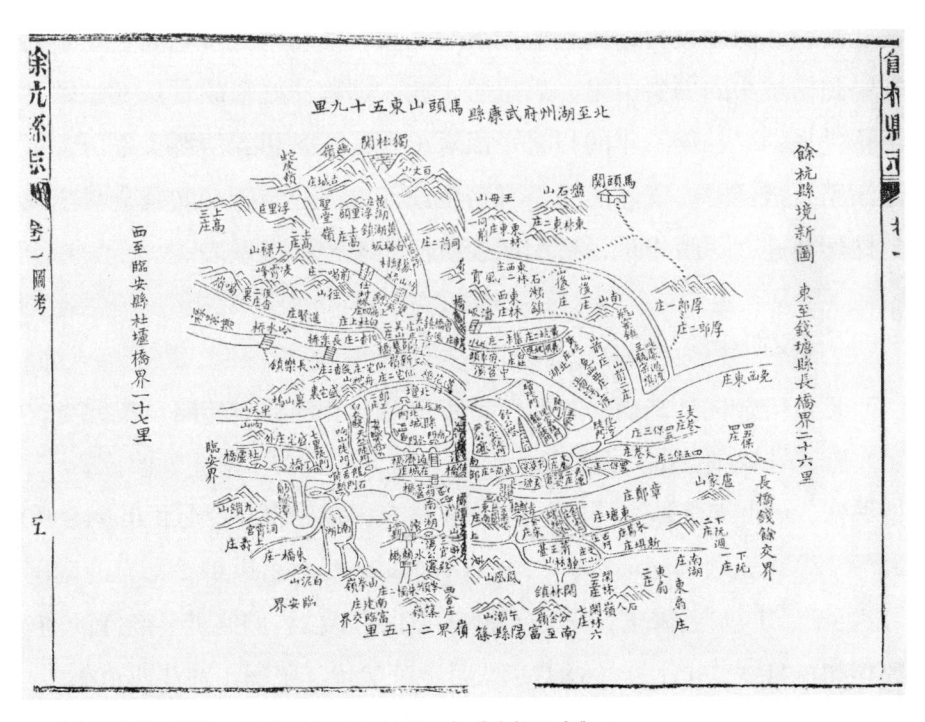

◎《余杭县境新图》，见嘉庆十三年（1808）《余杭县志》

◎ 民国35年（1946）《余杭县全图》（局部）杨桥头、沙村位置

代祖汪元功，族人称元功阿太；第二代汪树钧，族人称巽和阿太。老一辈的人说，同治年间太平军占领余杭，因元功阿太的哥哥汪元方是清廷高官，祖屋被焚，族人遭太平军杀戮，元功阿太带着独生儿子巽和躲到杨桥头的邵尖山里，后定居于此。据称汪姓家族是从安徽歙县迁移过来的。一年一年的扫墓，面对祖先，总是想弄清源头来历，可是汪氏族谱已毁。既然历史上有名臣汪元方，一定能在文献资料中找到蛛丝马迹、一鳞半爪，拼织成余杭汪氏家族的世系表。

一、文献中的汪元方

《光绪余杭县志稿》《两浙耆献传略》有汪元方传略。汪元方，字友陈，号啸庵，杭州余杭人。道光十三年（1833）进士，改庶吉士，授编修，充武英殿纂修。十七年（1837）充湖南副考官，十九年（1839）大考二等，充顺天同考官，二十年（1840）授山东道御史，充河南副考官，转掌广东道御史，以父年老病风手足不仁告归终养，亲侍汤药，数年如一日。二十七年（1847）八月，丁父忧，服阕，补江西道御史。咸丰元年（1851）充顺天同考官，转工科掌印给事中，十一年（1861）

汪元方　杭州錢塘人

汪元方字友陳號喻庵道光十三年進士改庶吉士授編修充武英殿纂修十七年充湖南副考官十九年大考二等充順天同考官二十年授山東道御史充河南副考官轉掌廣東道御史以父年老病風手足不仁告歸終養親侍湯藥數年如一日二十七年八月丁父憂服闋補江西道御史疏言各省州縣譯盜為竊勢難禁止當設法變通前閩浙總督劉韻珂責儗林則徐皆有外府益犯近解道富結之議請旨飭下各督撫過重大益被解省以符定制連者解道以示體卹至案情浮於法律令因時變通分別懲辦下部議行浙水災漢甯府屬富餘臨於新昌六縣為嘉湖上游湖州府屬程德孝安武長七縣為蘇松太上游賢係山縣惟程安德三縣山水參半山稅

較田稅僅十分之一三十年前從無開墾者惟有江蘇淮徐安徽安慶浙江溫台各客民至杭湖兩屬開種包裹棚居山中民蘇雜處御史蔡廣鵬曾有禁止棚民開山之請其時十開二三近已十閒六七遇大雨沙碛盡流下民田化為磽确不毛益賊潛生無去路浸成災實為地方大害且稽查不易棚富總生請旨飭浙江巡撫將未開之山禁止已開者傳業戶領回毀其棚爲收水出境則盜亦可稍息除籌議之方庶于民田有益下所司議行轉史科給事中咸豐元年奏言豫工例涂增附生捐教一條致初入膠序者紛紛入銱老胞宿儒求補一敬官不可得請令捐生此條停下部議行充廣西副考官秋以車務未竣迴郎鳴奏請展期命回京充順天同考官轉工科掌印給事中三年疏言京師内城竊盜案件内歸步軍

統領衙門管理五城例無責成前三門外則營汛司坊均有専責立法本周而奉行日久漸無實效請飭兩營變通凡管汛弁兵各城地方過有緊要事件準其就近協同辦理其廳駐旗撥及巡夜弁兵亚責成処城科道認真稽查步軍統領衙門仍咨派司員押查庶得緝捕可期得力下所司議行九年昇奉天府少尹學政十一年調鴻臚寺卿同治元年晉順天學政權太僕寺卿遷通政使三年奉都察院左副都御史催禮郎右侍郎充鯉延讓官升都察院左都御史入直軍機虎六年東京蔡上諭以元方同心贊畫勤慎和衷下部議叙副考官十月卒于位贈太子太保照尚書例賜卹賜祭葬予諡文端

© 《兩浙耆獻傳略》第2889-2891頁，浙江古籍出版社2019年12月版调鸿胪寺卿。同治元年（1862）督顺天学政，擢太仆寺卿，迁通政使。三年（1864）迁都察院左副都御史，擢礼部右侍郎。四年（1865）充会试知贡举，十月赐紫禁城骑马，调户部左侍郎，充经筵讲官，升都察院左都御史，入直军机处。六年（1867）京察，上谕以元方同心赞画、勤慎和衷，下部议叙，充顺天乡试副考官，十月卒于位，赠太子少保，照尚书例赐恤，寻赐祭葬，予谥文端。

汪元方是清朝道光、咸丰、同治三朝高官。汪元方有三子：树屏、树堂、树廷。同治六年（1867）十月十四日上谕中，汪元方卒于任上，同治帝派郡王衔贝勒载治带领侍卫十员前往祭奠，赏银二千两治丧。恩监生汪树屏着赏给举人，准其一体会试；监生汪树堂着赏给员外郎；监生汪树廷着俟及岁时带领引见。[1]

清末江南有一桩惊世奇案。杨乃武和小白菜葛毕氏被指通奸，经七审七决被判死刑。汪树屏是杨乃武同乡好友[2]，为昭雪冤案奔走，主持公义。时任内阁中书的汪树屏先与胡雪岩西席吴以同等浙江举子、生员30余人联名向都察院及刑部控告；又与任刑部员外郎的二弟汪树堂，联合在京供职的其他浙江籍京官共计18人，于光绪元年（1875）十二月联名报告都察院，为杨乃武鸣冤。经翁同龢、夏同善周旋，慈禧太后颁谕旨"兹据都察院奏称，浙江绅士汪树屏等遣抱联名呈控，恳请解交刑部审讯，据呈内所述各情，必须彻底根究，方足以成信谳而释群疑"[3]，引来案件的"柳暗花明"，为冤案的昭雪起到了关键作用。

---

[1] 《咸丰同治两朝上谕档》第17册（同治六年）第307页，广西师范大学出版社1998年8月版。
[2] 很多资料说汪树屏与杨乃武为同榜举人，误。汪树屏于同治六年（1867）为浙江籍恩赐举人。杨乃武为同治十二年（1873）举人。
[3] 转引自1876年2月4日《申报》刊录清廷谕旨。

828 交護前鋒統領軍統領

諭旨內倉禁地近有賊匪偷竊著前鋒統領本日軍機大臣面奏
領嚴飭大清門東西長安門值班官弁加意巡邏
看守儻再疏懈即著嚴行懲辦欽此相應傳知
貴處欽遵辦理可也此交

十月十四日

829 同治六年十月十四日內閣奉
上諭都察院左都御史汪元方品端學粹辦事勤能
由道光年間翰林屢掌文衡薦升卿寺朕御極以
來迭加簡任擢至都察院左都御史復令在軍機
大臣上行走夙夜宣勞克盡厥職前因患疾兩次
賞假調理方冀速痊長資倚畀遽聞溘逝軫惜殊
深著賞給陀羅經被派郡王銜貝勒戴治帶領侍
衛十員即日前往奠醊賞銀二千兩治喪由廣儲
司給發加恩晉贈太子少保照尚書例賜卹典該衙門察例具奏
一切處分悉予開復應得卹典該衙門察例具奏
伊子恩監生汪樹屏著賞給舉人准其一體會試
用示朕篤念耆臣至意欽此

監生汪樹堂著賞給員外郎候服闋後分部學習
行走監生汪樹廷著賞給候及歲時帶領引見其靈柩
同籍時著沿途地方官委為照料用示朕篤念者
臣至意欽此

830 同治四年十一月十一日內閣奉
上諭禮部尚書李棠階品端方持躬清正由道光
年間翰林屢掌文衡歷升卿寺朕御極以來復加
簡任泊擢正卿令在軍機大臣上行走夙夜宣勞
克盡厥職昨因微疾賞假調理方冀速痊長資倚畀遽聞溘逝悼惜殊深著賞給陀羅經被派郡王
銜貝勒戴治帶領侍衛十員即日前往奠醊賞銀
二千兩治喪由廣儲司給發加恩晉贈太子太保
照尚書例賜卹典該衙門察例具奏伊子李溥著賞給郎中侯服
闋後分部學習行走伊孫李續午著賞給郎中侯服
引見其靈柩同籍時仍著沿途地方官委為照料
用示朕篤念者臣至意欽此

◎《咸豐同治兩朝上諭檔》第17冊（同治六年）第307頁，廣西師範大學出版社1998年8月版汪树堂，字剑星，历任刑部、户部员外郎，句容知县，海州知州、通州知州，淮安知府兼淮关监督等。据笔者查阅文献所见，汪元方至少有三个女儿。一女适光绪年间军机大臣、西太后"红人"孙毓汶。①《孙毓汶日记信稿奏折》之《使闽日记》中称汪剑星为"妻弟"。②孙毓汶之子孙楗（1863—1908），字寿松，号孟延，又号梦岩，光绪十一年（1885）举人。其朱卷载："母氏汪，余杭道光戊子举人、癸巳进士、翰林院编修、都察院左都御史、军机大臣、予谥'文端'讳元方公女，诰封一品夫人。"③一女适金石学家叶佩玱，过继子叶恭绰。叶恭绰《先君仲鸾公家传》："先君讳佩玱，字云坡，号仲鸾。籍广东番禺人，原籍浙江余姚。高祖枫溪公幕游粤中，遂家焉。……先妣汪夫人，余杭文端公讳元方之女。先府君九年卒，至是合窆焉。府君先四十无子，因承祖名以恭绰为嗣。"④叶恭绰为著名书画家、收藏家，晚清廪贡生，入京师大学堂仕学馆，曾任北洋政府交通部总长，南京国民政府铁道部部长，新中国成立后任全国政协常委、中央文史馆代馆长、中国画院院长。叶恭绰《跋外祖汪文端公诗稿》云："此册乃外祖汪文端公自课，绰儿时由先妣手授者。倏已五十余年，南北护持，幸未遗失。今以归堃、浏两表侄孙，藉存先泽。绰德薄能鲜，志力两衰，宅相有惭乎阳元，家声期绍夫通德。谨志数语，用述所怀。民国

---

① 孙毓汶（1833—1899），山东济宁人，字来衫，一作莱山。授编修，以输饷功累迁福建学政、内阁学士、工部左侍郎、军机大臣、总理衙门大臣，饶有智略，甲午战争时，力主议和，遭大臣反对，称病告休。精鉴赏，工书法，卒谥"文恪"。
② 《使闽日记》，见《孙毓汶日记信稿奏折》第45页，凤凰出版社2018年6月版。
③ 来新夏主编：《清代科举人物家传资料汇编》第76册第360页，学苑出版社2006年12月版。
④ 《叶恭绰全集》第447—448页，凤凰出版社2019年6月版。

◎（清）沈秉成等修：《竹溪沈氏家乘》卷十二，光绪十年（1884）刊刻

三十四年八月一日题。"①汪元方诗文罕见，不知此册存世否？还有一女，适湖州竹溪国学生沈宗涑，沈宗涑为进士沈映铃长子，字乐园，国学生。安吉竹溪沈映铃与余杭汪元方两儿女亲家，乃是道光癸巳同榜进士。②

二、汪元方的家族迁徙史

关于汪元方出生地，有写浙江余杭人，有写安徽歙县人，究竟何处人？余杭汪氏谱已佚，查到最亲近汪元方一支的海宁《汪氏支谱》，

---

① 《跋外祖汪文端诗稿》，原载民国《永安月刊》1948 年第 118 期。叶恭绰另有《汪剑星舅父临〈圣教序〉跋》："舅父汪剑星先生精于书法，少时文端公庭训甚严。"两文分别收入《叶恭绰全集》第 1679 页、第 764 页，凤凰出版社 2019 年 6 月版。
② （清）沈秉成等修：《竹溪沈氏家乘》卷十二，光绪十年（1884）刊刻。

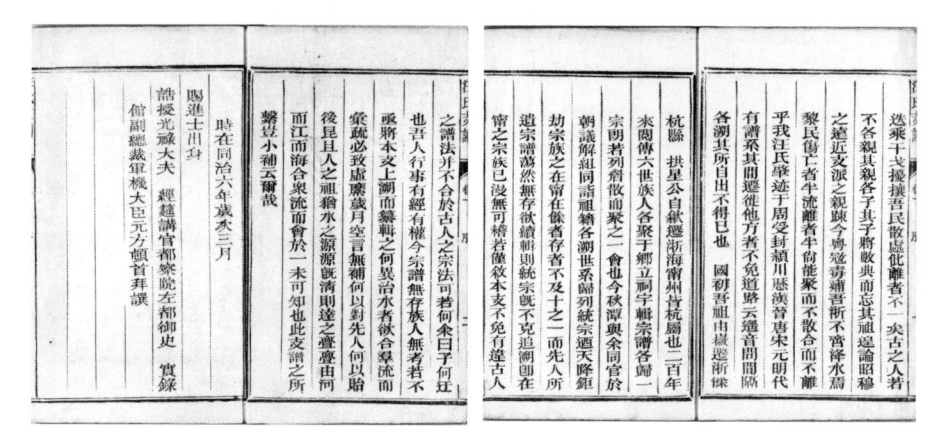

◎（清）汪澄之等辑：海宁《汪氏支谱》2卷，同治六年（1867）木活字本，日本国立国会图书馆藏

由日本国立国会图书馆收藏。这是海宁许村的支谱，修谱者汪澄之，谱前有汪元方序。汪澄之，字秋潭，道光二年（1822）壬午副贡，先后任奉化教谕、山东莱州同知。其子汪以敬，咸丰二年（1852）壬子举人，刑部郎中。汪澄之与汪元方，"同官于朝，议解组同诣祖籍"，均由歙县迁浙江。汪澄之就请职位更高的本家汪元方作序。汪元方这

篇序落款是"赐进士出身,诰授光禄大夫、经筵讲官、都察院左都御史、实录馆副总裁、军机大臣",这是汪元方作序时的主要官职。序文中称:"我汪氏肇迹于周,受封颍川,历汉晋唐宋元明,代有谱系,其间迁徙他方者不免道路云遥,音问间隔,各溯其所自出,不得已也。国初吾祖由徽迁浙余杭县,拱星公自歙迁浙海宁州,皆杭属也。二百年来阅传六世,族人各聚于乡,立祠宇,辑宗谱,各归一宗。"① 从上述自述,可知汪元方家族从歙县迁余杭,时间是在清朝建国初年,已经历六世,200年了。《说文解字》言:"世,三十年为一世。"据《汪氏支谱》,拱星公,字粲如,是清初迁海宁许村的始祖,至汪澄之一辈,正好也是六世。汪元方这篇序作于同治六年(1867)三月,200年前应为1667年之前,大概在康熙朝初期,清朝统治基本稳定的时候。

三、汪元功与汪元方的兄弟关系

每次去扫墓,老人们说,元功阿太与汪元方是堂兄弟,但关系不算远,因为汪元方的家产田地是委托元功阿太打理的,如果不是近亲,不会这么信任。从清光绪五年(1879)创修、民国13年(1924)付梓的《杭州府志》卷四十,可查到"赠太子少保、都察院左都御史、谥文端汪元方墓,在南乡朱桥一庄杨桥村邵尖坞(汪氏谱)"。《杭州府志》的编纂者从《汪氏谱》中找到依据,可惜这部《汪氏谱》迄今没发现,或已不存于世。汪元方死于任上,得同治帝加恩,"赠太子少保,照尚书例赐恤,寻赐祭葬,予谥文端"。当年的葬礼一定很隆重,汪元方的墓做得很大,有墓道,有石人石马。族人告诉我:"文化大革命"时有人想挖墓盗宝,可是封土制作得像混凝土一样坚硬,

---

① (清)汪澄之等辑:海宁《汪氏支谱》2卷,同治六年(1867)木活字本,日本国立国会图书馆藏。

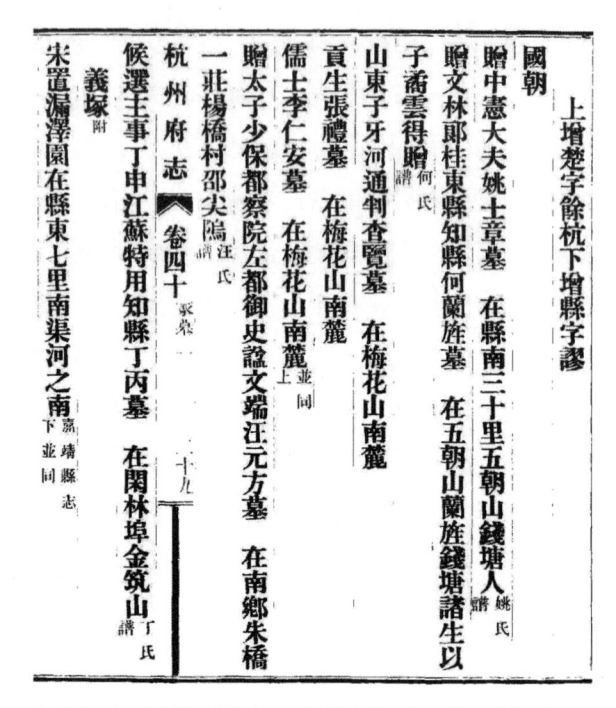

> 杭州府志　卷四十　冢墓　十九
>
> 上墳楚字餘杭下墳縣字謬
>
> 國朝
> 贈中憲大夫姚士章墓　在縣南三十里五朝山錢塘人姚氏贈
> 贈文林郎桂東縣知縣何蘭旌墓　在五朝山蘭旌錢塘諸生以
> 子喬雲得贈何氏譜
> 山東子牙河通判查覽墓　在梅花山南麓
> 貢生張禮墓　在梅花山南麓
> 儒士李仁安墓　在梅花山南麓上並同
> 贈太子少保都察院左都御史諡文端汪元方墓　在南鄉朱橋
> 一莊楊橋村邵尖隖汪氏譜
> 候選主事丁申江蘇特用知縣丁丙墓　在閑林埠金筑山義塚
> 附丁氏譜
> 朱置瀉澤園　在縣東七里南渠河之南縣靖縣志並同

◎ 民国13年（1924）付梓的《杭州府志》卷四十家墓

最后是民兵队长带了几个民兵用炸药炸开的；之后，墓被平掉了，砖石都被村民盗去建房了。

　　汪元功与汪元方是同族兄弟，两人究竟什么关系呢？汪元方做过高官，总有历史文献档案记录；汪元功一介布衣，在家谱已毁的情况下，是否还能在茫茫史海中留下痕迹？幸运的是，笔者在民国11年（1922）余杭蔡氏耕心堂家藏本、蔡汝钧总纂校《余杭蔡氏宗谱》卷六，"行传下老大房第二十七世蔡荣恩"，找到了"元功汪公"的蛛丝马迹。

　　荣恩，原名慕周，号梦旦，字福先，谱谧，配同邑前清太子少保、

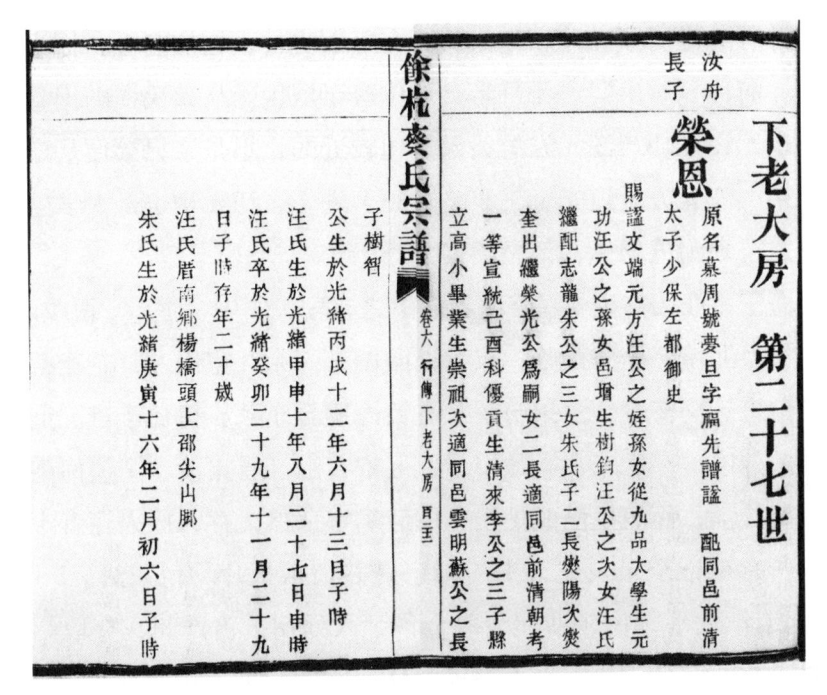

◎《余杭蔡氏宗谱》卷六，蔡荣恩的夫人是汪元功的孙女、汪树钧之女

左都御史、赐谥文端元方汪公之侄孙女，从九品太学生元功汪公之孙女，邑增生树钧汪公之次女汪氏……汪氏生于光绪甲申十年八月二十七日申时。汪氏卒于光绪癸卯二十九年十一月二十九日子时，存年二十岁。汪氏厝南乡杨桥头上邵尖山脚。[1]

根据《余杭蔡氏宗谱》记载，汪元功还是从九品，太学生。太学生是指在太学读书的生员，亦是最高级的生员。明清时期的太学即国子监的俗称，国子监是古代最高学府与教育行政管理机构。其子汪树钧是邑增生。明清时生员都有月廪，由府、州、县按时发给银子和补

---

[1] 蔡汝钧总纂校：《余杭蔡氏宗谱》卷六，民国11年（1922）余杭蔡氏耕心堂家藏本。

助，并有一定名额，称廪膳生员；在正额之外，增加名额，称为增广生员，简称"增生"，无月米，地位次于廪生。从蔡氏谱的记载，可以知道，汪元功与汪元方的关系是比较近的，不是亲兄弟便是亲近的堂兄弟。汪元方是道光十三年（1833）进士，汪元功也是太学生，汪元功之子则为邑增生，都是读书人。

海宁《汪氏支谱》，修谱者汪澄之有序，序中写道："酉戌两载，粤寇扰及浙境，全省沦陷，仅存衢瓯两郡。余久宦山左，企瞻桑梓，倍切焦思。癸亥春，三弟晴溪挈眷渡海避至东莱，得免于难。询及族人分散奔逃，存亡未卜。迨甲子乙丑岁，浙江省肃清，晴溪回南就养于三衢首学，而故里已成焦土，屋庐祠宇荡然无存，族人存者十不及一，所有统谱全录及先大夫所辑宗谱并谱系板片均付灰烬。" 1860至1861年太平军占领浙江，取金华，入处州，占严州，夺取绍兴、宁波。1861年10月（咸丰十一年九月）围攻杭州，城内一片凄楚景象，杭州原有居民81万（一说60万），围城期间因病、饥、伤而亡者过半，待城破，杭城居民只剩几万人了。当时胡雪岩组织收埋之尸，前后达23万具。[①] 浙江全省除温州、衢州，皆入太平军之手。太平军攻浙江时，已处于加速衰败之时，军纪废弛。据鲁叔容《虎口日记》，1861年11月攻占绍兴的太平军"连日挨户穷搜，乱草丛棘中亦用矛搠乃已，遇之必曰'拿花边（银元）'。人取腰缠奉之，意满乃释……所献不多，辄砍一二刀，物尽则杀……有剖腹而实以草者"。据谷农退士《寇难琐记》，"咸丰十一年九月廿七、廿八日，苏州之（太平军）自北而南，过许村、临平，一炬成墟。余杭尤要冲，其颠连更甚""长毛入人家掳掠之余，其于字纸书籍则拉杂蹂践之"。余杭县城于10月17日失守。1863年3月（同治二年二月），左宗棠率湘军攻杭州，曾在杭州一

---

① 《浙江通史》清代卷（中）第134页，浙江人民出版社2005年12月版。

余杭一线与太平军激战，至1864年3月25日（同治三年二月十八）攻克嘉兴，3月31日（二月二十四日）收复杭州。太平军占据杭州2年3个月，海宁许村、余杭临平同时落入太平军之手，而余杭清军与太平军反复争夺。海宁汪氏罹难，余杭汪家也一样。汪澄之描述，故里已成焦土、屋庐祠宇荡然无存，许村"一炬成墟"。那么余杭处于要冲地带，烧杀抢掠更惨烈。余杭白泥山朱桥一庄沙村，本是汪氏家族集居地，屋宇祠堂全被太平军烧光，因汪元方在清廷做高官，族人被杀戮。元功阿太在太平军杀汪氏族人时，带着儿子巽和阿太（汪树钧）逃至邵尖山里。后在山脚下的杨桥头重振家业，先以做豆腐为生，又制作黄烧纸，购置田产，耕读传家。汪元功的发妻王氏被太平军掳去，因受惊吓，又受家人冷落，自尽于乱世。汪元方又为汪元功物色了一位20多岁的小妾（据说原为京城大户人家丫鬟），生二女：长女汪云娥，嫁给老余杭县城的朱来山，族人亲切地称"来山姑丈"；次女汪彩娥，嫁名中医杨仰山。杨仰山在杭城开首家慈善医院（同善堂）及杨仰山诊所行医，治疗内科病；子杨少山也是名中医，曾为杭州市中医院中医内科主任医师。钱塘杨氏中医起源于清末，始于晚清拔贡、儒医皆通的杨耳山，历经五代传承，至今已逾百年。

四、汪元方、汪元功的祖上世系

要查汪元方的祖上，可从科举考试入手。顾廷龙先生的《清代朱卷集成》是最好的工具，"朱卷"是新中式的举人、进士将自己的应试卷刻印分送亲友，朱卷会载考生履历、本族谱系、师承传授，以显门庭之昌盛，学问之渊源，是考生家谱的缩影。遍查《清代朱卷集成》，未收录道光十三年（1833）中进士的汪元方的试卷，只能去寻找官刻的登科录、同年齿录。清代乡会试同年齿录是清代乡会试同榜考取者的履历汇编，包含了考生本人及其直系祖上各代的履历、众多旁系亲属的简介。国家图书馆藏有汪元方道光十三年（1833）中进士的《道光癸巳科同年齿录》。

汪元方，字友陈，号啸庵，行一，嘉庆甲子年五月十八日吉时生，浙江杭州府余杭县学廪膳生，民籍。道光戊子科本省乡试中式第四十二名，会试中式第二百十八名，殿试第二甲第二十四名，朝考入选第四名，钦点翰林院庶吉士，改授编修。前官山东道御史，丁酉科乡试湖南副考官，己亥科乡试顺天同考官，庚子科乡试河南副考官。

曾祖兆坤，曾祖母氏洪。祖毓瑗，太学生；祖母氏邵，继祖母氏金。父应恭，母氏沈，继母氏潘，庶母氏沈。胞叔应宽，道光甲申科恩贡生候选教谕，室氏阮，子。住本邑南乡朱桥里。

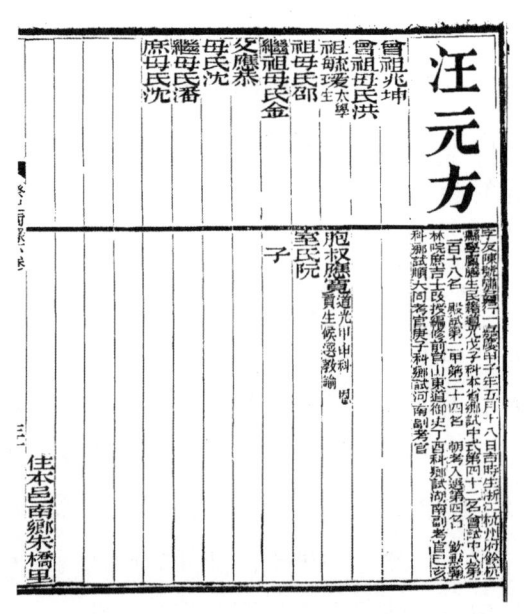

◎《道光癸巳科同年齿录》，光绪三十四年（1908）刻本，国家图书馆藏

根据汪元方的同齿录，如果"国初吾祖由徽迁浙余杭县"，历六世，那么，兆坤的爷爷是始迁祖，至兆坤为第三世，毓瑗为第四世，应恭为第五世，元方、元功为第六世。关于继祖母金氏，《嘉庆余杭县志》卷三十二《列女传》二："监生汪毓瑗继妻金氏，年二十八守节，事祖翁姑暨姑，年久尽礼，抚教二子，长应恭，职员；次应宽，食饩于庠。现年六十四。"《嘉庆余杭县志》所记汪元方祖辈父辈名字与同齿录中的名字完全一致。

我还查到，汪元方之父还是风水学说爱好者。见上海江左书林藏板《张宗道先生地理全书》，《地理三会集》为余杭汪应恭梅村氏校正，有汪元方序云："家君素嗜地理，蓄古人书不下数十百种，张宗道先生《三会集》尤心折焉。甲申冬，命方手录一过，行将订正梓传，历年未果。今秋邮序命书，并示删校已竣……"

◎《嘉庆余杭县志》卷三十二，关于监生汪毓瑗继妻金氏

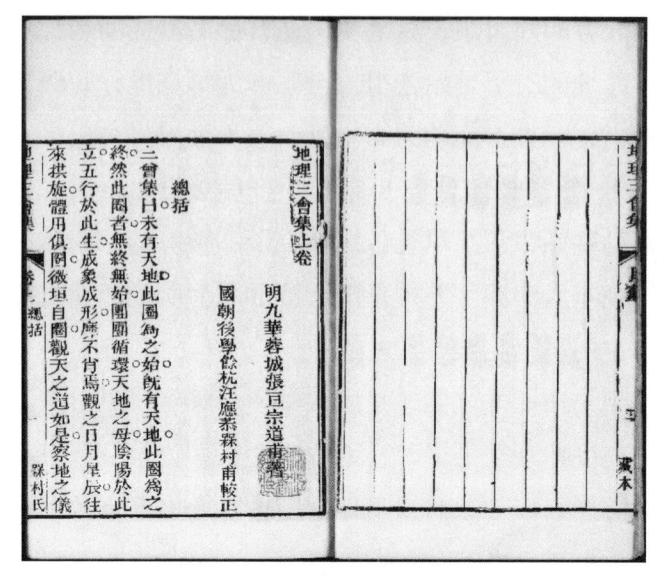

◎（清）汪应恭校正：《地理三会集》，道光甲午年（1834）中秋完稿，上海江左书林藏板

古代的读书人如果不能中举出仕，在民间要养家糊口，比较多的是做塾师治生，也可从事医、巫、书、艺四类行当。医，因为读书人看得懂历代医书，加上点临床经验，即可行医或坐诊，无须行医执照，宋朝以后"儒医"兴起。巫，如择日、相地、合八字、看风水、婚丧主礼等，民间习俗有需求。书，为他人写对联、牌匾、抄写、代书、代编家牒族谱等。艺，协助宗教或艺术团体，从事制曲、编剧、编撰校刊小说、戏曲、宝卷、劝善书等。汪元方之父热衷堪舆之学，一是爱好，二为生计。

从汪元方的履历看，行一，表示是他本人是老大，没写弟弟是谁，说明没有亲弟弟。《同年齿录》记载了胞叔应宽，道光甲申科恩贡生、候选教谕，室阮氏，只写了"子"字，没写出名字。从亲近关系看，汪元方让汪元功管理家产、为他物色继妾等，两者应是仅次于亲兄弟

的关系，基本可以确定汪元功是胞叔汪应宽之子。

综上所述，我们可以列出汪元方、汪元功的家族世系表。

余杭白泥山汪氏世系

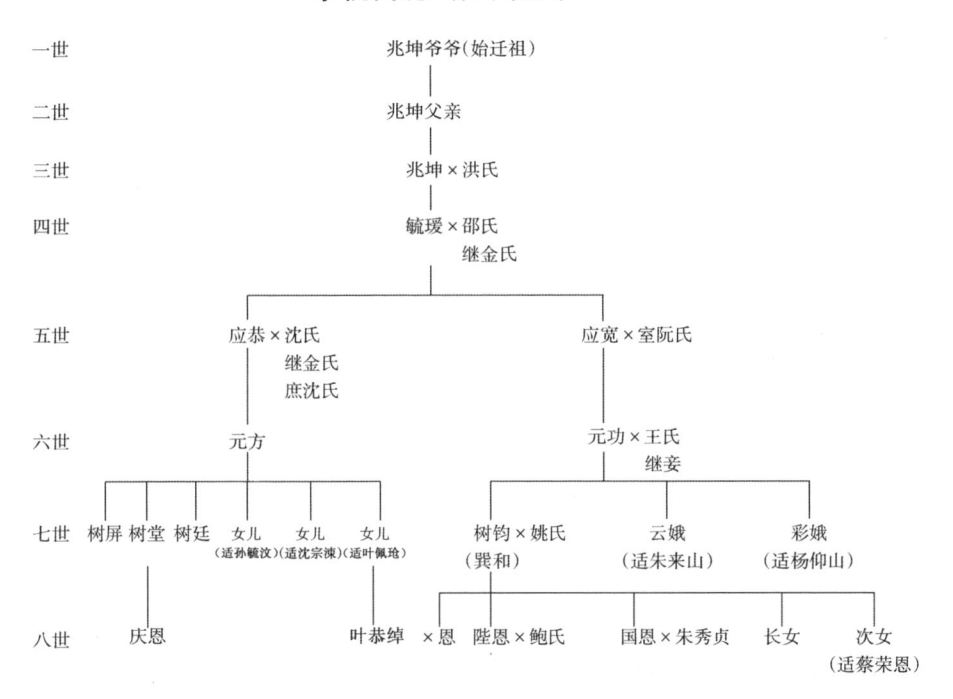

一世	兆坤爷爷（始迁祖）
二世	兆坤父亲
三世	兆坤×洪氏
四世	毓瑗×邵氏 继金氏
五世	应恭×沈氏 继金氏 庶沈氏 ／ 应宽×室阮氏
六世	元方 ／ 元功×王氏 继妾
七世	树屏、树堂、树廷、女儿（适孙毓汶）、女儿（适沈宗澐）、女儿（适叶佩琦）／ 树钧×姚氏（巽和）、云娥（适朱来山）、彩娥（适杨仰山）
八世	庆恩、叶恭绰、×恩、陛恩×鲍氏、国恩×朱秀贞、长女、次女（适蔡荣恩）

原载《寻根》2022年第4期

后　记

一

本科时代我热衷于读西方文论、外国文学和先锋小说，硕士研究生读的是中国现当代文学专业。入职浙江文艺出版社后，做文学编辑，以当代文学出版为业。不承想，过了天命之年，读书兴趣竟大变，转向了古典文献学。2013年下半年，家父病重，我病榻陪伴，回忆往事，产生寻根溯源的冲动。父亲跟我说，我们这一支邹氏是从无锡迁徙过来的，无锡还有邹氏宗祠。这让我想起，1985年奶奶去世后，族人来祭奠，我曾寻访过邹氏长房，得知家谱在"文化大革命"期间已毁。爷爷跟我说过他上五代祖先的名号，还交给我祖传下来的光绪十二年（1886）的分田契约、光绪十四年（1888）的分房契约，契约上也有几代祖先名号，与爷爷的回忆一致，当年我还列了七代世系简表。父亲过世后，我逐渐萌生了要厘清无锡邹氏前世今生的念头。

我从《中华邹氏族谱》中读到，无锡邹氏属邹氏钱塘支，钱塘邹氏始祖邹思道葬于余杭之"拳山"。我居杭州，从事出版业，就近找"拳山"应该不难，寻根的念头就此萌芽。我开始留心阅读浙江省、杭州市、余杭区三级地方志和地名志，如此有一两年，一无所获。直到获得《常熟小山邹氏支谱》《锡山邹氏西南庄支谱》《邹氏家乘》，我才弄清无锡邹氏始祖邹实其墓在"由拳山"，由此推得邹思道所葬地"拳山"乃"由拳山"之误。

那么，"由拳山"在今杭州之何处？为了解答这个问题，我前后花了两年多时间。有一天清晨，我在辨识明万历《杭州府志》附图之《余杭县图》时，惊喜地发现其上标有"菖蒲岭""由拳岭"的地名。友人陪我去踏勘过三次，终在临安上田村独龙坞找到了"苍步岭"，乃"菖蒲岭"音转。比对民国35年（1946）余杭地图，"由拳岭"为今余杭区中泰街道紫荆村与临安区板桥镇上田村的交界山岭，现称"牛肩岭"。唐宪宗年间李吉甫《元和郡县图志》记载："由拳山，晋隐士郭文举所居，傍有由拳村，出好藤纸。"嘉兴古称"由拳"，不少造纸史专著由此把"由拳纸"产地说成嘉兴，应是妄断，没做实地调查。"由拳纸"采用野生藤皮制造，属皮纸之一种，开创于三国东晋时。书法界朋友说，藤纸制造工艺的进步也许对东晋、隋唐书法艺术的发展有促进作用。当然，这是另一个研究课题。我把发现钱塘支祖坟地的信息告知无锡邹氏宗亲研究会后，2016年的清明节，会长邹伟成老先生带领宗亲来牛肩岭祭祖，还带给我整整一箱家谱，那是邹仁溥纂修、光绪二十九年（1903）刻印的《邹氏家乘》全36卷复印本。邹伟成老先生希望我把找到祖坟地的来龙去脉写出来。因为宗亲的期待，我才写了《邹氏钱塘支祖坟考》。

写完《邹氏钱塘支祖坟考》初稿后，我搁置一旁，恰逢肖瑞峰先生来我办公室讨论一部即将出版的书稿。肖瑞峰是我尊敬的学者，临走时，我将这篇不成熟的文章交予他指正。第二天，他把修改意见认真告知于我，并对文章的科学性和价值性予以充分肯定，且热情地鼓励我继续写下去。该文刊于《寻根》2017年第2期，这是发轫之作。可以说，肖瑞峰先生是我从事家族史研究的第一个指引者。

考证出唐代先祖的祖坟地后，我开始研究先祖的祖居地。从《小山公重修邹氏家乘例》读到，所谓祖居地"钱塘宿松"，是因"旧谱世表误分句读，乃以'世居钱塘宿松'六字连系"。我沿着他的思路，把这桩疑案梳理了一番。我利用文献资源和逻辑推理，上下求索，左右钩稽，对"南屏山宿松里""钱塘宿兴里"等多种说法，一一作了否定，写成《邹氏钱塘支祖居地考》，但因没有得出最终结论而苦恼。祖居地究竟在钱塘何处？至今仍无定论。宿松、宿兴这样的名字，蕴含着高养林泉、幽居避世的气质，凝聚着邹氏家族的集体记忆，倒是让人可以窥得其精神血脉。彼时，浙江文艺出版社的老同事李庆西先生正好来我办公室叙旧。李庆西先生是著名文学评论家和小说家，退休后兼任《书城》杂志执行编委。他与我共事时，曾共同策划"名典书坊丛书""萌芽青春文学丛书"《二十世纪中国小说读本》等重要图书。我担任副总编辑、总编辑期间，他在业务上对我支持帮助最大，与我亦师亦友。他在办公室粗粗翻阅了文稿，说要带回去看看。两天后他就发来邮件说："文章可在《书城》刊发。全文太长，删去一千多字，标题改为《邹氏家乘与'钱塘宿松'》，这样更契合敝刊风格。"这是出乎我意料的。我自感古文底子薄、学养浅，从现当代文学评论转到古典文献学，很不自信。此后，他一直鼓励我多写，要有恒心，必有所成。可以说，李庆西先生是我的第二个指引者。

二

《邹氏家乘》始修于宋绍兴十八年（1148），由北宋名臣邹浩次子、邹氏六世裔孙邹栩创修。之后，南宋宝祐年间，明代洪武、宣德年间，清代康熙年间，都有修谱记录。最为完备、影响最大是邹一桂修的通谱《邹氏家乘》。乾隆二十四年（1759），七十四岁小山公邹一桂致仕荣归后，汲汲于家乘，"不辞琐碎，广为编辑，越三载而通谱告成"。可惜，邹一桂修的谱已失传。《中国家谱总目》无载，经无锡邹氏宗亲二十余年调查，民间也无存。目前，能查阅到的存世最早的江苏邹氏谱为《范阳邹氏家史》钞本一册，著录为清初邹梦同、邹漪等修，现藏于中国科学院图书馆。经查核，该钞本实为乾隆五十年（1785）前后常熟练塘人邹载坤手稿，属常熟支谱，且晚于邹一桂修《邹氏家乘》20余年。现流传最广的为光绪二十九年（1903）邹仁溥主修的《邹氏家乘》（36卷），应是在邹一桂《邹氏家乘》基础上修纂的。上海图书馆藏有原版全套，可查阅。另有支谱数种，分别为：光绪元年（1875）邹敬忠主修《毗陵邹氏宗谱》（11卷），光绪六年（1880）邹元瀛主修《余姚北城邹氏宗谱》（8卷），光绪十一年（1885）邹瑞发主修《毗陵赵墅邹氏宗谱》（16卷），清光绪十三年（1887）邹建烈、邹鼎亨主修《锡山邹氏西南庄支谱》（10卷），光绪三十四年（1908）邹冠瀛重辑《常熟小山邹氏支谱》（1卷）等。我从事家族史研究，主要依据的则是邹仁溥主修的《邹氏家乘》（36卷）。这本无锡谱保存了邹一桂所修通谱的历史信息：历代谱旧序、旧谱凡例、小山公重修邹氏家乘例，科甲考、仕宦考，各史列传、邑志列传、东林志列传，旧传、新增各传、内传、墓表碑铭，范阳谱、前十五世。已有的关于无锡邹氏的历史记录，应该大多保留下来了。邹一桂乃顺治九年（1652）汉榜状元邹忠倚之孙，在《小山公重修邹氏家乘例》中，对旧谱中的疑点，已经做了分析阐述：祖居地钱塘宿松为误读；始祖邹实被后唐封钱塘令、被宋封曲江令，此时均非属地，何以得封？邹一桂致仕前一年，侄孙邹奕孝荣登乾隆二十二年（1757）探花，为《四库全书》纂修官，历任国子监祭酒，内阁学士，礼、工部侍郎。邹奕孝对邹一桂修的家乘"辨异同、补缺佚"，另作《谱外纪略》4卷。邹鸣鹤《锡麓公家传》云："鸣鹤续修支谱，以小山伯祖全谱为主留，得见《谱外纪略》四卷，为全谱辨异同、补缺佚，亲笔条记，纤悉无遗，亦叹公之精神周贯，为不可及，而后世续修者乃以有本也。"邹奕孝因参与纂修《四库全书》，拥有国家史书资源，可以对邹一桂谱作补正。我的研究建立在邹一桂、邹奕孝、邹鸣鹤等家族前贤的基础上，更得益于古籍数字化技术的飞速发展，才拥有了前贤无法想象的古籍资源。我的研究是从无锡邹氏"史前史"开始的。邹氏钱塘支的祖坟地、祖居地、前六世的名讳，历代邹氏谱只认诚明公邹实为一世，修谱自一世起，诚明公之上则茫然不知。更早的北宋淳祐年间，江西谱孙槃之序亦云"吾自瀷公而上，悉亡坟墓踪迹"。邹一桂从钱塘族谱中看到"诚明公而上尚有六世，思道公为第一世也"，他是第一个关注"史前史"的，而我最早三篇考证文章正是从最重要的祖坟地、祖居地、前六世名讳落笔的。在数据库资源和文献查找方面，我得到诸多师友的帮助：郑州王钢兄是学养深厚的考据学家和资深出版家，他有"坐拥书城，秒杀万卷"的本领，常以文献资料佐我；浙江大学徐永明教授写过《明末清初曲家邹式金、邹兑金兄弟家世考》，他领导的"大数据+学术地图创新团队"与哈佛大学地理分析中心合作共建了中国首个综合性"学术地图发布平台"，我专门跟他学习数据搜索技术；浙江古籍出版社副总编辑（现任浙江人民美术出版社总编辑）况正兵兄、"浙江文丛"编辑部主任路伟兄不厌其烦地帮我搜寻相关文献，责任编辑周密博士在编辑过程中又作了仔细核对；南海泌冲邹景良宗亲已年届八旬，在参与编纂《中华邹氏族谱》的20年间，遍访各地图书馆复印邹氏历史文献，他多次寄赠邹氏宗谱资料予我。对以上师友、同道的帮助，在此我深表感谢！

邹浩是邹氏家族历史上最有影响力的人物，无锡惠山有"邹忠公祠"。邹浩长子邹柄的后代去向，一直是个谜。邹柄之子邹燧小山公谱未载，邹奕孝撰《德久公家传》云："奕孝与编《四库》，得读綦崇礼《北海集》，知公有子名燧，尝任会稽府掾，于以叹世泽之长，久而必彰也。终当于天台访求之。"古代交通不便，这个心愿前贤未能完成。260多年后，我接续上了。邹柄确被任命为台州知府，但在赴任途中病逝，且贫甚无以归葬，其子邹燧无奈将遗体"权厝"会稽。我又查到邹燧在乾道中任盐城知县、淳熙二年任滁州通判，这一支肯定没留在天台，或许在泰州、盐城一带"遂家焉"。于是，我写了《邹氏天台支源流考》《天台守邹柄先生考略》。最让人激动的是，在寻访过程中，竟发现了邹浩、邹柄、邹燧祖孙三代的碑刻遗存。我从《徐霞客游记》中读到湖南祁阳甘泉寺前有甘泉铭碑，铭文为邹浩作并书。得知碑已毁，不胜感慨。后听友人说，在祁阳浯溪碑林的摩崖上有邹浩的题刻。师妹汤素兰是著名儿童文学作家，任湖南省文联副主席，她想方设法，找到了有心人的旧拓赠我。机缘凑巧，在浙江余姚姜山村一个农民家里，我又寻觅到邹柄书丹碑刻。宁波市档案局王海娟局长，她在担任鄞州区委宣传部部长期间，曾与我联手组织出版王旭烽《家国书》《主义之花》，两获中宣部"五个一工程"奖，她设法找到专业人士的拓片寄我。邹燧题刻则在任滁州通判期间,"劝农耕于琅琊,宣德意也",同道王浩远兄提供了高清图。怀着对友人的深深感谢,我完成了《邹氏父子与黄庭坚的交游考述——从宋代两块书法碑说起》,刊发在《西泠艺丛》2019年第9期。在这篇文章中,我通过对文献资料的钩沉拾遗,对邹氏父子与黄庭坚的交游进行考证,为两宋书法史做一点补白。让人意外的是,这篇文章竟被《西泠艺丛》编辑部评为2019年度优秀论文。《西泠艺丛》是著名金石篆刻研究学术社团西泠印社的社刊,这是对我业余跨界写作的鼓励。

关于常熟翁氏乃无锡邹氏的血脉,源自一次阅读。翁同龢《题邹芷汀文沅遗照》一诗云:"璇洲旧德启高门,还向东庄溯本源。"诗行间夹有一小字注:"吾七世祖参政公,以邹氏继翁后。"我深感惊讶:两代帝师翁家竟是邹氏血脉。于是,我到常熟图书馆查《海虞翁氏族谱》,谱上有明确记载,老大房八世翁长庸:"府君本姓邹氏,父讳孟孝,字达所,生七日而芳庵公抱以为子。"查《翁同龢集》《翁同龢日记》,翁同龢在《二邹先生画跋》中云:"海虞与锡山履贯各殊,而同出忠公之后,吾子孙不可不知也。"最关键的是,好友阚宁辉兄帮我从上海图书馆找到近年拍卖收藏的翁长庸自订年谱《蓼野年谱》,助我弄清了过继详情。我又通过爬梳明代的常熟地方志、东始庄邹氏的墓志铭,并到东始庄实地考察,终于厘清了东始庄邹氏源流及翁长庸历代祖先世系。文章完成后,承蒙著名报告文学研究专家丁晓原先生看重,刊于他主编的《东吴学术》。此文得到翁同龢纪念馆的重视,认为这是翁邹血缘关系的首次系统考证,是重要的文献发现,此文已收入《翁同龢研究2020》。我还写了3篇关于常熟出土墓志铭、碑刻文献的考述文章。常熟博物馆老馆长周公太先生提供我二方明代邹氏墓志铭拓片图,我发现墓主是邹氏家族的重要人物,可与我掌握的传世文献相印证，因而作了释读和对照，展示明代士人的交往、婚姻关系以及日常生活细节。常熟子游巷邹氏与小山邹氏世系同源考述，弥补了《虞山邹氏世谱》之缺漏，订正了讹误。常熟洞泾桥邹氏10块碑刻，串起了7代人200余年迁徙创业史，而后4代人在乱世中，持之以恒、接续努力，置义田、造义庄、修家祠，振兴家族血缘圈，事迹感人。我专程实地考察，寻觅存世遗迹、实物，用文字、图片还原邹氏先贤可歌可泣的善举。

三

我太太汪炜常戏称我写作的是"三无产品"：无社会意义、无研究价值、无经济价值。我太太是杭州大学历史系科班出身，在中国财税博物馆工作，与文物打交道。我完全是业余，凭兴趣做学问，做的还是家族史偏门。好在2006年已评上出版正高职称，再无评职称的需求；不在高校，也无申报科研项目的压力——因而可以随心所欲、有感而发，非功利写作。我太太提醒我，不要光写远的，还要写近的，写写与自己息息相关的祖辈、父辈，更有意义。城镇改造，老屋要拆迁，旧事萦绕，便写了一组回忆文章《我的爷爷》《记忆中的奶奶》《我的父亲》。电光人世，聚散生灭，春梦了无痕。长的是磨难，短的是人生。如果不把祖辈父辈的故事记录下来，旧时生活的痕迹、苦难与欢愉，都将隐入烟尘。家谱中"家传"是重要组成部分，这些都是叙述先贤和先人事迹以传其子孙的传记，我将这些回忆文章当作"家传""行状"。记忆中爷爷的形象定格在那张早已找不到的老照片上：站在一家铁匠铺里，系着男子束裙，脚着半筒雨鞋，裤管卷着，一脚高一脚低，雨鞋上泥点斑斑。爷爷吸水烟筒，性格刚烈，又淡看生死。奶奶是个热心人，虽然历经苦难，依然坚韧、善良。奶奶用手摇纺车纺线，伴着一盏小油灯和"嘤嘤嗡嗡"的声音，劳作至更阑漏尽，这一场景在我脑海深处依然会时常浮现。父亲的故事比较难写，我拖了很长时间，在他过世7年之后才动的笔。觉得没写好，一直想改，又拖着，就没去发表。老一辈的事迹，残留在母亲、姑妈的脑海中，有时还会讲起。然而这两年她们年迈多病，渐渐遗忘了许多往事。我这样流水账般记录下来，一方面是怀念先辈，怀念我的青春岁月；另一方面是留给小辈，让他们知道那个物质极度匮乏的年代，为了吃饱穿暖，先辈们是如何夙兴夜寐、手足胼胝地辛勤劳作的。20世纪六七十年代"以粮为纲"的农村，由于户口政策限制，人们被捆绑在土地上，没有阶层流动的可能性，农村的人气还是比较旺的。改革开放后，农村能人走上了经商、高考之路，年轻人纷纷拥入城市，农村逐渐凋敝了。

《余杭白泥山汪氏家族世系考》是较晚刊出的一篇文章。九十岁的岳父汪尔皋在临终前一年，完成了一部十来万字的回忆录。我花了三个月时间整理、编辑、加工，取名《鲐背忆旧》。岳父出身的余杭白泥山汪家在晚清时是望族，出过军机大臣汪元方，但汪氏家族的世系岳父只知一鳞半爪，他希望我弄清楚写成文，作为附录。带着岳父的嘱托，我查阅《道光癸巳科同年齿录》《海宁汪氏支谱》《余杭蔡氏宗谱》《嘉庆余杭县志》等，寻觅汪氏家族的迁移史和代际脉络。同道杨叶兄致力于整理余杭文献史料，提供了不少线索。在这篇文章中，我考证出汪氏家族世系。岳父丧期，家族亲友按世系找源头，更验证了家谱可以"敦孝悌、重人伦、睦宗族、厚风俗"。这是我妻子一族的家世，收入书的附录中，作为补充。

四

《律通幽谷集》，为好友阚宁辉命名。宁辉兄为上海世纪出版集团总裁，是中国出版界的领军人物。他是著名版本目录学家周子美老先生的关门弟子，近几年将历代古诗词融于腹中做集对，有《老茗庵集对》。他用邹衍、邹律典为拙著取名，深得我意。

阴阳之为"家"始于邹衍，司马谈《论六家要旨》列阴阳家为六大学派之首。《元和姓纂》："邹，子姓，宋愍公之后，正考父食邑邹，生叔梁纥，遂为邹氏。齐有邹衍、邹忌。"司马迁云"齐有三邹子"，分别为邹忌、邹衍、邹奭。邹衍为齐人，生于约公元前324年，卒于约公元前250年。"谈天衍"名望很高："适梁，惠王郊迎，执宾主之礼。适赵，平原君侧行襒席。如燕，昭王拥彗先驱，请列弟子之座而受业，筑碣石宫，身亲往师之。"阴阳家出自古代掌握天文历法的"羲和之官"，敬顺昊天，历象日月星辰，敬授民时。在战国纷争之时，独有稷下学者邹衍提出"阴阳五行说"，主要包括"五德学说"和"四时月令说"：前者讲社会规律和历史大势，五德转移，朝代兴替；后者讲统治者要顺应四时之变来施行政令。顾颉刚先生曾说"五行是中国人的思想律，是中国人对于宇宙系统的信仰"，邹衍的思想成为中国文化的重要组成部分。邹衍还提出"大小九州说"，《史记》转引邹衍的观点："以为儒者所谓中国者，于天下乃八十一分居其一分耳。中国名曰赤县神州。赤县神州内自有九州，禹之序九州是也，不得为州数。中国外如赤县神州者九，乃所谓九州也。于是有裨海环之，人民禽兽莫能相通者，如一区中者，乃为一州。如此者九，乃有大瀛海环其外，天地之际焉。"邹衍在2200多年前对世界地理的一个大预测，可谓惊世骇俗。他摆脱了儒者的封闭中国概念，其学说成为《山海经》《淮南子》的先导，更接近真实的世界地理。

邹衍的故事世代流传。汉代王充《论衡·感虚》："邹衍无罪，见拘于燕，当夏五月，仰天而叹，天为陨霜。""六月飞霜"的典故由此而来。我更喜欢"邹子吹律"的故事。西汉刘向在其《别录》中说："燕有黍谷，地美而寒，不生五谷，邹子居之，吹律而温气至。"李白《邹律谷》则更动人："燕谷无暖气，穷岩闭严阴。邹子一吹律，能回天地心。"邹衍精通天文，实查地理，懂得种植五谷技艺。他在燕地做国师期间，采用易学"律吕调阳"原理，在黍谷山上吹箫，使大地回暖，五谷丰收。写邹氏家族历史人物，邹衍应是第一人。邹衍对未知世界的探索精神和理论创新，应该传承和弘扬。邹氏名人中与音乐有关的人物，还有邹奕孝。乾隆年间，他编纂了《律吕正义续编》，奉敕令定《诗经乐谱》，深通音律，郊祀大典、中和韶乐悉归他编定。邹奕孝为《邹氏家乘》作《谱外纪略》四卷，正是我甄别、考释、葺遗、补缺家族史的写作源头。以《律通幽谷集》为书名，既是对邹姓始祖嘉言懿行的追怀，也是孝悌之思、绳武之念的寄托。

特别感谢肖瑞峰先生为拙著作序。肖瑞峰是国家级教学名师、浙江省特级专家，我早闻大名。直到20世纪90年代，李庆西先生和我主持出版《大学语文新读本》，邀肖瑞峰、马原、南帆为主编，汇聚了国内十余所高校的一流专家，上编"中国语言文学传统"由肖先生主编、统稿。肖先生专治唐宋文学，成果累累，近年从学者身份华丽转身为小说家。我是"高校三部曲"《弦歌》《儒风》《静水》的最早读者，3本书14部中篇，叙写高校知识分子的现实困境和精神困惑，生活细节饱满，语言文雅有趣。肖先生同时在学术研究与文学创作两片天地操觚染翰，却能融会贯通、相得益彰，莫砺锋先生称其作品为"教授写教授的小说"。我本是当代小说编辑，跨界去钻故纸堆，这一点倒是跟肖先生逆向而行。我深知自己走出校园后，长期为人作嫁，学术武功已废大半，肖先生"序"中对我的谬赞，给我信心，让我备感温暖。

特别感谢中华书局徐俊总编辑，为拙著书名题签。中华书局是当代中国古籍出版第一品牌，在学人中有崇高地位，多少人是读着中华书局的书籍成长的。徐总的人品、学问是我敬仰的。他的书法，书卷气浓。他欣然为拙著题签，让我欢忻无极。

感谢浙江出版联合集团鲍洪俊董事长，浙江古籍出版社王旭斌社长、钱之江总编辑在出版过程中予以的关心和支持。

最后，要感谢我的家人和宗亲。血缘伦理是中国人的"宗教"，是个人的情感归宿。

2023 年 3 月 26 日于西子湖畔